在历史与现实之间

德意志的现代性思想话语

林雅华 著

本书以专题形式，借助德国现代化进程中的几组关键词
启蒙与反启蒙、审美与现代性
市民社会与风险社会、田园牧歌与文明危机
以思想史写作的方式重新勾勒出一个
观照德意志思想文化、社会发展、民族命运的整全视角

中国社会科学出版社

图书在版编目(CIP)数据

在历史与现实之间：德意志的现代性思想话语 / 林雅华著. —北京：中国社会科学出版社，2020.7
ISBN 978 - 7 - 5203 - 6243 - 6

Ⅰ.①在…　Ⅱ.①林…　Ⅲ.①哲学思想 - 研究 - 德国
Ⅳ.①B516

中国版本图书馆 CIP 数据核字（2020）第 059488 号

出 版 人	赵剑英
责任编辑	朱华彬
责任校对	张爱华
责任印制	张雪娇

出　　版	中国社会科学出版社
社　　址	北京鼓楼西大街甲 158 号
邮　　编	100720
网　　址	http://www.csspw.cn
发 行 部	010 - 84083685
门 市 部	010 - 84029450
经　　销	新华书店及其他书店
印刷装订	北京市十月印刷有限公司
版　　次	2020 年 7 月第 1 版
印　　次	2020 年 7 月第 1 次印刷
开　　本	710×1000　1/16
印　　张	19.25
插　　页	2
字　　数	294 千字
定　　价	118.00 元

凡购买中国社会科学出版社图书，如有质量问题请与本社营销中心联系调换
电话：010 - 84083683
版权所有　侵权必究

序

近代中国的历史，由于中西方文化的激烈碰撞，而呈现出复杂而多元的文化样貌。在整个中国走向现代化的进程中，"西学东渐"发挥着极为重要的作用。德国的思想文化资源，尤其是马克思主义思想理论，已经成为当代中国最为重要的指导思想。作为后发现代化国家，德意志民族走向现代文明之路，既受惠的同时亦受制于其丰厚的思想文化遗产。在其艰难探索现代化的过程之中，始终交织着民族文化主体性与西方文明总体性之间的矛盾。因而，自18世纪以降的德国历史，不仅激荡着启蒙主义的理性、浪漫主义的激情、社会主义的澎湃，同时也充斥着保守主义的回潮、民族主义的抗争、纳粹主义的灾难。通过重新审视德国现代化进程中的几组关键词：启蒙与反启蒙、理性与非理性、审美与现代性、市民社会与风险社会，可以较为清晰地勾勒出一条德意志思想文化、社会发展、民族命运的思想史路径。这么一段丰富而复杂、深刻而跌宕的思想历史，无疑将为我们思考中国现代历史的发展以及现代化建设提供有益的参考。

一个"迟到的民族"意欲走向现代化的道路，无疑是十分艰难的。它不仅仅意味着器物层面的变革，更意味着思想、价值、文化、传统的深层次变革。对德国来说，这种文明转型或者文化转型显得尤为艰难。自身民族文化母体所孕育出来的思想，同外来思想文化之间的强大张力，恰恰构筑出了一个转型民族独特而复杂的历史语境。从纯粹理论的角度来看，走向现代世界，是一个强劲的"祛魅"过程。启蒙运动所引发的世俗化的过程，代表着意义的虚空和重构。在上帝与信仰退位，真理虚空的"荒原"

般的现代世界中，重建信仰与价值体系是极为迫切的任务。宗教的复苏与理性神话的潮涨潮落，只是在历史不同周期中重复着形而上学的建构。如何在"具体性""现实性"的实践维度上彻底变革德意志意识形态的基础构成，在真正意义上促进"自由全面"的人的形成，塑造了马克思主义理论的重大历史成就。当然，伴随着战争与形形色色的社会运动，德意志民族的现代性探索，依然在不同的理论思潮中行进。但是，启蒙、理性、现代性、审美、社会主义……这些重要的关键词，始终在其理论探索之路上闪耀着光芒。他们所思考、所处理的一系列深层次的问题，在中国重新迈向现代化的过程中，可以给我们带来许多启发。我们知道，20世纪90年代之后，强劲的经济市场化改革及其所带来的商品化浪潮，将中国迅速拉入一个前工业时代、工业时代及后工业时代同时并置的复杂时代景观之中。与之相对应的，中国的文化场域亦出现了一股解构神圣的世俗化运动，反映了中国社会整体变革的信号，同时也表明了崛起中的市民阶层在文化需求、文化消费层面的冲动。随着改革的不断推进，经济层面的变革也逐渐波及了政治、社会、思想、文化等各个层面，一个更加现代、更加"文明"的中国逐渐站立在了世界舞台之上。但是，这个变革中的社会内部却面临着剧烈转型所带来的重重问题，不论是制度性的权力制衡之缺失，还是日益加剧的利益群体之间的矛盾，都从根本上反映了中国对于陡然进入一个现代社会的茫然无措。如何处理传统与现代之间的关系？如何解决物质与商品宰制下的精神与价值的缺失？如何全面推进理性的重建与社会的转型？也就是说，对于当下的中国而言，我们要面对和解决的同样是一个拥有悠久历史文明传统的国度，如何进入到一个新的现代社会的语境的问题。也就是，新旧传统在一个短暂的时间框架内交相缠绕的复杂状况。如何在这样一个转型时代中，会通中西、熔铸古今，进而为中国思想文化的可持续发展提供最为基础的价值皈依、信念理想，重新焕发中国文化的生命力，已经成为超越古今之争、中西之争、新旧之争的普遍共识。这不仅仅是学术思想界热烈讨论的话题，同时也是中国政治文化实践层面从未消退的热点，它不仅指涉着中国近世以来的总体遭际，更关联着中国未来发展的具体方向。如果带着这一系列问题来重新梳理德意志民族迈向现代化的历史进程，我们可以发现：德国的知识界精英对于德国所处的现代性困境进行了持续而深刻的审视与批判，他们当中的马克思主义学者对于马克思主义思想资源的丰富与开拓，对于中国这样一个"新"的现代社会主义国家来说，具有十分特殊的意义。

以法兰克福学派为例。从根本上来说，法兰克福学派并非一个严密、紧实、系统化的学术实体，而是一个较为松散的学术组织，其成员不仅形成了跨地域，更形成了跨学科、跨专业的多元格局。但是，它在西方思想史上持续至今的重大影响，恰恰来源于其超越外在庞杂形式的核心精神传承——对现代资本主义社会所进行的持续而深入的批判。这种批判并非康德意义上的纯粹理性批判，而是将哲学与社会科学结合起来、将历史唯物主义与形而上学结合起来、将经验性研究与规范性反思结合起来，对社会经济生活、个人心理发展和思想文化变迁之间的关系进行综合性考察的社会—政治批判。这从根本上体现了西方哲学社会科学转向政治生活的强大思潮。法兰克福学派的理论资源，在其发展流变的过程中，随着时代变迁而不断丰富壮大，其对于现实社会发展的批判性意义亦在不断得以积极展现。在其创立与形成阶段的20世纪30年代，霍克海默（M. Max Horkheimer）以"社会哲学的现状与社会研究所的任务"为题的就职演说，重新确认了法兰克福社会研究所的发展方向，从而奠定了法兰克福学派突破纯哲学研究范式，开启社会哲学批判理论的崭新路径；1945年—20世纪60年代末，法兰克福学派迎来了自身发展的鼎盛时期。此时，早已转战美国的社会研究所，在霍克海默的带领之下，以《社会研究杂志》为中心，吸引了包括波洛克、本雅明、马尔库塞、洛文塔尔、弗洛姆、阿多诺等知名社会批判学者的加盟。通过沉痛反思两次世界大战之后欧洲文明的衰败，以及极权主义掌权的历史教训，这一批学者重新考量了资本主义世界的发展经验，不仅对法西斯主义、更对美国的实证主义、技术官僚统治、文化工业等主题展开了全方位的批判。由于其批判视域的广阔、批判工具的丰富、批判反思的深度，使得法兰克福学派的国际影响力日益彰显；1970—1989年间，随着法兰克福学派第一代人物的相继辞世，法兰克福学派面临着一个历史的转折。作为法兰克福学派第二代代表人物的哈贝马斯，凭借自身孜孜不倦的研究，以及与国际学界的历次激烈交锋，对传统批判理论进行了重大修正。他援引了分析哲学、实用主义、语言学的成果以丰富批判理论的学术资源，在对现代性辩证分析的基础上，以日常生活世界中的交往理性突破抽象的工具理性批判，试图应对现代性复杂社会的种种挑战，从而使得法兰克福学派的影响力持续扩大；1990年至今，法兰克福学派的第三代批判理论家逐渐走上历史舞台。面对当下复杂的资本主义世界体系以及多元的后现代语境，霍耐特（Axel Honneth）在黑格尔的主体间性以及哈贝马斯（Jürgen Habermas）交往理性的基础上，逐步发展出了一套极具规范意义的"承认"概念，试图推动整个社会批判理论的全面复兴。这一承认理论的转向，不仅大大开拓了批判理论的路径，更吸引了一大批来自英美学界的批判学者的加盟，其中包括弗雷泽、本哈比、凯尔纳、布隆纳、阿雷托等人。经由他们的努力，法兰克福学派的批判理论逐渐成了应对当下全球化资本主义系统性危机的有力工具，激发了其在新时代的理论生命力。

这样一个思想团体及其理论资源对于中国尤其是改革开放以来的中国而言，带来了哪些富有意义的学术视野呢？改革开放之初，在思想解放的大背景下，反思与清算极"左"路线、挣脱教条僵化的马克思主义以及文化专制主义，成了当时中国知识分子的共同政治立场与文化诉求。随着大量西方思潮涌入中国的法兰克福学派，由于其反抗极权的历史遭际，以及崭新的马克思主义研究向度，一举应和了当时中国思想界质疑权威、追求多元的文化期待与想象。此时，中国对法兰克福学派的接受主要集中于其第一代代表人物作品的译介与评述，尤其是在20世纪80年代"美学热"的历史大背景下，马尔库塞、弗洛姆的作品大行其道。当然，此时法兰克福学派整体的社会批判乃至现代性批判并未引起关注，更加吸引国人目光的是来自于马尔库塞基于新感性的审美革命，可以说，诗性接受大于哲学反思，情愫的象征高过思想的姿态。进入20世纪90年代，市场化改革路线的正式确立以及全球化进程的加速推进，文化走出了政治权威的钳制，转而进入了商业化、市场化的运作，一种全新的文化形态，大众文化异军突起。在文化商业化、庸俗化的消费性热潮中，精神价值与审美追求逐渐淡出，为了对抗这一"灵魂出窍"的文化趋势，知识分子们从法兰克福学派的文化批判理论中找到了可利用的重要资源。霍克海默与阿多诺（Theodor wiesengrund Adorno）的作品开始成为研究的重点。当然，在这一阶段中，已经有一些学者洞察到了法兰克福学派的文化批判理论与中国大众文化之间的错位。毕竟，这一批判理论脱胎于对"发达资本主义"社会的文化与意识形态审视，而非中国这样一个现代化方案尚在启动的复杂转型社会。此外，就中国多元时态共存的时代景观而言，大众文化在某种程度上也起到了消解一元意识形态、推进政治、社会与文化多元化、民主化进程的积极意义。无论如何，整个20世纪90年代是法兰克福学派的批判理论，尤其是大众文化理论在中国的土地上大放异彩的阶段。虽然中国学界尚未从整体上理解法兰克福学派现代性批判的全部内涵，但是，通过对中国现代化进程中的大众文化景观的反思与审视，中国的批判话语开始逐步融入国际学术话语实践。进入21世纪以来，随着改革的持续深入推进，社会各个层面的问题开始不断涌现。经济的快速发展，为国家累积了大量财富，社会阶层的利益开始不断分化；政治文化层面的改革始终没有能够搭上经济的快速列车，呈现出一种迟滞与板结的状态，使得缺乏制度性监督的权力腐败丛生，地区发展与城乡发展失衡加剧，社会财富的分配不公则导致利益冲突不断，社会矛盾与社会风险开始不断彰显。就此，中国知识界开始反思和突破此前审美批判与文化批判的狭隘路径，力图为中国寻找一种能够应对现代性复杂社会问题的总体性批判理论，以及一种能够重塑规范性价值体系的总体性思路，以推动中国的现代化转型。在此基础上，哈贝马斯进入了中国学人的视野。随着哈贝马斯著作的大规模系统性译介，尤其是他2001年的访华之旅过后，中国学界掀起了一场"哈贝马斯热"。中国学人从哈贝马斯所代表的第二代法兰克福学派理论中找到的，恰好是对西方现代性的总体反思，以及对于现代社会之分化进程，最为全面、深刻的思想资源。一时之间，"公共领域""交往理性""公共知识分子"成了中国学界最为热门的词汇。2013年，法兰克福学派第三代掌门人霍奈特来到中国，带来了法兰克福学派的最新理论成果，即应对全球化资本主义系统性危机的批判性理论，同时也开启了中国学界立足于本国主体性，同时放眼世界学术主潮的崭新契机。

可以说，法兰克福学派在中国的理论旅行，绝不仅仅是其自身理论资源的内在节奏使然，而更多的是在中国重新启动近代以来一度被搁置的现代化设计的历史大背景中，不断被卷入中国当代思想文化发展的波涛中使然。正所谓借他人酒杯浇自己心中块垒，理解这样一个知识社会学的思想语境，是我们理解法兰克福学派对当代中国之意义的根本出发点。可以说，中国当代思想文化不同发展阶段所面临的迫切问题与法兰克福学派理论资源的不断敞开之间形成了一种相互关涉、相互推进的关系。改革开放之初，中国知识分子在荡除"左"倾思潮、反思"文化大革命"、走出僵化马克思主义体系、寻求国家重启现代化方案等问题上，达成了高度一致。在现代性理论资源极度匮乏的情况下，法兰克福学派理论伴随西潮涌入国内。这一学派成员历经纳粹迫害游离美国，时刻提防法西斯极权主义的批判性理论建构，在某种意义上，应和了整个20世纪80年代中国知识分子质疑威权体制、渴望多元自由的集体心理。因此，此时法兰克福学派的反极权理论视域成了中国突破文化专制的理想投射。改革开放的启动，同时推动了中国思想解放运动的开启，当救亡的任务已经完成之时，一度被战火所中断的启蒙呼声重新回到了中国的文化场域，一场寻求中国文化自主性的"新启蒙运动"成了20世纪80年代文化舞台上的重要景观。此外，对传统马克思主义的反思，也借由"人道主义与异化"问题的大讨论，引发了巨大关注。这样，压抑在僵化制度性背后的文化、审美、人性、诗意开始破土而出，以文化现代性、审美反思批判为代表的"美学热"席卷全国。法兰克福学派批判理论中的审美之维，即文学、艺术、心理层面的批判资源，亦借由这一热潮，成了当时中国风头最健的理论话语，传达了文化层面解禁、开放的讯息。20世纪90年代之后，强劲的经济市场化改革及其所带来的商品化浪潮，将中国迅速拉入一个前工业时代、工业时代及后工业时代同时并置的复杂时代景观之中。与之相对应的，中国的文化场域亦出现了一股解构神圣的世俗化运动，反映了中国社会整体变革的信号，同时也表明了崛起中的市民阶层在文化需求、文化消费层面的冲动。但是，快速的商业化、市场化也带来了人文精神与审美追求的滑坡，于此，法兰克福学派针对美国文化工业的理论批判，就成了知识分子借以对抗大众文化的有力武器，这为中国文化生态的健康发展起到了一定的纠偏作用。随着改革的不断推进，经济层面的变革也逐渐波及了政治、社会、思想、文化的各个层面。在现代化进程不断推演展开的过程中，中国被更快地吸纳到了全球资本主义的生产体系之中。一个更加现代、更加"文明"的中国逐渐站立在了世界舞台之上。但是，这个变革中的社会内部却面临着剧烈转型所带来的重重问题，不论是制度性的权力制衡之缺失，还是日益加剧的利益群体之间的矛盾，都从根本上反映了中国对于陡然进入一个现代社会的茫然无措。如何处理传统与现代之间的关系？如何解决物质与商品宰制下的精神与价值的缺失？如何全面推进理性的重建与社会的转型？这一系列问题激发中国知识界，将目光投向法兰克福学派整全的现代性批判理论、社会批判理论。可以说，法兰克福学派针对发达资本主义国家所进行的一系列深刻的审视与批判，以及对马克思主义思想资源的丰富与开拓，对中国这样一个"新"的现代社会主义国家来说，具有十分特殊的意义。在某种意义上，它为中国提前揭示了步入现代社会所可能面临的诸多陷阱与难题，并提供了相应的理论对策，从而为推进中国的全面深化改革，以及现代化转型的平稳过渡做好了理论准备。

1. 理性批判。如何认识现代性？现代性内部的复杂性与矛盾性，必须要在一个较长的发展时段中才能得以揭示。对于中国这样一个新的现代国家而言，法兰克福学派承续了自卢卡奇、马克思以来的异化理论，通过启蒙辩证法、生活世界的殖民化等一系列理论言说，为我们揭示了现代社会中的物质、商品、技术、工具之宰制，为重启社会批判、重建社会理性提供了丰富的思路。

2. 社会批判。如何认识共同体？在清理了理性层面的异化与宰制之后，我们要关注的是在一个现代社会中，一个新的社会共同体的建构如何可能？首先我们需要建立起一套最为基本的遵循程序性规范的法治构架。当然，这一构架的建立，必须依靠理性协商而非独断专制，才能推进国家治理的法治转型。除了法治共同体之外，现代社会的良性运转还需要一个社会共同体的建立。因此，我们还必须思考这个共同体以及共同体之中的个人生活应该如何得以合理运转？更进一步来说，我们必须思考在一个陌生化的现代社会中，共同体之间，人与人之间应该如何交往、彼此承认？针对这一系列问题，法兰克福学派的社会批判理论给出了具体回答。

3. 文化批判。如何认识文化与信仰？在一个后世俗的现代社会中，理性层面的反思、法治层面的建构、社会层面的交往为我们划定了政治社会生活的基本界限，但是我们在精神信仰、心灵情感层面的问题却无以解决，尤其是对中国这样一个处于急剧社会转型的国家而言，我们不仅面临着传统文化价值的失落与新的文化价值尚未建立之间的矛盾，同时也面临着传统马克思主义意识形态与现代西方思想文化之间的冲击，故而道德规范、理想信念的重建显得尤为迫切。面对这一境况，法兰克福学派在后形而上学层面的一系列理论思考，可以给我们带来启发。

近几年来，随着信息技术的不断发展，国家之间的关系日益密切，人与人之间的交往日益活跃。经济全球化、世界多极化、文化多元化的格局日益显明。和平、发展、合作、共赢的理念不断撼动旧有的"丛林法则"，成为新时代的发展主流。不过，由于经济发展结构的不平衡，尤其是2008年金融危机的爆发，激化了全球发展中的深层次矛盾，进一步加剧了地区间的不平衡态势，导致世界经济持续低迷，地区冲突日益增多。"逆全球化"的思潮开始抬头，恐怖主义、核弹危机、难民潮等亦在不断威胁世界和平、发展和稳定的大局。对德国而言，如何面对难民危机引发的主权与道义之间的矛盾，如何面对新的文明冲突下的共同体的生活……已经成为考量其哲学社会科学理论生命力与实践性的根本问题。他们的思想文化领域，因而显示出了更为强劲的向现实政治、社会、文化层面靠近的趋势。德国思想家们也开始以更广阔的视野批判、反思当今全球化资本主义系统中所出现的种种现实问题，力图为社会的进一步发展提供理论依据。与之相应，2013年以来，面对当今世界政治文化领域的这一公共议题，习近平总书记提出了构建"人类命运共同体"的主张，为世界和人类的未来发展，提供了一整套"中国方案"。这一"中国方案"在"和平合作、开放包容、互学互鉴、互利共赢"的"丝路精神"中大放异彩。在某种意义上，这是当代中国贡献给世界的重要哲学范畴与思想理念——对话而非对抗、合作而非博弈、共享而非独霸、共赢而非零和。这样一种广阔的现实关怀、社会关怀，对于中国未来思想文化的发展而言，是一个指导性的方向。中国未来的文化发展，必定是一个立足于中国现实，同时放眼世界的开放性文化体系：这将是一个历史的、辩证的、实践的而非短视的、抽象的、概念化的思想文化；一个多元的、开放的、包容的而非简单的、封闭的、独断的思想文化；一个综合的、整体的、有机的而非支离的、局部的、机械的思想文化。

目 录

第一编　启蒙与反启蒙：德国现代性内部的复杂状貌 …………… 001
- 永久和平，19世纪欧洲共同体的文化想象 ………………… 003
- 弗里德里希·根茨论欧洲的政治均势 ……………………… 023
- 启蒙的另一面
  ——作为元保守主义者的默泽尔 ………………………… 035
- 默泽尔的生活世界：城市显贵和知识分子的启蒙 ………… 044
- 《等待者》
  ——克拉考尔的启蒙现代性批判路径 …………………… 057
- 现代性悖论：作为资本主义美学概念的大众装饰 ………… 072

第二编　理性的毁灭：德意志民族的历史伤痕 …………………… 085
- 文化与文明之争
  ——魏玛共和国的陨落 …………………………………… 087
- 民主的悖论：魏玛时期的反民主思想 ……………………… 091
- 资本主义时代的零余者
  ——职员阶层研究 ………………………………………… 104
- "血与土"：纳粹时期的文学思想 …………………………… 118
- 政治的审美化
  ——戈特弗里德·本恩 …………………………………… 147

第三编　不会过去的过去：走出希特勒的阴影？ …… 161

- 戈德哈根论争
  ——希特勒的志愿行刑者 …… 163
- 客观抑或人性
  ——关于《帝国的毁灭》 …… 174
- 没有外在的声音来唤醒我的心
  ——最低限度的道德 …… 185
- 做历史责任的承担者
  ——德国"二战"后的历史反思 …… 190
- 历史学家之争与德国的历史建构 …… 194

第四编　审美与实践的两翼：通往未来之路 …… 197

- 成长，一项未完成的设计 …… 199
- 一个对美好世界的乌托邦展示
  ——布洛赫的美学思想 …… 209
- 实现人的全面自由发展
  ——科学社会主义的价值追求 …… 219
- 真理存于世俗之中
  ——克拉考尔的唯物主义转向 …… 231
- 重返康德
  ——德国社民党的伦理社会主义实践 …… 248
- 文明的火山口：风险社会的反思 …… 253
- 对"马克思主义复兴"的新解读 …… 257
- 大众时代的交往话语
  ——媒体的价值讨论不可放弃 …… 269

参考文献 …… 281
后　记 …… 292

第一编

启蒙与反启蒙：德国现代性内部的复杂状貌

永久和平，19世纪欧洲共同体的文化想象

19世纪初的欧洲政治局势，在接连不断的战争中变得纷繁复杂，尤其是在法国大革命爆发之后，不同的政治哲学思想——激进主义、保守主义、自由立宪主义等——展开了激烈的论辩，这同时也将年轻的弗里德里希·冯·根茨（Friedrich von Gentz，1764—1832年）推向了历史政治舞台。从法国大革命这一思想节点出发，他不仅考察了德意志民族的特性，更在其丰富的政治实践中不断推动反对专制暴政，促进欧洲共同体形成，力图在支离破碎的欧洲版图上重建一个闪耀着和平之光的全欧同盟。笔者将从三个方面着手考察根茨在欧洲一体化历史中所作出的巨大贡献。由于其特殊的政治家身份，笔者将首先勾勒其政治生涯的大致轮廓，从中解读其政治哲学的发展脉络；其次将贯穿社会历史语境凸显其政治哲学的核心理念；最后将详细分析其代表作品《欧洲的政治均势》[1] 以探其欧洲一体化的设想。

一 站在欧洲风潮浪尖的政治家

出生于1764年的弗里德里希·冯·根茨是一名举足轻重的政论家。他

---

[1] Friedrich von Gentz: Das politische Gleichgewicht in Europa (1806), aus der Einleitung, *Fragmente aus der neuesten Geschichte des Politischen Gleichgewichts in Europa*, *Gesammelte Schriften*. Band 4, Hg. von Günther Kronenbitter, Hildesheim-Zürich-New York: Olms-Weidmann, 1997.

自1812年起担任奥地利国家总理福尔斯特·梅特涅（Fürst Metternich）的秘书和顾问。拿破仑战争失败后，他在欧洲随后召开的各项会议中担任秘书长的工作。在维也纳会议期间，他继续宣传大欧洲同盟的思想。可以说，他的作品为欧洲政治一体化的进程提供了非常重要的来源，其代表作就是《欧洲政治均势片论》（1806年）。在政治理论上，他崇尚英国的政治制衡制度，强烈批判法国大革命，主张公民自由和法治，反对平均主义专制与帝国主义。他的一生都在为欧洲的政治局势奔走担忧，并以其卓越的政论才能在欧洲一体化的历史舞台上留下了自己不可磨灭的手笔。

在柯尼斯堡大学期间，康德的哲学理论给年轻的根茨造成了强大的思想冲击。1785年，他学成回到柏林，接受了普鲁士总理事务院（Generaldirectorium）的秘书任命，并很快获取了上升到普鲁士议会的机会。由于一场疾病，他被迫中断了政治上的晋升。可是他却利用这段时间学习了法语和英语，这为他今后的外交生涯开启了崭新的机会。不久之后，法国大革命爆发了，像很多充满热情的年轻人一样，欢欣鼓舞的他开始书写大量政论文章。作为康德的门生，他起先称颂法国大革命为"人类的觉醒"，称颂"这场伟大的革命，必令每一个与正义为友的人都感到心旷神怡，后世的人也将在纪念像前钦佩这令人敬仰的崇高的信念"[①]。后来他读到了埃德蒙·柏克（Edmund Burke，1729—1797年）的著作《反思法国大革命》（Reflections on the Revolution in France），从而被柏克非凡的才华打动。遂逐步冷却了最先轻狂的骄傲和冒险的热情，转而开始攻击法国大革命。1793年，他第一次将柏克的著作翻译成德文。此后他又出版了各种期刊和政治宣传册，从保守主义的观点来分析时事，力图以英国的君主立宪制度来反对革命的法国政治观。在美国革命爆发之后，根茨出版了一部比较法国革命与美国革命的书，[②] 并很快赢得了多方赞誉。当时在柏林的年轻外交官

[①] Friedrich von Gentz: über den Ursprung und Charakter des Krieges gegen die Französische Revolution, Berlin: Frölich, 1801, S. 12.

[②] Friedrich von Gentz: The French and American Revolutions Compared (1797), trans. by John Quincy Adams, Chicago: H. Regnery, 1955.

约翰·昆西·亚当斯（John Quincy Adams）[1]将其翻译成英文，在欧洲广为流传。可以说，此时的根茨由于其卓越的才能和灿烂的文风使其在欧洲政界得以崭露头角，并获取了令人惊叹的声誉，以及来自英国、奥地利政府的大额资助。但是这却使得他失去了在柏林的政治机遇，因为普鲁士政府并不想失去中立审慎的立场。与此同时，根茨也逐步洞察出了普鲁士政策的优柔寡断和摇摆不定。因此，1802年5月，根茨跟随他的朋友亚当·穆勒（Adam Müller）来到了维也纳。在同弗兰茨皇帝初次会面之后，根茨被延聘为奥地利宫廷咨询师，获得了4000古盾的年薪。

他在返回柏林安排职务的交接之前，开始了一趟伦敦之行。为了奖励根茨在反抗拿破仑的政治宣传中所做的巨大贡献，英国政府向其提供了一笔数目巨大的资金，并承诺每年为其发放数额不菲的奖金。在此期间，根茨踌躇满志，心中充满了对未来的向往之情，挥笔写就了一篇光辉灿烂的文章，名为《战争爆发之前的英国和西班牙之间的关系》[2]。1806年，耶拿一战后，普鲁士遭受惨败。根茨怀着无比激愤的心情，发表了《欧洲政治均势片论》。这是根茨作为一名独立政治家的最后一部作品，在其中，他巧妙地揭露了当下的政治情况，同时作出了自己对于复兴欧洲的预言，即"欧洲由于德国而衰败，但同时，也必须依靠德国，欧洲才能复兴"[3]。从1806年的冬天开始，根茨来回奔波于布拉格和波西米亚之间，他立志报国，将自己全部的力量都放在了社会活动中，他的迷人个性使他很快赢得了上流社会的接纳。尽管他在此期间并未发表什么作品，但他却在构思一

---

[1] 早在1800年，根茨就发表了一篇论述美国革命的起源与原则并将其与法国革命比较的文章，其中分析了二者的根本不同点。约翰·昆西·亚当斯当时正在美国驻普鲁士大使任上，就将此文译出，并于同年在费城发表。参见 Friedrich von Gentz: *The French and American Revolutions Compared* (1797), trans. by John Quincy Adams, Chicago: H. Regnery, 1955, 导言为 Russel Kirk K. S. Zachariae 所写。

[2] Friedrich von Gentz: *Authentische Darstellung des Verhältnisses zwischen England und Spanien*, Gesammelte Schriften. Band 3, Hg. von Günther Kronenbitter, Hildesheim-Zürich-New York: Olms-Weidmann, 1997.

[3] Friedrich von Gentz: *Fragmente aus der neuesten Geschichte des Politischen Gleichgewichts in Europa*, *Gesammelte Schriften*. Band 4, Hg. von Günther Kronenbitter, Hildesheim-Zürich-New York: Olms-Weidmann, 1997. Europa ist durch Deutschland gefallen; durch Deutschland muβ es wieder emporsteigen.

系列关于奥地利未来以及重建德国的文章,并且提出了欧洲平衡均势这一重要政治观点。1809 年,奥地利与法国战争爆发,交战期间,他的笔诛纸伐从未停止过。但是 1810 年的和平以及随后的陷落使他心灰意冷,并书信辞职,逐渐陷入了消沉的状况。直至 1812 年根茨作为梅特涅的政治顾问重新返回维也纳,他的政治生涯才重新焕发生机,并与梅特涅保持了长及一生的忠诚友谊。当时,根茨不再是那个曾在德国最黑暗的时刻,呼吁欧洲竭力摆脱异国统治的爱国者了。他的热情洋溢逐渐沉淀成了一种深刻的睿智,转而着力于推进欧洲一体化的进程。从 1812 年起的十年,根茨作为梅特涅的心腹,陪同这位奥地利总理,几乎出席了所有重大的政治会议,从而将个人的政治生涯与整个欧洲的政治事务紧紧地联系到了一起。维也纳会议期间,他作为秘书长,提出这样一种希望,即希望梅特涅能够用整个欧洲的视角来替代单个奥地利的狭窄视域,并希望去除对拿破仑和法国的陈旧仇恨,而尽力争取整个欧洲的同盟。他认为,在这样一个衰败的时代,政治家的唯一作用只能是推进欧洲政治一体化,去除国与国之间的私利达成联盟。①

当然,确实如根茨自己所预见的那样,他的政见,他对于欧洲一体化的推进和信心,由于欧洲各国各自为政的狭隘,而被一次又一次地延迟,怀着对于微茫希望的渴求,根茨最终死于 1832 年 6 月 9 日。在他那卓越不凡的文笔下,欧洲一体化的进程得以形成与推动。他用自己犀利的笔端,讨伐强权,促成联盟,这杆笔确实像是锋利的武器直接捣向了拿破仑的心窝。他客观公正的写作态度,热情灿烂的文风,使其作品成了这个历史阶段最重要的文件,并且具有强大的涵盖力。除却政治上的贡献,根茨在文学上的贡献也是非凡的。他的文章,如同充满张力的诗篇,成了德语外交文献、政治文献的一个光辉典范。

---

① 参见 Günther Kronenbitter: Friedrich von Gentz (1764 – 1832). In: *Politische Theorien des* 19. *Jahrhunderts*: *Konservatismus. Liberalismus. Sozialismus*, Hg. von Bernd Heidenreich, 2. neu bearb. Aufl., Berlin: Akademie Verl. 2002。

二 烙印欧洲政治轨迹的政论家

若要具体考察根茨的政治和哲学观点，我们无法绕开当时的社会历史语境，以及贯穿根茨一生政治生涯的几个重大事件。就根茨在这些历史事件中所扮演的角色轨迹而言，可谓完美地诠释了其政治哲学的核心理念。

首先法国大革命作为一个时代和理论的标志，矗立在欧洲发展史中，始终以其激荡的政治分歧影响了19世纪乃至20世纪的历史、文化、哲学研究。作为一个闪光的符号，法国大革命隐现于现代性的开端之上，人们通过仰望它，开始了对自由民主一轮又一轮的思考。任何一个时代人物都无法绕过法国大革命。根茨也一样，法国大革命在一定意义上，是其政治生涯的起点也是一个巨大的转折点。可以说，当其着手将埃德蒙·柏克（Edmund Burke）的《反思法国大革命》① 翻译成德文之始，命运之门就已经将其推到了欧洲政治的风口浪尖。这一场革命不仅促成了他对理性主义和自由的反思，也初步构成了其保守主义的政治取向，以及寻求以一个广阔的欧洲联盟对抗一个狂暴的法国独裁统治的政治设想。

我们知道，根茨在柯尼斯堡大学师从康德，最初受到了康德哲学的重大影响，在法国大革命爆发之后，一度也如激进青年一般为之欢呼雀跃，但是当1790年柏克的《反思法国大革命》一书出版之后，他的政见发生了巨大的转折，他从对法国大革命的迷狂中清醒了过来，开始用审慎的视角来考察这一场革命。1793年，根茨将《反思法国大革命》翻译成了德文②，无异于在当时的普鲁士世界投下了一枚重型炸弹。根茨在其中明显地将柏克视为了自己的精神导师，字里行间无不透露出对柏克政见的心悦诚服。同柏克一样，根茨此时不再把法国大革命看成是一场民主革命了，

---

① Edmund Burke: *Reflections on the Revolution in France*, ed. by J. C. D. Clark. Stanford, Calif.: Stanford University Press, 2001.

② Edmund Burke: *Betrachtungen über die französische Revolution. Aus dem Englischen übersetzt* (1793), Friedrich von Gentz: *Gesammelte Schriften*. Band 1, Hg. von Günther Kronenbitter, Hildesheim-Zürich-New York: Olms-Weidmann, 1997.

而认为它是一场反对传统、反对权威的暴力动乱，是人类社会中的一次脱离现实的实验，最终只会导致灾难。根茨的这种态度，使得早先他的很多崇敬者认为他背叛了民主的信条。不过，后来的事实证明他的判断是准确的，至少表面上法国大革命不像是一种民主，反而更像是一种恐怖，并且最终以拿破仑建立法兰西第一帝国而结束。紧接着，根茨创办了一份杂志——《历史月刊》（*Historisches Journal*），他将其作为一个基点，不断撰稿公开反对法国的侵略行径。这份杂志一时之间成了欧洲政治的前哨，其中针对法国大革命而展开的激烈论辩，在一定程度上代表了整个欧洲的政治动向。根茨以其犀利的文字，在论辩中一展雄风。其中的第一篇，叫作《法国大革命的本源和特性》。① 他的另一个政治宣传册——《法国大革命前后的欧洲政治状况》②，也为他赢得了广泛的声誉。根茨深刻地洞察到了自由背后所隐藏的巨大暴力。在他看来：错误哲学的指导、狂暴激情的驱使，使得法国大革命从根本上摧毁了自由。一场由理性来指导的大革命，却恰恰堕入了非理性的魔域，启蒙大师们所构造的理想国度，变成了遥不可及的幻境。血流成河的断头台，已然宣告了自由的沦丧，社会的崩塌。对此，根茨指出：

> 我们所体认的自由是指，一个人拥有选择自己希望的生活以及价值模式的权力，如果是运用强力的手段，迫使人们放弃原有的传统和信仰，放弃既成的社会联系，通过政治权力体系、以暴力强制、甚至从肉体上消灭的手段而进行的社会革命、思想革命、宗教革命、生活方式革命，却是在强迫个人改变自己的信仰、价值和生活方式。这种强迫本身就是从根本上违背自由原则的。理性不能代表一切，理性滥

---

① Friedrich von Gentz: *über den Ursprung und Charakter des Krieges gegen die Französische Revolution*（1801），*Gesammelte Schriften*. Band 1, Hg. von Günther Kronenbitter, Hildesheim-Zürich-New York：Olms-Weidmann, 1997, S. 343.

② Friedrich von Gentz: *Von dem Politischen Zustande von Europa vor und nach der Französischen Revoluzion*, *Gesammelte Schriften*. Band 2, Hg. von Günther Kronenbitter, Hildesheim-Zürich-New York：Olms-Weidmann, 1997.

用的最终结果只能毁灭自由。①

通过对理性和自由的反思,对拿破仑暴政的揭示,根茨在政见上不断地靠近保守主义思想。他指出:

> 社会是自然与历史的统一,其过程本身隐含有秩序。一个民族的文化,不是一时产生的,也不是少数人选择的,它表现为时间、空间和数量上的延绵,是经过无数世代的筛选,在长期的历史演化中自然形成的。它凝结着该民族的情感、观念价值以及人与人之间、人与社会之间千丝万缕的联系,具有神圣性。对于这一神圣的历史实在,抽象的认知原则是外在的和无生命力的。②

在对法国大革命的反思后,根茨发现,通过政治手段,尤其是暴烈的政治手段而实现社会革命的企图,只能导致灾难性的后果;因为,他们假借"公意"进行了蛊惑人心、操作民意的勾当,他们的"理性之神"化身为了专制主义恶魔,实实在在地吞噬了自由。理性的作用是有限的,对于宗教、传统、习俗,理性更是无能为力。启蒙哲学的根本谬误,就是夸大"理性"的功能,使之处于"理性之神"的地位。在这里,我们看到了根茨保守主义的转向。他对于传统的珍视正是基于他对自由的深刻体悟。因此他将英国的宪政当作自己的政治理想,并激励着他为了实现一个广大的欧洲同盟以对抗个体的专制独裁,开展了不间断的努力。

通过对柏克的《反思法国大革命》的翻译,根茨第一次把英国的保守主义思想系统地介绍给了德语世界。他本人也成了柏克的信徒,把对英国宪政的关注与向往,内化成了其政治哲学的核心。他对保守主义信条的维护和阐释,在一定程度上推动了反对法国暴政的斗争,并为争取欧洲同盟

---

① Friedrich von Gentz: *über den Ursprung und Charakter des Krieges gegen die Französische Revolution* (1801), *Gesammelte Schriften. Band 1*, Hg. von Günther Kronenbitter, Hildesheim-Zürich-New York: Olms-Weidmann, 1997, S. 332.

② Ebd., S. 333.

奠定了理论基础。我们知道，德国保守主义思想的发生有两个源头，一是外部的，二是内部的。从外部来看，德国保守主义主要受到法国大革命的冲击和柏克思想的激发；从内部来看，德国保守主义则与德国自身的社会发展、历史发展有着紧密的联系。在根茨身上，我们也可以很清楚地看到这两条保守主义线路逐步生发发展的过程。首先，我们要关注的是外部的原因。柏克把社会看作是一种植物或者动物，而人只是其中的一个器官，因而社会的权威是作为个人生存的条件而强加在他的身上的。他不能拒绝这种生存条件就像不能拒绝自己的身体是一样的。这种混合了经验主义的保守主义观点，从英国传到了德意志，而最早翻译柏克著作的根茨则毫无疑问地从这个学派汲取了自己的政治哲学观点。此外，在担任奥国政府秘书之前，根茨曾有过一次伦敦之行，在那里，根茨对这个在现代化的程度上远远超过普鲁士的国家——英国——表现出了由衷的羡慕和赞叹之意，英国井然有序的宪政制度，强烈地吸引了年轻的根茨。保守主义的政见就此在他的心中扎下了根，而英国势力均势的战略也成了他终其一生努力奋斗的政治目标。其次，从内部来看，我们发现德意志处于欧洲发展转化的中心，它之所以成为反对法国的集结地，正是因为它对逐步形成和稳定下来的社会，与突然"人为"建立起来的社会之间的区别，有着非常敏锐的意识。它致力于在历史的延续性上使现存的旧制度具有合法性。这个民族注重的是某种传统保守的倾向变革方式：这种保守并不是为了维护那些旧有的政治制度或者贵族们的利益，而是为了保存那些在长期的历史过程中，在民众间不断沉积保存下来的价值、习俗乃至那些不自觉的选择，那些观念以及由此所构成的生活形态。这样的传统在很大程度上成了一张有效的保护网络，让势单力薄的个人在面对国家机器的时候，不会直接受到伤害。如此一来，政体层面的变革，也就不会一瞬间侵入社会心理层面，以及民众的价值模式，从而缓和了他们受到暴力强制的可能。根茨出生于这样一个传统的社会模式之中，民族文化心理层次的保守主义自然成为其观察世界的一个不自觉方式。

可以说，根茨在法国大革命爆发之后，在其所从事的翻译和写作工作中，对理性、自由、启蒙等重要概念进行了持续不断的反思和追索。在柏克保守主义思想与法国启蒙思想所形成的巨大张力之中,他开始从理性至上转为温和保守、从重视个人到在社会中发现个人。这种转向不仅体现在根茨的哲学观念之中,同样也体现在他的政治观念之中。由此出发,根茨更加坚定了保守主义的立场、英国宪政的理想,以及促成欧洲政治均势,从而建立统一欧洲联盟的设想。

美国革命发生之后,比较法国革命和美国革命一度成了19世纪初期欧美知识分子热衷的一种消遣。1800年4月,根茨在其创办的《历史月刊》上发表了一部重要的作品——《法国革命与美国革命的比较》。在这部作品中,根茨以敏锐的政治观察,透过纷繁复杂的历史线索,从自由的分歧以及传统的保存等方面总结了这两场革命在哲学基础上的根本分歧。这一作品深化了他对法国大革命的批判态度,并植入了英国保守主义的批判视角。

在根茨看来,尽管这两次革命都凸显了有关自由、平等的启蒙理念,但这两次革命还是存在着巨大的差异。美国革命继承了英国的经验主义、保守主义政治哲学,而法国却继承了欧洲大陆的理性主义政治哲学的传统,这就使得两个国家的革命呈现出截然不同的特点。美国人非常满意于他们保留了许多英国的传统,而法国人却致力于对其千年历史的完全破坏;美国人接受非暴力的政治冲突,而法国人却把团结统一看得高于一切;美国革命是为了恢复"原来存在的权利",甚至可以说是为了自身的幸福、自由而战,而法国革命后来抛弃了自由民主的原则,最终走向了暴肆、狂妄和癫狂。当然,美国人对民主理念的追求和法国人对革命理念的追求,在革命之后,依旧持续地影响着世界民主革命的进程。世界上的其他国家在建立民主政府之时,参考了美国革命的模式——如解放战争、制宪会议、权利法案和政党的创建;当然他们也从法国革命中吸取了可供借鉴的教训——如恐怖行为、极端行为和报复行为等。

根茨的这部作品因其犀利的角度和有力的论证,在当时的欧洲引起了广泛的关注,他的一些根本的论调也变得非常流行:比如,法国革命被看作是对自然权利、"抽象的人类自然权利"的一种狂热崇拜的产物;而美国革命则被看作是一种"保守的革命",美国革命自始至终……都仅仅是一场抵御性的革命……美国人斗争了十年之久,反对的不是英国,而是革命等①。此外，根茨还指出：

>在英国的殖民地中，自由的精神比地球上其他任何民族都要强烈。这是因为，作为英国人的后裔，他们不仅热爱自由，而且还根据英国人的观念和原则来热爱自由。同其他单纯的抽象物一样，抽象的自由在殖民地是找不到的。②

由此，我们不难发现，在这部作品中，根茨依旧追随了埃德蒙·柏克的观点，基本上总结了其对法国大革命的反思，以及对于英国宪政和保守主义思想的思考。根茨对美国革命的这种支持是基于对这场斗争的一种"保守主义"解读。法国大革命和美国革命的对比，可视为根茨政治哲学逐步成熟的一个代表，为其欧洲政治均势以及广阔欧洲联盟的主张打下了良好的基础。

维也纳会议主要讨论的是欧洲在拿破仑战争后势力划分的问题，力图在最大程度上重新恢复欧洲均势原则。会议的宗旨在于巩固各国之间的联系，以达到维持欧洲各国富强和维持欧洲和平的目的。这次会议第一次确立了欧洲协调的原则，并建立一个完整的欧洲体系——维也纳体系。在此次会议中，根茨作为秘书长，发表了一份重要报告，他几乎总结了此前所有的政治观点。他宣称要在此次会议中沿袭欧洲古典的均势原则，力图重新恢复欧洲被拿破仑破坏的秩序，并逐渐过渡到一种"欧洲协调"（the Concert of Europe）的机制，从而为建立一种抵制霸权的全新的欧洲联盟打下基础。

根茨在报告中指出：

>目前的协调一致，是其对付在每个欧洲国家或多或少都存在的革命余火的唯一保障……在20多年几乎没有中断的战争和革命之后，战

---

① Friedrich von Gentz：*The French and American Revolutions Compared*（1797），trans. by John Quincy Adams, Chicago：H. Regnery, 1955, p. 78.
② Ibid., p. 82.

胜的旧政权面临着尤为困难而危急的缔造和平以及维持和平的问题。为了清理20年的废墟，并重新分配领土战利品，最明智的做法是搁下平时的小争端，共同支持现有的社会秩序准则。此外，对所有明智的政治家显而易见的是，今后任何大规模的欧洲战争都是无法容忍的。……（欧洲）各国组成的社会是现代世界必不可少的条件，欧洲命运取决于在总的体系中占有优势的列强的国际体制……欧洲的命运最终取决于欧洲的联合体（Federal Constitution）。[1]

在这里，我们发现，根茨所主张的欧洲联合体，就是他一直所推崇的广阔欧洲联盟的另外一种说法，虽然他打着欧洲均势的古典旗号，但实际上想要达成的是现代意义上的欧洲共同体。虽然维也纳会议经常由于忽略了民族主义和自由主义受到19世纪和现代历史学家的批评，它牺牲许多小国利益以保持大国的势力均势及恢复欧洲旧有秩序的努力，也常常被许多激进的民族主义者所诟病。但是，在维也纳会议上所形成的欧洲协调合作的常规架构、对战败国的温和处理、废除奴隶买卖、开放国际河流等措施，确实在欧洲大陆建立起了一个和平的系统，并对重建和平及欧洲社会进步作出了自己的贡献。

根茨在此次会议上，对于欧洲的未来，还是充满了建构信心的。可以说，他所提倡的欧洲协调机制，以及欧洲联合体的共同构筑，是保守主义理念的一次政治重建。

1815年维也纳会议结束后不久，由俄国沙皇亚历山大一世（Alexander Ⅰ）发起，得到奥地利皇帝弗兰茨一世（Francis Ⅰ）和普鲁士国王腓特烈·威廉三世（Friedrich Ⅲ）的赞同，于同年9月26日在巴黎签署《神圣同盟宣言》，标榜根据基督教教义处理相互关系，宣布三国属于上帝统治下的同一家庭的三个分支，三国君主以手足之情互相救援，引导臣民和士兵保卫宗教、和平与正义，要求人民遵守教义，恪尽职守。并邀请承认盟

---

[1] 参见维也纳会议秘书长根茨的报告（1815年2月12日）（http://www.dlse.gov.cn/Iclass/R_level1.aspx?id=32823）。

约原则的国家参加同盟，同年11月19日，法国国王路易十八加入。最后除英国摄政王、奥斯曼帝国苏丹及教皇外，欧洲各国君主也纷纷加盟。神圣同盟并非维也纳会议的直接内容，但与维也纳会议紧密相连。神圣同盟的正式确立，使得根茨欢欣雀跃，因为它确实代表了根茨政治哲学重要目标的实现。正如他自己所说的那样，欧洲在它自己创立的最高法院的主持下统一起来，最终似乎已组合成为一个庞大的政治家庭。

在根茨看来，神圣同盟确立的普遍联盟原则在一定程度上，跨越了支配欧洲长达三个世纪之久的势力均衡原则。在神圣同盟原则指导下，所有国家受制于大国而结成一个大的联邦。更加令根茨高兴的是，神圣同盟还确立了一整套关于国际组织监控、管制、制裁或预防变化的条款以及某些调节双边或多边行为的程序、规则、规范或惯例。这些制度的存在将有力地预防一国专制和暴政的存在，从而推进整个欧洲的和平进程。然而，根茨也清醒地看到，神圣同盟确立的由大国控制的政治体制，也存在着损害和平的消极一面。

> 因为大国在国际舞台上占优势是一种事实，正如在国内社会中大的经济组织占优势是一种事实一样。除非摧毁这种优势权力本身，否则，任何法律或组织结构上的措施与设计，都无法消除这种权力差异引起的政治后果。①

在国家实力存在差异的情况下，如果实力强大的国家在行为上不受节制地僭越国家主权，而实力弱小的国家则无法行使自己的国家主权，这必然会引发新一轮的冲突。神圣同盟内部的这些问题，是根茨自己也无力解决的，在他生命的最后阶段，虽然他不断向各国君主警示同盟内部可能出现的危机，但是，由于时代的限制，根茨也只能抱憾离世。

总之，从积极的意义上看，神圣同盟的建立，是欧洲君主试图以超国

---

① 参见［美］汉斯·J.摩根索《国家间政治：寻求权力与和平的斗争》，徐昕等译，中国人民公安大学出版社1990年版，第566页。

家的国际组织机构管理世界、控制战争、实现和平的一次重要的尝试,也可以被称为人类建立世界政府维护和平的第一次试验。虽然神圣同盟主导的国际政治舞台给大国留下了很大的操作空间,大国与小国之间的差别是一种难以消除的国际政治现实,但是这样一场华丽而真实的政治盛宴毕竟给根茨一生的政治事业画上了一个圆满的句号,实践了他用保守主义的立宪主张,反对独裁,推进欧洲一体化的政治梦想。

三　政治均势的欧洲观

如上,我们从历史事件的生发以及历史意境的贯通,勾勒了根茨政治哲学发展变化的一个过程。这一过程显示了根茨政治理念不断定型的基本路线,也是其欧洲一体化理念从诞生到成熟的跋涉过程。接下来,我们要集中精力来研究其最重要的一篇政论文《欧洲的政治均势》。这篇文章是根茨1806年发表的《欧洲政治均势片论》的导言。根茨在其中充分展现了其光彩夺目的文笔、气势恢宏的气魄以及对欧洲未来充满热情的呼吁与展望,读起来令人振奋不已。

如果不存在民族仇恨的问题,欧洲各国传统的野心从一开始就是法国和欧洲各国复杂状况的根本原因。反法同盟投入战争之时不仅仅是为了摧毁法国大革命,更是为了肢解法国。尽管如此,各国实际上从来没有因为所谓的"反法联盟"旗帜,在真正意义上联合起来。相反的,他们悬殊的利益使得其分裂成了一种必然。1806年的耶拿一战,普鲁士遭受惨败,丧失了国家一半的领土。根茨就在此时,挥笔写下了为世人所称颂的《欧洲政治均势片论》。其目的就是为了激发国民重整为拿破仑铁骑所践踏的普鲁士民族精神。他像任何一名激情昂扬的爱国主义者那样振臂呼吁:"普鲁士蒙受耻辱的不幸时期对我的写作带来了重大影响……我写作这篇文章就是借此加强我和听众的意志。"[①] 他对自己的写作赋予的使命是要"使青

[①] Golo Mann: *Friedrich von Gentz: Gegenspieler Napoleons, Vordenker Europas.* Frankfurt am Main: S. Fischer, 1995, S. 125.

年一代生气勃勃，使他们能够肩负大任，并要给他们提供榜样"①。这位政论家正是凭借此文在欧洲政坛赢得了非凡的声誉，受到了无数青年的追捧。

我们知道，根茨1893年翻译了柏克的《反思法国大革命》，此后又有一段伦敦之旅，故而对英国的政治和历史有了更加深刻的了解。他坦言，如果未曾研究过英国，未曾接近过柏克的政见，他永远也不会理解保守主义宪政体制对其思想的深刻影响。在维也纳寓居时期，他出入奥匈帝国的一些政治要人的沙龙，见识了当时欧洲的各色政治人物，耳闻目睹了许多政治掌故。这些政治阅历无疑扩充了他的政治视野。政论写作对他而言，不再只是纸上谈兵，而是他的政治生涯的体现；政治的不朽和光荣是他毕生的梦想，无怪乎他曾一再断言："只有政治家才能写出真正的政论文。历史指定给本书的任务是：评判过去，教导现在，以利于未来。"② 由此，我们不难想见他在这篇文章背后的勃勃雄心。根茨首先痛斥了拿破仑的专制独裁和贪婪无度。他写道：

> 从这个角度而言，我们此前已经经历了最极端的事件——那个轻信狂傲的政治阴谋家已经在一个漫长的时间序列中，断绝了任何的艺术存活的可能，却使得那些可怕的鲁莽冒险者，跃上了历史的舞台。没有人跳出来嘲笑这些遮蔽了未来可怕状况的人，也没有怀疑他们，却都乐于接受他们热情鼓吹的自然权利。因为他们的存在，任何一种与其相悖的观点都遭到了无情的锁闭。③

确实，当拿破仑的铁蹄践踏了整个欧洲之后，世界的统治已经很显明地成了一种巨大的悖谬；法国已经重新获取了他们自然的疆界，并意欲攫

---

① Golo Mann: *Friedrich von Gentz: Gegenspieler Napoleons, Vordenker Europas.* Frankfurt am Main: S. Fischer, 1995, S. 125.

② Ebd., S. 128.

③ Friedrich von Gentz: Das politische Gleichgewicht in Europa (1806), aus der Einleitung, *Fragmente aus der neuesten Geschichte des Politischen Gleichgewichts in Europa, Gesammelte Schriften. Band 4*, Hg. von Günther Kronenbitter, Hildesheim-Zürich-New York: Olms-Weidmann 1997, S. 165.

取更多的领土；在这双贪婪的巨手之前，竟然没有任何可以让他却步的力量。对此，根茨悲愤地指出：

> 我们依旧记得最初的情形，当时，一个狂暴的专制独断，开始尝试跨越自然的领土疆界，却未被加以阻止。而后，一场又一场建立在互不信任基础上的无谓抗争，使得这个不幸一直成长为一种巨大的不幸。①

正是由于欧洲各国在此过程中可悲的软弱无力，使得在过去的百年之中维护了欧洲自由和平的体系，最终只能带着她那灿烂的艺术作品、伟大的宪法法律、确定的疆界划分而走向了毁灭。在文中根茨更以其犀利的笔端揭示了拿破仑暴政的本质，戳穿了他那用天赋人权、自由国度的苍白允诺，从而向公众们指出了自由背后的狂暴，以及理性幌子下的罪恶：

> 那昨日还是我们祈求物对立面的东西，现如今却被荣誉地授予了"唯一纯粹的统治"和"新的宪法"的称号。那种可怕的魔力，经过整整一圈令人疲倦的政治疾驰游戏后，终于搬出了自由的狂热。而这样一种可怖的热烈的自由，却使得万民如同臣服在奴隶主之前一般，向其下跪颂扬。②

法国统治者所采用的策略是一种表面的抚慰。他用自然权利的信条不断地喂养着欧洲大众，进而促其成长壮大，直至一种新的哲学在他们当中形成。这种哲学专注于人类个体的强大，崇尚某种天意的赐予，强调个体的意志对整个世界的统治。在拿破仑眼中，只有战争能够帮助他完成这个重任，因为届时每一个难缠的阻碍都能被解除，然后他那强大的天才意志

---

① Friedrich von Gentz: Das politische Gleichgewicht in Europa (1806), aus der Einleitung, *Fragmente aus der neuesten Geschichte des Politischen Gleichgewichts in Europa*, Gesammelte Schriften. Band 4, Hg. von Günther Kronenbitter, Hildesheim-Zürich-New York: Olms-Weidmann 1997, S. 168.

② Ebd., S. 173.

就能够帮助整个欧洲补偿其所受到的损失。欧洲的民众们听着这种充满诱惑力的言辞，不仅仅带着确信无疑的信任，还带着毫无反抗的意识，直至陷入灾难的最深处。为此，根茨在文章的第二部分，批判了欧洲各国君主的麻木不仁、犹豫退缩和各自为营。在根茨看来，正是由于欧洲各国不顾欧洲公共利益而专注自身利益获取的卑鄙行径，才导致了欧洲的灾难。只可惜大多数的当代人，依旧满足于个体的私利。他们甚至可以不顾最糟糕的前景，依旧不遗余力地推动个人的福利。他们无时无刻不在算计着他们将要在他们的货物或者福利之上还将获取什么，为此他们将遭受到不可避免的损失。之后根茨以雄辩的笔调，为欧洲民众展示了欧洲支离破碎的悲苦：

> 自此之后，欧洲各国的国家利益，他们的政府形式、他们的法律、他们的优先特许权、他们的宪法，以及紧随其后的他们的最内在的国籍和民族、他们的风俗、他们的民族个性、他们的精神传统，他们的语言，全部都受到了损害，以至最终他们将要失去他们民族自身存在的特性。而他们的家庭财产、商业贸易、家庭关系、私人安全保障和自由也将被消蚀，被损害，最终被灭绝……[1]

当时整个欧洲都陷入了可怕的灾难，不仅仅是帝座和尊严的垮台，还包括了法律和国家形式的溃变，而更加严重的是在帝国的剥夺之下而导致的无以计数的贫困、社会公益基金的衰败、工商业和交通的瘫痪，乃至海外成本的浪费、信用体系的崩溃等。根茨悲哀地指出，由于这样一种可悲的盲目和代表个人神祇的自私自利，使得欧洲落到了如此田地，每一个使其重新复兴的希望都成了泡影。这为数众多的漠不关心集团，带着这些荒谬不已的、不知廉耻的、非人类的算计，把自己关闭在一个个隔离的小斗室中。这样可耻的做法很快就从额外的好处中尝到了自己的苦头。因为他

---

[1] Friedrich von Gentz: Das politische Gleichgewicht in Europa (1806), aus der Einleitung, *Fragmente aus der neuesten Geschichte des Politischen Gleichgewichts in Europa*, *Gesammelte Schriften*. Band 4, Hg. von Günther Kronenbitter, Hildesheim-Zürich-New York: Olms-Weidmann 1997, S. 166.

们给自己的祖国，同代人、后代人、最起码他们周围的人，带来了不可估量的惨重代价。这造成的最终后果是使得永恒的公平正义堕落成了最可耻的族群。他们遭受了无法慰藉的失败，导致了某种不可避免的厄运，最终陷入同辈人的无穷痛苦中。根茨很明白，当一个民族，或者一个时代，深刻地陷入这种自私的渴望，当无耻的大多数，都堕落到了一个下降的视野之时，他们将会漠视所有的公共利益，而祖国只能成为一个没有意义的名称；当一个自认为存在的价值，是建立在一个狭窄自私的基础之上，自由和尊严的损失将不可避免。最后，根茨在文中热情地展望了欧洲的未来，呼吁一种建立在和平基础上的欧洲均势，倡导一种充满希望的欧洲联盟。欧洲旧的政治躯壳已经衰弱不堪了。在这个体系中个体之间的联系十分松散，维系其精神实质的内涵已经变得不可信靠，以至于它的衰亡变得微不足道。因此，从一个充满希望的视角来看的话，只有一个崭新的欧洲联盟才能将使得所有的一切恢复年轻并且充满生机。他写道：

> 当我们怀着充满生命力的相互信任，怀着互相理解的热诚，或者当我们破除种种可耻的胆怯，去除漠不关心，付出真诚的献身精神之后，毫无疑问的，我们将进入一个良好的氛围中，在其中任何一个艰难问题的答案都不会由武断作出，亦不会有人刻意地去破坏。如果当摄政者以及围绕在他们周围的那些辅政者不再蠢钝地令人绝望，或者那些与国家最高利益作对的人都能受到冷酷无情的惩罚，又或者那些目睹到他们的崩溃而幸灾乐祸的人不再志得意满之时，我们就能够获取令人满意的统治。他们必须比他们的族人拥有更强大的力量以及更多的智慧，以保护他们的人民不致落入死亡的威胁。①

在这里，我们可以看到，根茨政治哲学的核心就在于，一个全欧洲的政治均势联盟的建立。它并不采用武力的方式去砸碎碉堡，而是希求尽早

---

① Friedrich von Gentz: Das politische Gleichgewicht in Europa (1806), aus der Einleitung, *Fragmente aus der neuesten Geschichte des Politischen Gleichgewichts in Europa*, *Gesammelte Schriften. Band 4*, Hg. von Günther Kronenbitter, Hildesheim-Zürich-New York: Olms-Weidmann 1997, S. 175.

地解除武装；它并不运用危险的数量来对抗战胜者，而是通过友好的宣告来拯救自身的利益。只有它才能够保证一种永久的自由和平。当整个欧洲都集中到这个广阔的联盟之下时，战争、地震、饥荒、疾疫将很快从这个地球上消失。那么我们现在应该从哪个方面来期待我们得救的希望呢？政府和公共的意识就是共同体的意识。整个欧洲必须紧紧地、不可分离地联合在一起，应当互相学习，并且相互承诺，一同去承受，一同得以提升，一同去感受欢乐。联合是唯一的力量，是一个不可战胜的同盟，能够承受今日任何武装力量的挑衅，解放民众，使得整个世界重新归于安宁和和平。同时，这也是一个神圣的同盟，能够保证自身成为一个绝对幸福的族群。但是，根茨所阐述的统一的欧洲并不是以消灭民族主义为代价的，而是民族主义与地区共同体相结合的一个整体。联盟的实现，并不会毁灭不同个体的特质，相反的却将产生新的集体和谐：

> 为了达到这样一个经过重重抗争而获取来的新的联盟体系，需要每一个人为此好好思考。地球上的各个国家虽则具有某种巨大的文化差异，但是他们同时又以如此惊人的方式结合在了一起，这是一个以共同信念组成的联盟，但是，这并不意味着一种个体化的彻底陷落。不管我们内部有多少纷争，也不管我们的发展水平如何迥异，也不论我们以往是否经常处于敌对，当面对外部世界的时候，我们就是一个整体。①

在文章的最后，根茨明确指出了欧洲联盟的建立对于重建整个欧洲秩序，进而发展出一个充满生机未来的重要性，并且以诚挚的态度建构了切实可行的实施方法，饱含了一位政论家对于祖国未来的一片深情。

> 我们必须寻求稳妥的自我保护，而其责任就自然落在了，寻找一

---

① Friedrich von Gentz: Das politische Gleichgewicht in Europa (1806), aus der Einleitung, *Fragmente aus der neuesten Geschichte des Politischen Gleichgewichts in Europa*, Gesammelte Schriften. Band 4, Hg. von Günther Kronenbitter, Hildesheim-Zürich-New York: Olms-Weidmann 1997, S. 175.

条最明智的中间道路之上；我们要将四下散佚的重新联合起来，将当下陷落的重新调整起来，将当下已经死去的重新复苏起来，为此首先需要确定的是一个绝对稳妥的未来，其次才能去保证一个幸福的充满荣誉和生机的未来。只要这种联盟方式依旧能够运作，就依旧能够行使非凡的拯救功能。我必须要联合起来，并且合乎目的地对世界纷争进行裁判，重整整个欧洲的秩序。①

根茨的这篇文章，从对拿破仑统治的批判入手，反思了欧洲各国各自为政带来的巨大灾难，进而为欧洲的未来开出了政治均势，建构欧洲联盟的解药。他已经深刻地意识到，要打破法国的统治，只能通过普鲁士和奥地利的联盟，通过包括英国在内的广大欧洲国家的联盟才能够最终实现。因此，此文的最伟大的意义就是为现代欧盟——一个团结的欧洲提供了有力的思想论证。他告诉欧洲人，他们是拥有统一性的，可以团结得像一个国家一样。因为他们拥有共同的宗教、相近的传统习俗、政治和血缘相通的王室，还有得到共识的现代国际规则和具体的运行机制，所以，他们完全有可能结成一个完美的共同体。

当然，在根茨的时代，还看不到欧洲统一的曙光。因此，他只能认为维持欧洲均势是最好的办法。在一体化的初期，采取一种以均势为基础的联合来保障共同利益，并在此基础上逐渐演化出最佳合作机制来。这样一条思路，体现了根茨作为一名政治家的保守主义视角，但是，它确实也保障了欧洲各国的主权独立，并且有效地促成了民族国家与国际社会的彼此融合，彼此包容。此外，我们看到，根茨在论证欧洲具有统一意识的时候，正是欧洲政治日渐成熟和波澜壮阔的时候。顺着根茨的历史视角，我们看到了1806年耶拿战役之后，普鲁士对德意志民族统一的追求、看到了维也纳会议的召开、欧洲协调原则的确立、维也纳体系的建成，最终看到了神圣同盟的缔结……我们确实可以在这一篇政论文背后，嗅到19世纪初

---

① Friedrich von Gentz: Das politische Gleichgewicht in Europa (1806), aus der Einleitung, *Fragmente aus der neuesten Geschichte des Politischen Gleichgewichts in Europa*, *Gesammelte Schriften*. Band 4, Hg. von Günther Kronenbitter, Hildesheim-Zürich-New York: Olms-Weidmann 1997, S. 178.

期欧洲动荡的局势，同时也深刻地感受到一名积极的政治家在促进整个欧洲的和平统一所做出的卓越贡献。

  人类的和平实践与战争的历史一样悠久，正因为战争的存在，才使得人类期盼和平。透过根茨试图建立一种欧洲同盟的尝试和努力，我们得以窥见人类和平实践的堂奥。其实，一部人类史从某种意义上说都可以看成是于战火中命悬一线的人类企盼于和平中求取生存的挣扎。根茨在努力推进欧洲一体化的基础上，并没有抹杀各民族自身的价值，正如其后的欧洲一体化进程并没有抹掉欧洲各个民族的特性一样。历史的表面充满了战乱、动荡和国家的覆灭，但在这表面下是更具长远意义的正义、社会精神和创造性。这些因素互相作用并且不断演绎，它们像生命一样有繁盛、有衰老、也有轮回，这导致了一个包罗万象、更具价值和更深厚社会的形成，这背后就是世界历史的秘密。

弗里德里希·根茨论欧洲的政治均势[*]

迄今为止所有的一切都还存在吗？难道希望已经成了一种罪行吗？那不断迫近的预言难道已经成为现实了吗？不论在当下还是未来，对我们而言它就是此前所遭受的那些巨大的灾难，以及此前我们所承负的罪责。人类在最初之时如同充满屈辱与仇恨的梦游者，而此后则变成了一个精神高度紧张的先知，无时无刻都带着冷酷和凶恶，带着一种被压迫的反抗情绪从事，难道他们在灭亡尽头之时才能幡然醒悟吗？在这样一个语言混乱的时代，这令人恶心的镇压体系下——即所谓的"新的联盟体系"，会彻底排挤那个由我们的父辈殚精竭虑构筑而成的古老而辉煌的欧洲体系吗？地球上的各个国家虽然具有某种巨大的文化差异，但是他们同时又以如此惊人的方式结合在了一起，这是一个以共同信念组成的联盟，但是，这意味着个体化的彻底陷落吗？当我们面临沦陷而没有任何受救机会之时，德国是否应当努力促成一个更广阔的国家联盟呢？因为其他所有的一切，不论是其想要得到的，或者起初本可以得到的，都已经消失殆尽了。——这个崭新的联盟体系将涵盖德国当前领土的两倍，即包括荷兰、瑞士、西班牙、意大利在内的更为广阔的疆界。

这个问题需要某人来回答，在他手中掌握着我们岌岌可危的命运。当

---

[*] 注：该篇为译文，原题为 Das politische Gleichgewicht in Europa（1806），译自 Friedrich von Gentz: aus der Einleitung, *Fragmente aus der neuesten Geschichte des Politischen Gleichgewichts in Europa*, *Gesammelte Schriften*. Band 4, Hg. von Günther Kronenbitter, Hildesheim-Zürich-New York: Olms-Weidmann 1997.

我们——这些昏厥无力、痛楚哀伤的观众,在被分裂地失去了力量之时,这将是我们最后得以辩护的资本所在,也是我们唯一能够享有的,唯一能够宣称的权利——因为我们的所见、所感以及所算的,是我们在最困楚境地中从未曾背弃的东西。——当然,这种期望的实现同时也是无比的困难。在这些时日中,我们一直处于失败境地,而这个拯救的方案却始终存在着的,为了能够让我们从中找到一条出路。尽管如此,这条出路并非如此清晰可见。因为这样一种联盟形态的总体形式,是所有共同体的共同体,是一个独立存在的宣称,只有在万不得已的情况下,才可能被公之于众。因此,当下的现状依旧不足以使人清晰地观察得出这样的结论。但是,我们必须铭记的是,绝对不能失望和灰心。只要这种联盟方式依旧能够运作,就依旧能够行使非凡的拯救功能。我们首先必须做的就是要联合起来,并且合乎目的地对世界纷争进行裁判,重整整个欧洲的秩序;就如同经由瞬间的考验而去战斗一样,就如同战胜邪恶侵袭的不懈努力一样,当我们从不间断的对抗当下危险的角度来看,我们必须在许多的期限中,运用无比的沉着去赢取这场战争。这并不是说,我们必须要去贯彻实行这样一个组织框架,以使得这个摇摇欲坠的围墙不致倒塌,因为这个建筑已然坍塌了;谨慎和激情的交织重叠,是对现存法律制度构成的最具威胁性的冲击,就如同一个人在无比幸福的状况之后的突然死亡一样,我们必须寻求稳妥的自我保护,而其责任就自然落在了寻找一条最明智的中间道路之上;我们要将四下散佚的重新联合起来,将当下陷落的重新调整起来,将当下已经死去的重新复苏起来,为此首先需要确定的是一个绝对稳妥的未来,其次才能去保证一个幸福的充满荣誉和生机的未来。当然所有的这些都需要政府来建立。[①]

如同我们在自己生命中必须承受生存或者死亡的考验,我们怀着无比忧虑的心情期待着命运的降临。虽则这是我们自身根本不能决定的,但是,当我们怀着充满生命力的相互信任,怀着互相理解的加强,或者破除

[①] 1806年,耶拿一战后,普鲁士遭受惨败。根茨发表了《欧洲政治均势片论》。这是他作为一名独立政治家的最后一部作品,在其中,他巧妙地揭露了当下的政治情况,同时作出了自己对于复兴欧洲的预言。——译者注

种种可耻的胆怯，去除漠不关心之后付出真诚的献身精神之后，毫无疑问的，我们将进入一个良好的氛围中，在其中任何一个艰难问题的答案都不会被武断地做出，亦不会有人刻意地去破坏。如果当摄政者以及围绕在他们周围的那些辅政者不再蠢钝地令人绝望，或者那些与国家最高利益作对的人都能受到冷酷无情的惩罚，又或者那些目睹到他们的崩溃而幸灾乐祸的人不再志得意满之时，我们就能够获取令人满意的统治。他们必须比他们的族人拥有更加强大的力量以及更多的智慧，以保护他们的人民不致落入死亡的威胁。可是我们应该怎样帮助我们的民众呢，当他们不能轻易地看出拯救背后的助力之时，当繁荣或者凋敝对于他们来说几乎毫无二致之时，当经由努力获得的自由对于他们来说还不如作为安宁的奴隶更好的时候，当他们对自己的权利比对自身的灭绝抱持更深刻忧虑的时候，我们应当如何？从这个角度而言，我们此前已经经历了最极端的事件——那个轻信狂傲的政治阴谋家已经在一个漫长的时间序列中，断绝了任何的艺术存活的可能，却使得那些可怕的鲁莽冒险者，跃上了历史的舞台。没有人跳出来嘲笑这些遮蔽了未来可怕状况的人，也没有怀疑他们，却都乐于接受他们热情鼓吹的自然权利。因为他们的存在，任何一种与其相悖的观点都遭到了无情的锁闭。"在这种政治局势下，人们被灌输教养成他们从前所受到的教育那样，完全冷静、冷血，并且温顺稳健，而最重要的是一定要保持倦赖无为的状态；那场曾被降伏的可怕风暴，将再一次将他们推到各自的睡床之上，使他们沉沉睡去。而整个世界的统治已经很显明地成了一种悖谬；法国是否多占领或者少占领一个省份、一个城堡要塞，这将无法由整个欧洲所决定；唯一所剩的就是这个巨大的政治军事强权；每一个不同的国家实体本应该拥有自己更多的道路、更多的领土、更多的人民，以及自己更多的收益，他们应该拥有自己的商业贸易组织，以及那些统计数据所表明的盈利；雷根斯堡[①]的自由决断的统治，实际上与威斯特法伦[②]统

[①] 雷根斯堡（Regensburg），地名，位于德国巴伐利亚州，隶属于上普法尔茨行政区。1803年雷根斯堡从神圣罗马帝国解散出来，成为独立邦国。——译者注

[②] 威斯特法伦（Westfalen），地名，位于德国西北部地区。1648年欧洲三十年战争结束，交战国缔结了《威斯特法伦和约》，基本确立了现代欧洲民族国家的秩序。——译者注

治下的繁荣稳定是同样好的；法国统治者已经重新获取了他们自然的疆界；但这个新的统治者实在是太过贪婪了，竟然想要超越这么一个自然的传统的国家界限，以攫取更多的领土；而目前在这双贪婪的巨手之前，还没有任何可以让他却步的力量，此外时间也将使得人们渐渐淡忘他的贪婪无度，甚而逐渐将其视为习惯计算。"——在这个令人昏昏欲睡，并且教人轻信的教条的引导灌输下，欧洲各国广大民众，甚至是政府宫廷都付出了自己惨重的代价。不论是此前在政治和军事上所犯的种种错误，甚而是上一场战役的巨大不幸。这些巨大的影响都造成了我们当下不可饶恕的堕落；这是一堂异常残酷的课程，我们在其中无能为力，甚至没有足够的时间和精力来分析理解我们的惨败，一切都尚未总结，一切都亟待解决。我们依旧记得最初的情形，当时，一个狂暴的专制独断，开始尝试跨越自然的领土疆界①，却未被加以阻止。而后，一场又一场建立在互不信任基础上的无谓抗争，使得这个不幸一直成长为一种巨大的不幸。在其中，欧洲各国呈现出一种可悲的软弱无力，他们就仿佛是在某种松弛薄脆的材料中不断抵抗、折断而后又修复起来一样，经历了一次又一次的尝试、拯救、而到最终的失败。

而取得胜利的专制独断的法国统治者，借由一种表面的抚慰，不断用某种自然权利的信条②喂养着欧洲大众，并且不断促进其成长，直到一种新的哲学在他们当中形成。他们想要借此来隐藏他们真实的面目，而实际上任何肮脏的诡计是根本无法被遮蔽的。虽则再回头检视已经于事无补，但是那个常常被嘲笑的预言却已经被证实了，甚而是以一种确信无疑的方式被证实了。而在那百年之中维护了欧洲自由和平的体系，带着她的艺术作品、她伟大的宪法和法律、她所有确定的疆界划分、各种联合体和反联合体，被彻底地粉碎了。自此以后，那些虚假的希望也到头了，"这些国

---

① 北意大利战争结束后，法国根据与撒丁王国达成的协议要求占有萨瓦与尼斯，并抛出所谓"自然疆界论"来为它所提出的领土要求找根据，为它的侵略政策辩护。对此，恩格斯写道："所谓法国自然疆界主要是指莱茵河……法国重提自然疆界论，是对德国的直接威胁。"参见马克思、恩格斯《马克思恩格斯全集》第19卷，人民出版社2006年版，第475页。——译者注

② 主要指法国的启蒙主义信条。——译者注

家，被划分成了完全不同的样子，他们的收入被攫取或者被赠与，民众更被丢弃在地"。这样一来，他们就不再是独立的王公、侯爵们了；这条从虚假开始到最终狼狈结束的道路，这个庄重的被公众接受的整一的统治，在漫长的日月年之后，到如今彻底终结了。所有的这一切看起来都是如此清晰，没有人再敢莽撞而行，即便是最愚蠢的人亦不敢如此。蒙蔽、愚蠢和狡诈已经被抛到了紧迫的未来之上，被当下的危险撕成了碎片；然而诡计的储物间依旧还未被耗尽。人们不再把那曾经可怕的预言当作怪物一般来进行蔑视，就如同书页上必备的故事一样，它将被视为一种不得不被忍受的罪恶而凸显出来。携同着这样一种令人绝望的趋势，时代的轻率终于止住了脚步。当今那个还有足够勇气的人，在压倒性的时代氛围中、在政治的商谈中、在社会的舆论中、在公共判决的方向和路径上，将作为一个清醒的观察者，不断追随时事政局，并将很快向世人证明——排除一切没有尽头的细枝末节，一个拥有真正的爱国主义和世界政治感觉的人，（在最高意义上两者都是一个）将要见证旧有的欧洲政治联盟体系的解体，并悲哀地发现欧洲各国的两极分化：其中的一个代表了绝大多数人的选择，把大量的时间耗费在可耻的漠不关心中；另外一个则带着称心如意来观察着事态的变化。当然这样一种两极分化，同样也是其自身惴惴不安的表现，尤其在德国，除了两三个例外，在任何一个组织内部，都有人在公众场合对此大书特书。

这为数众多的漠不关心群体，很快就从额外的好处中尝到了自己的苦头。他们遭受到了无法慰藉的失败，导致了某种不可避免的厄运，最终陷入无穷的痛苦中。由于不可战胜的灾难，使得欧洲到了现在这个田地。她那古老的政治宪法几乎不能形成独立的断片，也不再值得人们付出更多来处理这许多事情，或者为此抗争努力。然而这样的颓局如今也制造了一种希望，每个人都尝试着，去拯救这种衰败，去创造一种对抗的效果，从而复兴这种希望；当这种期望的因素达到一种确信的高度，那么它的对立面就将退居劣势；在这样一种情况下，智慧提供了一种尽可能好的方式来进行抗争。它并不像其他方式那样去砸碎碉堡，而是希求尽早地解除武装；并非运用危险的数量来对抗战胜者，而是通过友好的宣告来拯救自身的利益。除此之外，我们还应当看清，威胁我们的并不只是此前那不可承受的失败。我们应当明白，各国军事力量的均衡只不过是一种大脑疯狂的表现；在任何情况下，法律的细节措施才能够收到最大的效果；不管是从一个法律体系当中得出的既成事实，还是从二十个法律体系中由自我控制得出的协调事实，都是为了统一步调的达成，在这个意义上来看，他们是一样的。在异国统治者的权杖之下生活，一个自为的宪法渴盼或者期望的东西，已经被君主政体混杂的食道绞碎，并行将被蔑视、忘却、推翻而成为对自身的攻击；但是，各国当地原初的摄政者们，依旧同上层的统治相联系，故而仍留在旧地；对于这些政治领袖们而言，不管他们是从旧的还是新的血统中衍生而出，不管他们是被称作总统、首相还是国家行政长官，或是国家领导人、国王之类，究竟是什么使得他们能够凌驾于臣民之上呢？究竟是什么才是没有人能够从他们的臣民手中劫掠的呢？对每个普通民众而言，最值得期待和守护的东西，就是房子、地产或者其中的一个部分、他们所继承而来的或者是他们购置来的财产；如果失去了这些私人的财产，一切将会变得多么可怕。没有哪一个暴君能够掠夺这样的财产。过去的生活实际上就是物质财产本质上的享受、餐桌上以及爱情中的享受、音乐、戏剧、一个好的演出、一个令人愉悦的聚会、一场惬意舒适的睡眠……其他的一切都只是附属品而已；与实际的益处相比这更像是一种幻想般的享受；当他们对民众而言只是一种适度的奋斗享受之时，不要去驳回或者抵制他们。虽则某种自我牺牲会逐渐消失，但是应当允许人们经过这种人生的过程，而得到本质上的益处，在其中人们会不断向前，即便要面临种种危险的境地，他们也不会退缩。他们不会因为挫折而悲叹，因为他们在本质上依旧存留着一种益处。

为了达到这样一个经过重重抗争而获取来的新的联盟体系，需要每一个人为此好好思考，我们应当努力落实每一项不会带来恐惧的措施。因为在这其中，我们还必须解决许多问题。例如，我们还缺少一个共同体的必要基础。因为在每一场理智的争论之后，都应该为其确定一个最终良好的立场。这对于生活在各个国家中的每个人来说，是如此的卑微和软弱无力。因为除了通常意义上的生活需求，以及那些更高程度上的东西以外，他们依旧被笼罩在国家的荣誉之下。为此,一个值得尊重的名称,一部独立有效的宪法,作为一个真正国家联盟体系得以确定的重要部分,向人们发布了一份正式的宣言。这种真实必须被感知,所有那些曾被顽固反对的,将不再被强迫。但是,一旦一个民族,或者一个时代,深深地陷入某种自私的渴望,当无耻的大多数,都堕落到了一个退缩的视野之时,他们将会漠视所有的公共利益,而祖国就只能成为一个没有意义的名称;当一个自为存在的价值,建立在狭隘的基础之上,并且缺失任何公共利益之时,自由和尊严的损失将不可避免。我们就不再拥有任何机会,去呼吁一种尊贵的存在了;奴隶制已经结束,虽然还有这样或者那样的压迫存在;国家已经解体,虽然他们依旧还在互相支持;第一场试验性的大灾难之后,他们不再拥有足够的力量,堂而皇之地宣称他们自身的存在,而只能将幸福委托给某种感激。

从这个角度而言,那些无条件地为征服镇压和统治辩护的人,不论他们是否具有可信的立足点,也不论他们出于什么样的人群,与另外那些即便还有微芒胜利希望,依旧充满胆怯和恐惧的人一起,组成了一种团结一致的形式。此前从来没有出现过这样一种全球控制——自此之后,欧洲各国的国家利益,他们的政府形式、他们的法律、他们的优先特许权、他们那已消失了的宪法以及紧随其后的他们的最内在的国籍和民族、他们的风俗、他们的民族个性、他们的精神传统(或多或少的)、他们的语言,全部都受到了损害,以致最终他们将要失去他们民族自身存在的特性。而他们的家庭财产、商业贸易、家庭关系、私人安全保障和自由也将被消蚀、被损害,最终被灭绝。这一点是非常清楚的,并且也是易于理解的,我们几乎能够在旧的或者新的历史书写中毫不费力地看到这样一点。当下围绕整个欧洲的状况,不仅仅是帝座和尊严的垮台,还包括了法律和国家形式的溃败,而更加重要的是在每一个组织形式中的痛苦不堪,帝国的剥夺和贫困,持续增长的穷人们的没有生计,所有占有物的最悲惨的不确定,所有社会公益基金的衰败,所有工业、商业、交通的瘫痪,甚至包括所有海外的情况:资本的浪费,信用体系的崩溃,不可负担的税款重担……每一个使其重新复兴的希望都成了泡影。除此之外,为了堵住民众痛苦的呻吟，为了抗住无法估量的巨大压力，为了缓解市民对自由持续不断的担忧，为了使得这些悲惨的人们能够为那完全没有希望的未来做好充分的准备，他们不断通过口头或者书面的形式进行慰藉——他们承诺，一个崭新的未来将带领他们进入下一个阶段。如果大家都同样沉默不语的话，那么这个不可辨明的状态会带来什么呢？我们所能知道的，只是无数的民众都为之牺牲了自我。基于某些未明的原因，这一承诺尚未得到完全的发展，也尚未获得普遍的内在服从。但是，我们必须思考这种新的全球控制是如何实现，并且基于何种原因发展至今的呢？我们发现，作为可悲的被占领者，我们之间竟然是如此的相似，我们竟然同样遭受着可怕的蹂躏和毒害。但是这种大声警告的结果本身，并不能够影响到我们的心灵。我们带着习惯的视野，去感受、去发现。其结果是，我们惊喜地看到，在这个独裁统治下，个人的安全和福利，竟然得到了如此有力的保证和贯彻，于是我们受到了可怕的蒙蔽。

　　为了唤醒同时代人的生机活力，我们已经投入了如此众多的公共精神，投入了无以数计的努力，也在不断力求获得整体的眼光。只是可惜大多数的当代人，依旧满足于个体的私利。他们甚至可以不顾最糟糕的前景，不遗余力地推动个人的福利。他们无时不刻不在算计着将要在他们的货物或者福利之上还将要获取的，这种算计的结果将会让他们遭受不可避免的损失。带着这些荒谬不已的、不知廉耻的、非人类的算计，他们把自己关闭在一个个隔离的小斗室中，不同声气，彼此隔阂。这种可耻的做法让他们的祖国、后代人、同代人、最起码他们周围的人，付出了不可估量的惨重代价。这造成的最终后果是使得永恒的公平正义堕落成最可耻的族群。其报复的结果是使高贵的变成了遭受蔑视的，最可耻的变成了首要利益。而这种利益本应该是真正的国家存在，最起码也是广大的公共利益。这种可悲的盲目和代表个人神祇的自私自利，只能带来其他所有利益的毁灭；那么现在，在瓦砾和废墟之下，他们如若期望被拯救，就必须最终将这些可耻的自私自利一举撕毁，连同那肮脏的瓦盆一起扔掉，使其埋葬于真正福祉的尘土之中。

　　但是当我们运用我们的理智和经验，对这个无视公共福利的群体——

这个我们目前时代绝大多数的人群——阐明此种没有疗救的罪恶之时，我们应当怎样来思考？因为这样一种可耻的罪行，虽不多见，却带着一种臭名昭著的自得意满。当所有旧的宪法体系已经解体，几乎可以说已经完结，并且很快的将要迎来整个欧洲的绝对屈服之时，我们究竟应当做何想法？为了逃过不可避免的命运，这绝不仅仅只是一个为我们准备的慰藉，而是一个相当严肃而认真的问题，它关涉着人们对于欢乐和勇气的需要。对待这个问题，第一种观点的人带着哲学深义进行了探究，认为对我们来说虽然显得如此可怕的东西，却恰恰是好的东西，透过真实的阳光，这也恰恰是一条舒适安全的道路。只有它能够保证永久的自由和平。而战争，这个可怕的厄运，或者地震、饥荒和疾疫，将在不久之后被人类战胜——当我们所有人都集中到这一独裁者的麾下之时，他们将很快地从这个地球上消失；第二种观点认为，并非无条件的同一，而只有当各种前提都能满足的时候，才能倡导这种联盟。事实上——旧的政治躯壳体系已经是如此的衰弱不堪，在这个体系中个体之间的联系是如此的松散，维系其稳固的精神实质已经变得如此微小，以至于它的衰亡变得如此微不足道。因此，从一个充满希望，或者更加有益的视角来看的话，这个来自于唯一无限制的独裁统治的强有力手腕，将使得所有的一切恢复年轻并且充满生机；第三种观点则专注于人类个体的强大，嘱命于某种天意，他们希求能够根据这个个体的意志来统治整个世界。只有战争能够完成这个重任，届时每一个难缠的阻碍都能被解除，然后他那强大的天才意志能够帮助我们补偿我们所受到的损失。届时一个幸运的、团结一致的欧洲将要在一个豪华的舞台上上演，声誉以及无限的光辉灿烂将就此形成。公众们听着这种言辞，不仅仅带着确信无疑的信任，还带着毫无反抗的意识。就此在大多数人的意念中种下了信任的种子，并为法国统治者的入驻准备了一个良好的通道。民众们带着无比的宁静注视自身——他们盼望着可怕的混乱不堪的状态被终结，所有的东西都将有一个崭新的开始，并且一定都能够得以实现。但是通往这个结果的道路，与他们所宣扬的相比较而言，却显得如此漫长，并且如此困难。因此他们只能不停地去适应调整，直至陷入灾难的最深处，却还将其视为一个可靠的港口，怀着原罪般应当受到惩罚的愿望,陷入没顶之灾。

就像我们前面已经描绘过的那样,再没有任何人能够鼓动我们的勇气,把我们推向那可怕的战场。但是大众本身却受到了鼓动,他们或者怀着孩童般幼稚的轻信,或者由于沉重的绝望被加以利用。甚而言之,这个可怕的独裁者还操纵了道德败坏的作家们,通过一日日地灌输和引导,一步步地使得民众从其本源之地放逐而出。在一些境地里,秘密的动机使得每一个惯常的不忠实慢慢合理,他们从自己的根基开始慢慢堕落了;对另外一些人而言,或者说是对绝大多数人而言,在他们梦境般的视野深处,由于理想前提的滥用,他们已经在真实的生活中受到了可悲的愚弄。我们还能够记起,尤其是在德国,自十五年前起就有一个被称颂爱戴的政治宗派,他们是数千个政治组织中的一员,经由迅捷的行动,通过一系列的贯彻声明,扬起了革命的洪波。它那种令人眩晕的轻率和鲁莽,毫无羞愧地举着自由的大旗,如同变幻莫测的星辰一般,引起了民众的注意,并令其深为惊叹。对这个政治宗派持有怀疑的人,将会惊讶地发现——那昨日还是我们祈求物对立面的东西,现如今却被荣誉地授予了"唯一纯粹的独裁"和"新的宪法"的称号。那个报复的魔力,如同对高傲态度的惩罚一般,经过整整一圈令人疲倦的政治疾驰游戏后,终于引导了自由的狂热。而这样一种可怖的、热烈的自由,曾经使得万民如同奴隶,臣服在奴隶主之前,向其跪拜颂扬。

这样一种将民众的共同利益置于不顾的漠不关心和无动于衷,却将广大的民众带入了死亡的窠臼。这并不是通常意义上的公共利益的失却,而是一种本质上的邪恶,正是因为如此,才致使了欧洲可怕的溃败;可以说,这就是欧洲衰败最原初的根源了。形形色色的巨大损失都是由此产生而加以发展的。外在的原因或许已经追溯得太多太多了,但是在这场巨大的破坏中,我们应当承担最大且最具决定意义的部分。民众的混乱只是少数的原因,他们的罪责相对而言较轻、较短,也容易治愈。更可怕的是国家深刻的盲目、公共精神的颠倒、所有真实感觉的衰退以及最卑微的专制力量的统治。如果用一个词将其概括的话,我们可以说,这是整个世界道德的败坏,而并非仅仅是指其周围的那些有毒物质,那些被侵蚀被解体的细枝末节。由于一次政治的失策，以及一次错误的行动，就必须让接下来的每一个世纪都为之受到惩罚。只要人类在一个时间序列上进行考察，就可以发现，从许多年前到世界舞台的任意一个时间点上，同时同样地上演着怯懦和软弱；从起始错误的政治到不合时宜的计划、从不稳定的结构计划到错误的加速推进，一直到最终不可避免的衰败，从中人们可以非常精确地计算出，这种邪恶并非是一种偶然的异常现象。在这个邪恶的独裁统治下，就像是由于一次偶然的血管阻塞，心脏早就已经被冒犯并且导致了瘫痪，政治生活的血液已经变质，并且干涸了。那些贵族侯爵或许美其名曰地用种种自然权利教育了民众；当然，从良知道义的角度来看，他们确实尽心尽力；但是在一个更高的或者更具综合性的角度来看，这并没有起到任何效果。从世界关系的中心角度来看，这不过是在共同环境中生产出的确定无疑的产品而已。在所有失策和筋疲力尽的表演之后，当局者们的错误，将使得伟大的历史分崩离析，欧洲自十年以前所经历的，给他们的子孙后代留下了一个根本不能理解的混乱局势，一个没有精神的群体，一个保存着寓言的绝望回响。因此，国家的状况必须被改变。王公贵族们对于公共政治生活的参与、他们所造的种种事端、他们的希望、他们的梦想、他们的迷误，他们在精神和政治上的堕落，都必须得以直观和生动的领会。任何对于当局者单方面的抱怨，以及那些对当局者直接的怪罪，都是不公平和盲目的；这只能是一种最便捷但同时也是最糟糕的状况。因为，如前所说，他们对这个时代依旧抱着最大的尊重和忠诚。

那么我们现在应该从哪个方面来期待我们得救的希望呢？政府和公共的意识就是共同体的意识，我们当代的那些军事责任的倡导者，应当被推到最糟糕的境地。他们听不到同时根本也理解不了我们，而更加糟糕的是，他们现在根本就不再听我们的了，因为他们通过胁迫和危险的力量，攫取了我们的自由和正义；想要对这样的结果施加影响，其实并不是那么可怕的，因为一个幸福和成功的可能性，就其前提来说，至少并不是毫无希望的：每个人都拥有对于幸福的渴望，以及对于被拘禁的憎恶。对此，我们付出了艰苦的奋斗。这个热情洋溢的慰藉，就会帮助我们逃离狡黠的命运。这个更加强大、更加纯洁、更加美好的愿景，要求我们必须紧紧地不可分离地联合在一起，应当互相学习，并且相互承诺，一同去承受，一同得以提升，一同去感受欢乐。你们的联合是唯一的力量，是一个不可战胜的同盟，能够承受今日任何武装力量的挑衅，解放民众，使得整个世界重新归于安宁和和平。他同时，也是一个神圣的同盟，他将不会在战争中屈服，那个充满杀戮的战场也将远远离去，一个伟大的回归之途正向他敞开大门。当他周围所有的一切都坍塌之时，他早已在一个不受威胁的高度上挖出了一条战壕，借此保护人类伟大的宝物不被邪恶的势力夺取。凭借这条坚固的防线，他将能够保证我们自身成为一个绝对幸福的族群。

启蒙的另一面

——作为元保守主义者的默泽尔

在曼海姆（Karl Mannheim）的《保守主义》一书中，默泽尔（J. M. Moser）是以元保守主义者的姿态出现的："作为等级思想方式的代表，我们首先为之所动的是他的生活态度与浪漫主义者的生活态度的不同，称他的保守主义为元保守主义，如果这个术语可以用来指传统主义向与社会政治生活发生了功能性关系的保守主义第一次转变的话。这里既没有浪漫主义者的深深绝望，也没有深刻内省。……他的智慧是祖父般的，冷静、实际并且理性。"将默泽尔比喻为"祖父"是再恰当不过了，这种形象不仅包含着成熟的智慧和理性，更体现出了一种饱经沧桑之后而具有的权威性和神秘性。不过，如此描绘是否仅仅是后世子孙对于祖父的一种揣测呢？是与不是都需要证明，同时这也是理解默泽尔是一个元保守主义者的关键所在。

一

为了做到这一点，首先要看一看曼海姆是在什么样的视野之中勾勒保守主义这一群体的形象的，因为这将为默泽尔的形象定位寻找到一个大致的理论领域。作为一个社会学的大师，曼海姆是因其所开创的知识社会学而获此殊荣的，但是在后人对于知识社会学的接受中却存在一个明显错位的现象——"以为知识社会学专注于社会如何塑造思想的问题，或思想的社会根源、社会条件的问题。因此遂认为这种取向过分强调思想的被动性及可塑性"①。当然这种偏差性的理解,一方面是知识社会学在理论上未取得充分的发展,直到后来法兰克福学派的兴起才使社会思想主动性的一面凸现出来;另一方面则是人们忽略了曼海姆的理论中认识与实践的合而为一,他所关注的是"思想、行动与社会的三角关系",而不只是"思想与社会之间的关系"。具体到保守主义群体形象的接受,就是忽略了在一个现代化的进程之中,保守主义的非理性作为意识形态的一部分,是如何建立在"敌视自由主义和资本主义的理性主义阶层"这一根源之上的,从而扭曲了"历史思想"行动性的内在含义。

因此在这一理论领域的清理中,历史主义就成了一个关键词,但是历史主义本身又是一个纷繁复杂的概念,虽然这一概念的使用是一个并不太长的历程。在曼海姆那里,历史主义的面貌是这样的:

> 历史主义是一个极其复杂的多面结构……但在本质上它又有保守主义的根源。作为一种反对与过去革命性决裂的政治论证,它无所不在——当历史事实不是被热情的用来反对当前事实时,当事物的变化过程本身被敏感地体验到时,历史研究才转向历史主义。②

曼海姆的这一观点受到历史学家的赞同,伊格尔斯(Georg G. Iggers)从学科史的角度对历史主义进行了廓清:

> 现代历史研究首先是在德国被职业化的……它成为了对过去进行科学而客观的研究的一个范例。当我着手研究很大程度上主宰了德国思想气候的历史研究的传统时,我开始认识到,在何种程度上德国的历史研究并非如德国历史学家们所声称的那样科学和客观,而是高度的意识形态化了的……19世纪德国(其他国家也一样)对于历史的浓

---

① 黄瑞祺:《社会理论与社会世界》,北京大学出版社2005年版,第236页。
② [德]卡尔·曼海姆:《保守主义》,李朝晖、牟建君译,译林出版社2002年版,第142页。

厚兴趣，是与正在上升的民族主义联系在一起的。①

卡尔·波普尔（Karl Popper）在《历史主义的贫困》中也有类似这样的定义——"（历史主义是）社会科学的一种假定，它假设历史预言是社会科学的主要目的，并进一步假设通过发现历史进程中潜在的'节奏'或'模型'、'法则'或'趋势'，这一目的就能达到"。很显然，这里是一种不友好的口气，但他站在一个外围的立场为历史主义在划定应用范围的同时，也牵引出了历史主义的历史根源：历史主义是自近代以来，在自然科学的步步紧逼之下，社会科学为自身合法性所寻求的方法论，这一说法同样在李凯尔特（Heinrich John Rickert）那里有着明确的表述。

以上的引文给我们传达的最主要信息就是：1. 社会科学的原则——历史主义不具有客观性；2. 这对于社会科学来说是合法的，并且是其必然要求；3. 这从历史学科的历程中可以得到证明。这些无疑都佐证了知识社会学的对象（现在观察的是保守主义）在历史形态的建构之中所具有的主动性和能动性。这样的话，现在就可以放心地回到默泽尔的"祖父"形象，看其如何在保守主义的群像中展开，也就是知识社会学意义上的归因。在确定了这样的主导精神之后，他又为自己寻求到一个相应的建构工具"思想设计"。在其定义之中，诸如"风格统一""内在形式的原则"等语汇的出现，同样无非是确立矛盾和含混在社会学上的意义和价值。

二

其次需要确定的是，将保守主义作为"政治范畴"来处理是在一个宗教共同体瓦解之后，人们转而寻求政治共同体的漫长历史过程中发生的思想事件。曼海姆对于这段时间所做出的界限是"从17世纪开始到19世纪达到顶峰"。而作为政治范畴的主体，近代社会三大阶级在处理他们的意

---

① ［美］伊格尔斯：《德国的历史观——从赫尔德到当代历史思想的民族传统》，彭刚、顾杭译，译林出版社2006年版，中文版序言，第1页。

识形态的时候，采用的也是各不相同的路径：保守主义者的神学—历史路径，自由主义者的法理学路径，社会主义者的经济学路径①。这样的结果是，一方面，不同的路径所意味的不仅仅是领域划分的不同，有时还导致了对话的无法展开，如在《保守主义》一书中所说的，社会主义思想与法理学的定义毫不相干；另一方面，由于这三种意识形态都是对于同一历史趋势所做出的行动，因而他们在本质上的相同大于相异，这不仅是指他们都面临统治合法性的问题、需要解决历史进程的任务问题，也是指本质上的互补和对立：资产阶级自由派所宣扬的法理学—自然法是建立在纯粹理性之上的，对于它的反动构成了保守主义思想的本质：从起源上来说保守主义被规定为是一场在法国大革命这种自由意识形态冲击之下的"纯粹逻辑性的精神反运动"；从思想原则上来说，"'非理性'被经验为'超理性'，这导致了'生命哲学'（广义上的）的产生，它用来与纯粹理性原则相抗衡的东西，有时是'历史'有时是'精神'"。因而在自然与历史之间的对立，逐渐演变成了"根植于两种根本不同的世界观"思想方式之间的对立。

在这一点上，默泽尔的形象是作为一种革命对立面的零散思想设计出现的。"默泽尔在如此多的方面——特别是通过他的历史思想——代表了德国保守主义思想的出发点。在他那里，我们发现了国家本性学说被超越了。"② 自从 1936 年梅尼克（Friedrich Meinecke）在其《历史主义的兴起》一书中开始把默泽尔与历史主义联系起来，揭示出默泽尔历史概念的重要性之后，默泽尔一直都被称为德国历史主义的发端，而《奥斯纳布吕克

---

① [德] 卡尔·曼海姆：《保守主义》，李朝晖、牟建君译，译林出版社 2002 年版，第 35 页。"保守主义在提出统治的合法性问题时，喜欢做神学——神秘的或超验的定义。'神权'的观点位于保守主义思想的底层，即使后者已经泛神化——也就是说事实上不信仰什么——仍然如此。这样，历史就取代了神圣超验性。因此，保守主义的论证所遵循的研究路线首先在一个神秘、超验水平上操作。与此相反，资产阶级的自由派首先将问题定位在法理学层面上，更确切地说，与自然法的联系上。一种统治形式的合法性是通过纯粹意识形态的、假定的构建得到论证的，这种构建始终在法理学的有效性（社会契约）水平上创造所需的意义。另一方面，社会主义思想首先在经济学层面上来定义问题。这样，它通过定义使得法理学的定义变得毫不相干，还诬蔑后者是意识形态。……他们表明，关于特定统治或政府形式的合法性的争论并不是沿着一条道路行进的。"

② [德] 卡尔·曼海姆：《保守主义》，李朝晖、牟建君译，译林出版社 2002 年版，第 106—107 页。

史》更被认为是德国历史主义的奠基之作。但是《奥斯纳布吕克史》的独特之处并不在其内容，而是在其独特的历史概念，在与启蒙思想形成紧张关系的张力之中，确证从理性转向非理性、在社会中发现个人、道德转向政治的历史形态及其合理性。这种转向不仅体现在默泽尔的历史观念之中，同样体现在他的与荣誉不可分的财产概念、具有原始契约的国家概念、因地制宜的法律观念之中，并且在历史的进程之中无不与资产阶级的意识形态形成鲜明的对比。为了更好地理解默泽尔这种被称为元保守主义者的转变，就需要和之前的传统主义以及其后的浪漫主义做一个简单的比较。

一方面，和传统主义者相比，默泽尔的行为是具有意义取向的，并非反应性的行为。这既可以从他在七年战争之中酝酿创作的《奥斯纳布吕克史》的主旨：明确这个小国家独特政治起源的合理性上看出其良苦用心；也可以从他的个人经历——平生唯一一次对英国为期六个月的外事访问期间的态度看出来——对于这个在现代化的程度上远远超过奥斯纳布吕克的宗主国——他并未表现出羡慕和赞叹之意，反而发出了哀叹：

> 英国人是自由的奴隶，他们为自由所付出的代价实在是太高昂了，他们几乎奉献了自己的绝大部分的和平安宁以及财富。然而，在他们描绘其他国家的法律的方式中，他们的想象力仍然未受任何影响，因此，这将与他们自己的自由形成最好的对照。从大范围进行关照，你会发现，在那里除了能够看见一个地狱之外，你什么都看不到……可是，他们自己根本就没有意识到这一点。当他们听说同样的自由也存在于德国的一个最好的国家时，他们都会把这当成一个可笑的童话，可实际上，在那里，法律和税收的征取仰仗于贵族阶层，而统治者仅仅只有管理的权力，在那里，自由是不需要制造的东西，因为那就像我们日常生活中的面包一样，是一点都不稀奇的东西，这并不需要付出任何的代价。[①]

---

① Jonathan B. Knudsen: *Justus Moser and the German Enlightenment*, Cambridge University Press, 1986, p. 31.

另一方面，和浪漫主义者相比，浪漫主义作为一种在法国大革命之后出现的全欧性的思潮，在德国表现为思辨性的哲学思想和对过去的深深的缅怀，因此与过去的等级制度有着千丝万缕的联系——

> 这种局势的意识形态表现就是，一次在19世纪的阶级和文化的舞台上进行的复古，它运用了最为先进的知识资源以求实现以它的社会重心为基础的设计——总之，这次复古为寄住在遥远的基本设计找到了一种现代的表达方式……浪漫主义和等级制互相吸收对方的特点。①

但是，在"默泽尔那里……这种热爱就产生于在这块土地上所滋生的经验，产生于直接的生活。在这里，历史及其逐渐生成的特点再也不是退避三舍，而是得到同情式的体验。但是，浪漫化和'神秘化'的特点尚未出现；我们已经知道默泽尔总是在'合理的基础上'冷静地从事研究的"②。

最终，这种转向，导致了他"祖父"般的元保守主义者形象的出现。"处在德国第一个发展阶段的默泽尔可以被准确刻画如下：尽管他仍然完全生活在传统之中，却已经致力于在反思的水平上把握这种本真的保守主义思想的本质。"③ 同时，在这种转变之中我们可以看出"生活"的重要性，这既让他开始了一种有意义去向的行动，同时又避免了耽于反思的空想状态。

三

因此，对于默泽尔的生活世界的考察就具有了深刻的含义，并且这一

---

① ［德］卡尔·曼海姆：《保守主义》，李朝晖、牟建君译，译林出版社2002年版，第115—121页。
② 同上书，第218页。
③ 同上书，第100页。

含义随着考察角度的不同而产生不同程度的调整。默泽尔所在的奥斯纳布吕克邦国，与其他地区相比甚为特殊，政治上是天主教和新教轮流坐庄，封建等级组成议会，经济上直至18世纪，中世纪的经济因素都保存完好，教育上也是处于与工业社会的现代教育相隔绝的状态①。在这种封闭的状态之中长大的默泽尔由于家庭的原因有机会到哥廷根大学读书，但是他并未受到当时这个启蒙运动中心的气氛的影响，转而回到家乡从政；这一奇怪的态度以及举动，和他后来出访英国之后得出"英国人是自由的奴隶"的结论如出一辙。要想了解默泽尔为什么站在这样的立场之上，就需要看一看他，以及他的家庭在奥斯纳布吕克所属的阶层背景。

严格说来，奥斯纳布吕克是一个落后的地方：即使是在四分五裂的德意志地区，奥斯纳布吕克在政治上的四分五裂也颇为突出，而经济上由于没有主要的来源，依然在18世纪保持着中世纪的面貌。随着不断被拖进三十年战争和七年战争的泥潭，原先落后而勉强保持稳定的局面也终于被打破：统治上的缺少连续性，在大主教克莱门斯·奥古斯特（Clemens august）去世之后，演变为在涂有英国色彩的汉诺威王室的支持下新教势力的步步进逼。默泽尔正是在这样的时代背景之下，依靠新贵的家庭背景与英国修好，逐步掌握这个地区的大权。

从默泽尔的家庭来说，虽然祖上是律师和新教神职人员，父亲做过大官，母亲又是市长的女儿，但依然无法和贵族相提并论。他们的尊严和地位更多的是建立在自己的财富和良好的社会声望上，每个人都需要兢兢业业地工作。这可以从他哥哥的例子看出来：

> 他只占据了当地政府管理部门中的一个职位而已，当然，这样的一个职位对于更多的这样的职位、更加繁多的复杂的工作堆积而言，是一个起始点。每日降临在他身上的都是繁重的日常工作，以及被要求进行的非贵族的工作，但他总在谦虚谨慎地工作着。②

---

① Jonathan B. Knudsen：*Justus Moser and the German Enlightenment*, Cambridge University Press, 1986, p. 46.

② Ibid., p. 42.

这是一个比上不足，比下有余的社会阶层，默泽尔家庭中的职业模式很明显是旧政制等级管理模式中的一个部分。非贵族管理者们损害了下一个阶层的利益，反过来，他们也被一个贵族的体系所损害。而默泽尔所从事的职业——律师——也是因为他的父亲是律师资格的发放者，所以他才跻身为当年 25 个拿到律师资格证书者中的一员。

律师作为一个新兴的管理者的阶层[①]，是与中世纪后期城市的独立和兴起分不开的[②]。在面临政治独立之后的日常管理活动和日益复杂的经济活动时，邦国的统治者是很需要具有专业化知识的人才的，而律师这个行当，即使从教育背景来说也是可以作为一个沟通起世俗和教会两个层面的职业[③]，所以在社会的转型期就担负起原先由教会承担的重要任务，并随着资产阶级自由法制社会的不断成熟而发展。同时，从事法律家这一职业所要求的巨大投入也保障了其较高的社会地位：

> 完全的法律家需要长时间的教育，通常需要取得博士学位，在这过程之中必须支付庞大的费用，当时仍以贵族或新贵居多；然而，这种完全训练无论如何还是提供天资卓越的国民提高其社会地位的机会，在中世纪，这只能通过担任教士的方式来取得。即使由于社会或者经济上的原因没有取得博士学位，也可以觉得自己是有社会地位的成员，在较小的封国或城市内担任法院鉴定意见的作证人、城市顾

[①] 在中世纪后期的德意志，受学术训练的法律家在宗教裁判所、证书实务、庞大的行政机构，以及在学术性整理本土法源上，都日渐增强其影响力；与此同时，法律家一词在概念及用语上已经逐渐形成。

[②] 不同的情况需要分开来看，比如在德意志南部开化的城市，如 Basel，Frankfurt，Luneburg 等，依靠人文主义的教化，罗马法快速的传播，律师在诸如《撒克逊法典》的重新法典化的过程中发挥了重要的作用；而在北部汉萨诸城，以及经济上最进步的西欧、北欧过渡到复杂的近代经济社会的过程中，对于法规、制度的寻求是在对交易比较友善的寺院法的规训下完成的，也就是只需要研习部分俗世法律的看护心灵的教士就够了。

[③] 关于律师的教育背景可参看［德］弗朗茨·维亚克尔《近代私法史——以德意志的发展为观察重点》（生活·读书·新知三联书店 2006 年版）的第二章《欧洲法律文明的根源》和第八章《德意志俗世法律家这一行》。

问、辩护人。①

正是由于这样一种新兴管理者角色的历史自信和个人在复杂的高层政治生活中形成的观察、思考事物的角度，使得默泽尔不相信大而化之的理论会适合自己的国家。反而是作为一个实际的掌权者，即使面对在法理上和立法上暂时取得支配地位的理性法，也会更倾向于在内在生活、外在影响力上更具优势的普通法。正是这种态度，使得后来的萨维尼（Friedrich Karl von Savigny）在精神上的另一个层面复制了这一符合历史法学派精神的决断。于是，默泽尔作为一个具有发散性质的元保守主义者的意义也就再一次显现了出来。

---

① ［德］弗朗茨·维亚克尔：《近代私法史——以德意志的发展为观察重点》，生活·读书·新知三联书店2006年版，第135页。

默泽尔的生活世界：城市显贵和
知识分子的启蒙[*]

除了曾在耶拿和哥廷根度过两年的大学生涯（1741—1743年），一次对英国六个月的外事访问（1763—1764年），去往汉诺威的常规旅行，以及到皮尔蒙特邻近的温泉疗养地区之外，默泽尔从来没有离开过奥斯纳布吕克。并不是因为他被强制留在这个地方，而是因为他从来没有想要离开这里的愿望。众所周知，为了留在奥斯纳布吕克，他甚至还拒绝过汉诺威总理大臣提拔他的一个好机会。在他去英国的旅行中，我们感觉不到任何一点在哥廷根被称为利希腾贝格放逐的遗憾。"英国人是自由的奴隶"默泽尔在回来之后，简短地写道："他们为自由所付出的代价实在是太高昂了，他们几乎奉献了自己的绝大部分的和平、安宁和财富。然而，他们的想象力，仍然未受影响，以他们描绘自己国家的法律的形式。因此，这将与他们自己的自由形成最好的对照。从大范围进行关照，你会发现，在那里除了能够看见一个地狱之外，你什么都看不到……他们根本就忽视了这一点，当他们听说同样的自由存在于德国的一个最好的国家里，他们都会把这当成一个可笑的童话，在那里，法律和税收的征取仰仗于贵族阶层，而统治者仅仅只有管理的权力，在那里，自由是不需要制造的东西，因为那就像我们日常生活中的面包一样，是一点都不稀奇的东西，这并不需要

---

[*] 注：该篇为译文，译自 Jonathan B. Knudsen: *Justus Moser and the German Enlightenment*, Cambridge University Press, 1986.

付出任何的代价。"

我们并不知道为什么默泽尔会对奥斯纳布吕克的狭窄视野如此满意。他曾经告诉他的一个年轻的朋友，哲学家和政论家托马斯·阿布特（Thomas Abbt）："我每次都会选择这个地方，在那里拥有更多的舒适感和更好的职业机会。"事实上，正是在奥斯纳布吕克，默泽尔在临时主教约克公爵摄政的二十年间（1763—1783年），始终担任公职，直至他离世的1794年1月。

当然，在早期文明社会中，一个人在自己的出生地度过全部的职业生涯并不奇怪。然而，就默泽尔来说，要把他的生活环境同其知识分子存在之间的联系说得清楚，并不容易。这是由于我们十分缺乏关于他本人的资料。我们所拥有的只是两份非常简短的材料。其中一个是他的非个人通信集，另外一些就是由他的女儿、朋友，以及一些他的崇拜者们所做的日常生活纪录的片段和随手写下来的某些东西。这些片断性的东西所能反映的内容都是可疑的。因为他们无法传达出默泽尔的生命、责任及激情。这就迫使我们只能够通过间接的描绘，来刻画那些我们本应直接描绘的东西。因此，要想全面理解默泽尔，我们就必须考察他的社会环境，这种环境正是他这种知识分子的敏感性得以形成的环境。默泽尔属于奥斯纳布吕克这个显贵具备合法性的社会世界。这些年间，一些法国历史学者已就这个问题做了很多的研究。这些研究为我们进一步了解法国资产阶级的形态打下了坚实的基础。在他们的研究中，法国资产阶级与贵族和国家之间的关系十分紧密。对本书而言，通过考察他们对旧法国的制度及其政体的基本判断，能够为我们的法律以及法理研究开启一个崭新的视野。默泽尔的例子让我们发现，即使是不同的国家，结论依旧是一样的。那就是，像绝大多数在法国的合法贵族一样，默泽尔并没有对从制度和权力中习得的东西表示任何愤恨和抵制。相反的，他接受了那种社会特权，政治特权，并将其视为一种生来就有的权利。确实，他对德国启蒙的态度，是在对专制统治传统的认可中形成的。正是因为如此，他才会对启蒙的理念，抱着一种基本的敌视和抵抗的态度。因为启蒙具有将知识从社会利益以及社团的特权中解放出来的趋势。他同样也拒绝了在法律领域中的自然法权利理论。他所支持的是那种依靠先例、判例以及历史的法律理念。这一切使他的同时代人感到非常的震惊。让我们更加仔细地考察默泽尔在奥斯纳布吕克的家庭历史以及家庭地位是如何塑造出他的态度以及社会风气吧。

本章从对奥斯纳布吕克的显贵描绘开始——他们的结构、特点及政治体系，婚姻以及事业的模式——到默泽尔自己家庭内部的一个争论结束。本章的结尾旨在说明，这里的社会历史运动是如何塑造出默泽尔的文化理念，以及它所反映出来的面对欧洲启蒙运动的一种基本模式。

一　奥斯纳布吕克和它的合法显贵

德国的西北部——威斯特伐利亚——在18世纪的时候是一个政治和经济的腹地。除了庄园的纺织业以外，它缺少主要的经济来源，并且它和施瓦本地区以及莱茵河南部地区一样，是当时德国政治上最为碎片化的宗教邦国之一。从三十年战争之后，直至1803年世俗化运动之前，威斯特伐利亚大约由三十多个君主国组成。明斯特主教辖区作为一个最重要的邦国，是由一片大约180平方公里的土地环绕而成的，其中最小的一个城邦是由一个大农场主统治的，其面积不超过一平方公里。而奥斯纳布吕克，则拥有大约55平方公里的土地，是五个最大的邦国之一。这种分散的状况必然导致了这个地方的停滞不前。正是由于此种原因，德国西北部才一直处于18世纪启蒙运动的外围。

除此之外，威斯特伐利亚超过2/3的领地属于新教或者天主教的宗教辖区。即使乡村贵族以及城市人多已皈依新教，但是直到三十年战争之时，天主教的教堂以及相应的宗教政治制度依旧在顽强抵制着世俗化的运动。那个时候，威斯特伐利亚的和平团体已经建立了宗教的党团，并在不断努力把所有的宗教王国统一成为一个庞大的帝国。但是，包括科隆、明斯特、奥斯纳布吕克、帕特伯恩等地还在努力抵制着世俗化的进程。这些残存的政治力量对当时德国的政治分裂局势具有决定性的影响。其中的一个后果是，选举出来的采邑主教（prince-bishop）只能进行管理，但是无法将这种权利传给他们的后人。这就导致了他们缺少某种激情去进行一些长期改革；第二个后果是，作为一种合法性的社会传承，许多政治阶层在18世纪得以存留；第三个后果是，和平在威斯特伐利亚成了永久的不可颠覆的事项，这在18世纪的知识分子，社会以及政治生活中占据着中心位置。

奥斯纳布吕克的新教党派并不能完全控制这个国家。威斯特伐利亚和约认为，新教或者天主教都不能在此占据优势地位。这使得奥斯纳布吕克变成了一个具有新教—天主教共同主教制度的国家，进而形成了一个宗教权力与世俗权力混合在一起的国家形态。这从它的执政官形态就可以看出来，也就是采邑主教（prince-bishop）。他一方面承接了汉诺威的传统，另一方面又是被选举出的天主教主教辖区。如果是一个新教国家，那么，主教仅仅只是一个纯粹的世俗国君。而在这里却并非如此。1648年之后，奥斯纳布吕克成了一个半世俗化的宗教国家，一种新教和天主教的合法传统相混合的不规则样态。在大多数情况下，奥斯纳布吕克的新教和天主教教区是比邻而居的。他们在保护同一教派的运动中都发挥了重要的作用。

不过，宗教配额的出现导致了政治的分裂化与碎片化。不同阶层之间的斗争创造了一种给平民以政治和社会决策权的制度框架。默泽尔的家族从17世纪中期开始就在奥斯纳布吕克居住了。这个城市，在主教辖区中是市民权力的主要保护者。在城市阶层中，他们家族统治了奥斯纳布吕克较为次要的一些城镇，控制着包括市政官和书记员在内的十二个社会阶层。从来没有一个帝国城市，能够像奥斯纳布吕克这样，从14世纪开始，就拥有几乎全部的自主权力。事实上，这种自治又被威斯特伐利亚和约加强了。默泽尔曾经以一种异常自豪的口吻谈及了这座城市的自由和理想化：

> 从来没有一个城市能够像这里一样，在一种平静和自我满足中，让每一个人完成自己的任务，或者从事他们的工作。这里的地区行政长官是由十六个优秀公民组成的，他们每一年都会退引，因为我们将选举出一届新的班子来……他们是如此发生的：通常情况下，同样的人不会被再次选举出来，尽管他不会，但是他也没有权力质问自己为什么没有被再次选出。在这里，没有特权，每一个工匠都忠于并且适

合于他们的职守。十六个人当中没有一人收取报酬。因为这是为他们的人民而工作，这是他们的职责。只有那些承担特殊公共责任的人才能得到荣耀的补偿。地方行政长官拥有警察的权力。但是，由于这个国家是在主教辖区之外的，因此，所有的事情都必须自己小心谨慎地处理。每一个人都必须控制自己。因此，在这里就没有审查机构也没有书籍出版的压迫。出版者们出版，卖书人卖书，读者任意阅读自己想要阅读的东西。

实际上，城市自治的最大的好处不在于，有辨别能力的读者，或者那些称职的工匠够选举出重要的职位，而在于那些少数群体的家庭，组成了奥斯纳布吕克的统治贵族阶层。在德国西北部的独立或者半独立的城邦中，奥斯纳布吕克的贵族独占了城市的权力，实行并且形成了当地的文化风气。虽然他们没有享受到正式的贵族阶级特权，但是这些家族依旧拥有非常相近的权力。他们的职位需要依靠财产的保证。但是，仅仅占有财富是远远不够的：一个人如果想要成为贵族的一员，必须使其声望获得公众的认可。其前提包括：被吸收为城市议会的一员、获取一个重要的头衔、被任命到一个非常荣耀的职位或者同一个非常尊贵的家族联姻……

随着近古时期的城市复兴，德国城市的统治集团开始寻求多种方式来保证自身的永久合法性。为此，他们通过了一项反对奢侈的法案。这一法案将社会划分为许多亚阶层，并且详细规划了每一个亚阶层的衣着服饰乃至他们的言行方式。到了17世纪，议会以及司法精英们终于在这些反奢侈法案中定义了自身作为第一等级的位置。等级观念在几乎所有早期反奢侈法典中都有明显的体现。有些时候，他们的制订几乎达到了苦心经营的地步。比如说，发布于1660年的斯特拉斯堡的反奢侈法典就是一个典型例子。那里面将人分成了256个不同的职业，六个等级以及相对应的次一等级。虽然奥斯纳布吕克的法典没有如此复杂，但是它也同样体现着鲜明的等级观念。编撰于1618年，重版于1648年的反奢侈法典，直至1788年才退出了历史舞台。因此，奥斯纳布吕克的贵族或者说第一等级，在18世纪后期与城市官僚之间的联系依旧十分紧密。如果贵族、罗马天主教牧师，以及那些主教辖区的管理者，被排除在城市的反奢华条例之外，那么，奥斯纳布吕克第一等级的成员就是：议会成员、书记官、秘书官以及城市管理者们。换言之，就是一批通过正规教育的渠道得以进阶进而自我证明的新贵族。在新教的奥斯纳布吕克，这些新的城市贵族，几乎都是由律师组成的。他们的家族通过与富有的商业精英以及宗教牧师联姻的方式建构起庞大的系统。

虽然默泽尔曾说过，在奥斯纳布吕克没有贵族，没有特权，每一个工匠都忠于并适合于他们的职守。但这个城市还是日益被各种富庶的纺织商以及凭借经济财富上位的新贵族所掌控。到了17世纪晚期，这里的自治逐渐倾向于其经济财富的地位而非威斯特伐利亚条约的协定了。在各类经济活动中，司法领域的力量开始塑造新的城市贵族。从18世纪早期开始，奥斯纳布吕克的法律专业人员的规模和重要性就激起了不断的抱怨，乃至引发了多种对律师的限制。在一份1716年的报告中，我们可以看到，在奥斯纳布吕克任职的律师数量一度从50个降为42个，直到这个数字变成24个以后，才有新的律师被委任。在18世纪的大部分时间里，律师的资格证被严格把关。不过，这依旧无法抑制法律工作者队伍的规模增长。比如在1773年，就在默泽尔掌控权力期间，登记在册的律师数量就重新上升到了33个，代理人的数量也达到了22个。当时的档案显示，几乎每一百个居民中就有一个律师或者代理人。

在早期现代城市社会中，正规教育逐渐成了提升社会流动性以及经济收入的关键所在。不断增长的城市管理的专业化导致一种类似于国家上层建筑的君主政体的官僚管理体系的出现。部分专业化的政府管理深刻影响到了城市议员以及精英阶层的事业结构和模式。普遍教育的兴起，是一种长效机制，能够让那些没有足够财富，以及有天赋的人能够拥有合法职业，并且获取社会声望。最终，一个独特的显贵专业集团开始出现在这些城市中。他是由这些人组成的：拥有一些合法训练和专业的能力，在城市管理机器中占据卓越的地位，进入有组织的社会贵族阶层，或者取代旧有宗教家族地位。这是一个没有被严格定义的阶层，且必须通过两种方式来保持其永久的权力。其一，他们要寻求议会机关的继承性；其二，他们要同城市上层的领袖人物建立联姻关系。通过这两种方式，这些教育专业化团体开始转变为一些有财产的、商业化的或者说具有经济活力的家族。他们最终联合在一起，形成了城市统治集团的稳定内核。可以说，新旧贵族分享了阶层社会的不平等，政府机关的独裁统治，以及通过内部联姻产生了合法的封闭性。就此而言，高等教育对于保持一个家族的社会地位上升来说，通常都是非常必要的。或者说，高等教育就意味着一个起始点和转折点，能够得到更进一步的社会以及经济的提升，最终达到城市贵族以及国家管理阶层。不过，在当时的奥斯纳布吕克，不论是法律、医学，抑或教育领域当中，自由的知识分子理念——这一启蒙教育的核心理念并不存在。因此，当启蒙的理念吹到德国西北部之时，他们早已进入了城市的显贵阶层，绝对无心倡导启蒙的解放性观念。

二　默泽尔的家族

默泽尔家族中的三代，或者说五代，都是通过接受高等教育并与奥斯纳布吕克统治精英的联姻，来实现和维持家族的社会地位与持续的财富增长。尽管默泽尔的家族族谱可以一直追溯到12世纪。不过，记载在族谱中的可信传记资料，仅仅开始于默泽尔的曾曾祖父——他是男性这一支的族长。最初，他是一所拉丁学校的校长。他的儿子约翰，也就是默泽尔的父亲，后来担任玛丽亚教区的首任行政长官。其后，约翰同安娜·玛丽亚·穆尼齐结婚。这场婚姻将默泽尔家族带入了这个城市贵族精英的一个小型圈子中。安娜的家族从17世纪早期开始，就已经是奥斯纳布吕克城市议会与宗教管理机构的成员。安娜的叔叔1660年至1688年间一直担任该市市长。她的兄弟以及侄子都是城市议员。约翰和安娜的儿子，也就是默泽尔，获得了法律博士学位，并且一直在奥斯纳布吕克任职。他也同样把自己的家族提升到了一个新的阶段，进入到了统治家族的内核。他后来和雷吉娜·埃文费尔德结婚。这个家族同样也是非常显赫的。他们自17世纪以来就一直是法律贵族中的一支，雷吉娜的祖父是一个公证人和代理人，他给他的家族留下了相当可观的财产。她的父亲曾多次被选举为城市议会的成员，并且也担任了两年的城市市长。

默泽尔父母的婚姻为这个家族的巩固提升开启了一个崭新的阶段。因为他的父亲约翰突破了城市限制而到达了教区的管理层面。他是玛丽亚教区议会的一员，并担任行政长官一职。更为重要的是，他是在恩斯特·奥古斯特二世（Emst August II）在任期间伊堡地区第一个教区行政长官。后来，他又被任命为世俗及宗教管理机构的主要负责人之一。父亲的成功，极大地消除了默泽尔在职业上的压力。1741—1743年，默泽尔到耶拿大学和哥廷根大学学习，并且为自己的法律职业生涯做准备。不过，这两年的时间并没有留下他刻苦学习的烙印，他也并没有完成大学学业。默泽尔在一个用第三人称写成的自传中这样总结自己："他的勤奋是一点都不值得赞扬的。"我们在资料中找到了一封残存下来的来自他父亲的信。这封信是在默泽尔仍在哥廷根的时候写的，里面记载了他父亲对他不能完成法律学位的不满。即便如此，由于他的父亲是发放律师执照这个重要组织中的一员，所以，在没有常规性获取执照之前，默泽尔和他的哥哥就跻身于当地律师的行列。值得关注的是，在1761年25个登记在册的律师当中，除了他和他哥哥之外，只有另外三个人没有获得法律的学位。可以说，默泽尔早期的成功应该归功于他的父亲以及他们家族在当地贵族中的特殊地位。他之所以能够跻身司法工作者行列，很明显的是因为得到了相应的关照。一旦他的家庭占据了这些位置，他们就能一直保持这些职位的流转。当他的哥哥去世之后，默泽尔就承继了他的职位，就是在刑事法院中担任一个裁判官。其实，这个职位也一直都是他的父亲在起着决定性的分配作用。

默泽尔自身也为家族作出了贡献，因为他和雷吉娜在1746年结婚。这个女子也是出身望族，他们家族早在默泽尔父亲的爷爷那一辈时就已经出现，并早在17世纪早期就已经是活跃在奥斯纳布吕克的一个最为重要的商业家族。他们家族为奥市贡献了市政议员以及市长。并且在年代的流转中，这个家族已经放弃了在商业上的地位，转而成为受教育的专业知识分子阶层。雷吉娜的祖父是一个法律博士，曾经随同主教奥古斯特二世同游意大利，并且曾经担任过主教辖区的行政长官。在默泽尔的婚姻中，我们可以看到，就城市的财产来说，权力和威望对这些城市贵族是非常有用的。他的家族史同样也说明了，这个城市中的知识精英、商业贵族是怎样漫溢到这个主教辖区的整个行政管理系统之中，并且成为政治机器领域中个人晋升机会的主要提供者。他们一代代地成为地方行政长官、法官、城市议会议员等。他们的出现同时也证明了宗教管理专业化的不断兴起。在那时，只有经过合法专业确认过的成员才能成为这个城市的管理者，才能成为采邑主教以及骑士阶层的成员。

像德国西北部的其他地区一样，像默泽尔这样的家庭已经在奥斯纳布吕克形成了某种官宦家庭的半同质化的次一等级集团。这些家庭可以被称为"贵族大臣"，默泽尔家族以及其他几大家族共同组成了奥斯纳布吕克相互关联的官宦体系，并成功占据了城市议会精英职位。他们一直努力要维持其社会及专业化层面的控制。而这主要是依靠联姻、联盟以及亲属的裙带关系来进行的。先前所说的那种职业的流动性在此时，在这个主教辖区掌控者的领域之中已经变得很少见了。与默泽尔的粉色描绘相反，奥斯纳布吕克所呈现出的是一种寡头政治统治的形态。毫无疑问，在这个城市以及主教辖区的政治管理中，所有的职位以及职务都牢牢掌控在每一个富有实力的家族之下。默泽尔家族的职位仅仅是其中的一个例子。就我们目前所知，这种情况在整个德国西北部都是如此。这种由天主教以及新教贵族控制城市管理职位的僵化现象极为普遍。

即使历史学家曾将这种僵化的官僚固化模式称为"叔叔政体"和"侄子经济"，但是，默泽尔却认为：没有一种升迁是在优秀的基础上达成的。在一篇写给无名官员的短文中，默泽尔这样写道："获取声望已经变成了一条规则……相信我，以出身和年龄来决定世界的秩序会比较好。"相对应，他也尽了自己最大的努力，来提拔自己的亲戚谋得主教辖区管理的权力。就像他的父亲曾经帮助过他一样，他也为自己的女婿、教子，以及他妻子的侄子做了同样的努力。这位侄子最终承继了他的衣钵，一直担任行政管理长官直到1803年的世俗化运动。

但是我们应当注意到，相对而言，这种被宗教贵族操作的家族晋升，在整个国家管理职位中的竞争来说，依旧还算是比较有限的。默泽尔的父亲只是为他的第一份工作尽了力,后来还是主要依靠默泽尔自己的勤奋和能力。

一方面,贵族被放置在城市管理之外的所有等级管理制度的顶端;但另一方面,最高级的职位分配,也必须要综合考虑宗教的平衡。德国社会中这种政治和制度的限制,窒息了大多数人的个体发展,同时也塑造和加强了这一批依靠教育和专业化晋升的阶层的独立自主性。否则,他们获取政治地位前进的道路以求得进入贵族阶级的入口就要被封死。超过两代乃至四代的家庭职业模式,教育专业化模式,最终使得他们能够进入贵族阶级。尽管如此,在整个威斯特伐利亚,这样的贵族还必须提供严格的血统以及教养证明。在奥斯纳布吕克,这样的例子还是很少见的。因而,尽管在18世纪晚期,等级区别被严格强化了,但是,要想清楚地归纳出社会差别的功能是如何实现的依旧还是十分困难。通过日常社会界限,将当地的贵族与那些合法显贵们分开来已经变得有点模糊不清了。即使是在像奥斯纳布吕克这样的省份,这种界限的侵蚀已经变得更加私人化和个体化了。

默泽尔的例子在很大程度上是一个例外。他不仅在他的多种多样的日常管理工作中,即作为骑士阶层的秘书,代表了显贵,他还在他们的合法代理机构中表现出了个人的显贵声望,并且同他们一道进入了商业的风险之中。目前现存的最完整的信函,是默泽尔在1740年以及1750年同克拉蒙之间的通信。这些通信让我们看到,默泽尔同这个家族之间的利益关涉是如此之深,不仅体现在事务上的联系,就连在金融财产上也是紧密相关的。默泽尔同样也借钱给当地的显贵阶层:他在1793年的账簿上记载了一笔非常惊人的贷款给当地的显贵,金额达到了34000塔拉。一份牵涉当地一个矿产投资的表单中也留下了默泽尔、他的女婿,以及当地多个贵族的签名。

由此,我们看到的是,奥斯纳布吕克的显贵们与整个的律师集团以及其他专业化的亚集团们一道,作为非贵族的一员,生活在他们自己的亚世界中。他们显示为一个特殊的存在,那就是"夹层贵族",夹在真正的贵族与专业化的新兴阶层之间。更进一步来看,就像反奢侈法案以及政府职位固定占据的寡头政治模式所揭示出来的那样,贵族和平民之间的社会界限，并没有完全阻止社会的流动。通过财富、出身以及教育之间的结合，一代的社会地位可以继续流转到另一代。不过，只要他们没有同另外一个有钱的家族联姻，他们受专门教育的孩子就不得不通过不断的职业活动来维持他们的社会地位。

三　解放和旧式精英

作为一门学科，观念史必须面对各式各样的同时代知识分子的抵抗和变迁。日益增长的专业化程度已经影响了知识分子体系的转化和成分。从中世纪晚期开始，这种专业化已经对城市社会产生了重要影响。对于统治精英来说，专业化就像一个发酵剂，它为建立和维持社会等级提供了新的标准。对于构筑新的社会系统来说，教育改革是一个复杂而有限的过程。在德国启蒙运动的核心地带，就像贺拉斯所说："倡导教育的呼声中依旧充满着社会矛盾。"尽管存在着这样一种希望，即通过教育能够打破等级划分。但是，当时的人们也意识到，教育其实也创造了一种新的等级原则，尽管表现的方式很不一样。教育形成乃至加强了社会的等级结构。狄德罗（Denis Diderot）就是18世纪末期的一个比较特殊的思想家，他非常了解教育的这种辩证后果。他在一本没有出版的对话录中将其归结为社会的一个难点。

依照狄德罗的指示，18世纪晚期的德国社会历史学家必须要对教育所带来的解放性潜能进行细致的考察：它究竟通过何种方式运行，并确实为刷新社会结构提供了一种有力的意识形态。这个问题牵涉到了结构和功能两个方面。我们必须从对18世纪社会秩序的理解，以及启蒙运动如何作用于这个秩序的角度来探讨。当然，这样一种分析并不容易。因为，主流的启蒙运动所带来的解放，仅仅是将一种不平等的秩序变成了另一种——即知识界精英代替了生来就有的贵族。那么，就默泽尔的生活世界而言，当时的知识精英如何试图让自己永恒占据高位？他们又是如何使得这种带有排外性质的社会体系变得与社团主义相似起来呢？这些问题已经成为探讨德国启蒙运动的中心问题。自19世纪早期开始，普鲁士的教育改革就使得知识精英的教育体系与军事贵族国家融合起来。值得注意的是，这些改革与启蒙运动的发展，使得这两者呈现出了一种相互结合的态势。

四　在奥斯纳布吕克的启蒙

德国西北部的城镇或者省份，就像奥斯纳布吕克这样，在18—19世纪的社会以及经济的变革中，已经被远远甩在了后面。不论是平等主义、精英主义、还是社团主义，启蒙文化在奥斯纳布里克的社会中都被吸收到了城市显贵的支配性价值理念中去了。

在奥斯纳布吕克，就像笔者已经强调的那样，通过在天主教以及新教之间的宗教的划分，通过对于婚姻以及职业的严密控制，通过反奢侈法这样严密规范财产、服饰、出身、职业，甚至是思想的法案，社会阶层的流动与知识分子的生活得到了一种紧密关联。我们很难洞悉，一个省份的日常生活究竟被严格限制到了一种怎样的地步。但是，我们可以很清楚地看到，这个城市中的教育体系几乎没有受到现代观念的影响。只有到了18世纪末，启蒙主义的教育学才开始影响奥斯布吕克的教育体系。新教辖区的改革开始于1770年后，而天主教辖区的改革则要到1798年后。更加深远的改革直到法国占领了奥斯纳布吕克才开始慢慢启动。在默泽尔的时代里，教育体系依旧是严密宗教化的。在宗教分治的奥斯纳布吕克，神学家们被视为唯一的老师。他们在18世纪的主教辖区内外享有很高的声望。如果同时代人的传统回忆是准确的话，那么第二等级教育，则扎根于传统的拉丁课程。

在贵族家庭中，德语和法语的双语教育以及相关的宗教思想教育是非常重要的。因为语言能力是其社会地位的一个重要的标志。默泽尔的家庭环境是典型的法语家庭，他与他的母亲都是用法语进行交流。结婚之后，他也在自己的家庭中创造了这样的双语环境。他妻子的法语比他还要好，她大多数流传下来的信件都是用法语写成的。当奥斯纳布吕克后来被汉诺威和英国共同统治之时，他们的女儿还几乎不能阅读英文原著，却更像她的母亲，在法语上极为流利。法语—德语的双语理念之所以需要被特别强调，是由于它为中世纪以后的后拉丁时代，以及启蒙运动中的世界主义观念提供了重要线索。作为一种文化潜流，它在德国产生了一种政治经济与文化之间相互关联的局面。潜伏在德国社会中的法国知识分子理念，使得贵族文化与知识分子精英文化之间形成了一种相互融合的趋势。在新教文化沙龙中，贵族与非贵族之间的关联创造了一种启蒙的文化，在其中，尽管两者之间的紧张关系并没有完全解决，但是，其社会关系已经渐渐从道德关系中解放了出来。当然，法国启蒙运动的内涵是对平民阶层利益的高扬。就德国贵族们而言，他们只是对其进行了单方面的吸收，即吸收了一种自由主义的东西。

贵族文化反映了德国对于法国文化的模糊态度，以及知识分子对于法国启蒙运动的关注。自从显贵们成为社会金字塔的顶峰之后，他们进行了自我生产。默泽尔就是一个很好的例子。他比同时代人更像是一个法国哲学家。他并不是一个受到内在负担压迫的，自我批评式的新教徒，也不是一个被当地贵族剥夺了公民权的人，因而，他对法国文化从未带有任何的社会仇恨。纵观他的一生，他一直对法国抱着一种孩童般的兴趣。法国信件培养了他对美学问题的品位和判断力，并且让他形成了一种精准、有力量、清晰的诗歌写作的习惯。他在1740年以及1750年出版的作品，在他与伏尔泰以及卢梭的通信中，大量探讨了如何吸收法国文化式样的问题。

默泽尔创办的《道德周刊》从1746年开始发行，其阅读的圈子就是围绕汉诺威以及奥斯纳布吕克各省的新贵族及知识分子。在这份刊物上，他谈论了许多关于新的市民世界观、生活观、价值观的问题。刊物上的文章通常都从一个小的社会视野出发，慢慢转移到一种道德责任与道德视角的呈现。比如，我们看1746年九月刊。上面的文章开始于对人的心理状况的描绘，然后以一系列训诫意味的故事结尾。在默泽尔看来，人是一种激情的创造物，这些激情就如同波浪，能够将人带往不同的方向。理性，能够控制激情。那么，人，如果他足够幸运的话，就能动用自己的理性与美德，逃避激情。不过，默泽尔所谓的理性或者美德，并非资产阶级意义上的道德，而更像是一种来自于传统时代的道德遗产，这里面缺乏一种时代的文化张力。这也能证明，奥斯纳布吕克仍旧是一个启蒙边缘的静止的社会。

《等待者》

——克拉考尔的启蒙现代性批判路径*

长期以来，国内学界仅将克拉考尔（Siegfied Kracauer）视为一个二流的纪实电影理论家，并没有注意到他对现代性理论的贡献，造成这一状况的根本原因是对其魏玛时期作品的忽视。虽然克拉考尔的思想生涯可以分为魏玛时期、流亡法国时期和流亡美国时期三个不同的阶段，但是，奠立其现代性理论大厦基石的无疑是其魏玛时期的写作。当时，克拉考尔供职于一家自由主义报纸《法兰克福报》。这份报纸因其对德国社会文化的独到解析与深入探究，而在知识界享有极高的声誉。立足这一平台，克拉考尔对魏玛现代性的诸多症候进行了独具特色的批判性解读。这不仅是理解魏玛思想文化的独特视角，同时也是理解法兰克福学派文化批判理论的有益视角，因而具有较大的阐释空间与启发意义。本篇以克拉考尔早期的重要作品《等待者》为例，具体阐发其对魏玛现代性困境的批判性反思、和探寻历史真实意义的文化唯物主义立场，以此管窥其现代性批判理论的建构。

一　魏玛现代性困境的生成

魏玛现代性是德国"一战"结束后的一个异常混杂的时代景观。它虽然带来了德国历史上的第一个民主共和国，却在短暂的十四年之后倒向了

---

* 原载于《福建论坛》2016年第9期。

纳粹主义的怀抱；它虽然依靠道威斯计划的援助，迎来了战后经济的高速发展，却在极致的繁荣之后迅速跌入了全球性的经济大危机；它虽然创造了难得一见的文化与艺术的"黄金时代"，却在泡沫破碎之后再度陷入了历史虚无主义与文化悲观主义的泥潭。

　　从政治上来看，魏玛宪法的通过为德国第一个共和国奠定了基础。但是，凡尔赛条约规定的战争赔款却始终如阴云笼罩。煽动民众发泄屈辱与愤怒的民族主义者，更是在共和国的机体内躁动不安。他们不断鼓动民众相信，这个孱弱的魏玛共和国并非德国自身的产物，而是被外国军火挟持、被各种阴谋合力暗算的产物。事实上也是如此，自其诞生之初，它就置身于国外死敌的监视以及国内势力的拉锯之中。威廉帝制时代遗留下来的各种复杂的社会关系、社会阶层，依旧寄生在这个"新"的共和国体制中，其内部运作的方式始终摆脱不了旧日的阴影。标榜民主的执政党，非但没能实现政治意义上的民主，反倒借助各种反民主的力量，进行血淋淋的镇压与暗地里的刺杀。"每个十字路口都有士兵岗哨，皮带上挂着手榴弹，步枪上绑着刺刀。在战略重地，大炮或自动机关枪被安放在桥上……"[1] 暴力剿灭与抗争示威，邪恶阴谋与歃血复仇，弥漫在初生共和国的空气之中。与此同时，民众对真正意义上的稳定与和平，对德意志民族再度复兴的渴望，亦在同样的空间中蓄势待发。摆脱民主舶来品的压抑和束缚，摆脱国外力量的压制与监视，成了这个徒有虚名的共和国内部的突破性力量。来自历史深处的阴影——宣扬德意志民族文化特殊性、种族特殊性的纳粹主义，正在这样的政治文化语境中潜滋暗长。

　　从经济上来看，为了应对战后几乎是一片废墟的经济局势，更为了偿还高额的战争赔款，魏玛政府只能依靠疯狂地印刷钞票来渡过难关。不过，其结果必然带来高通货膨胀，使得德国马克在一夜之间变成了一文不值的废纸。一波又一波的罢工抗议涌动不息，整个社会呈现出了高度不稳定的状况。对于刚刚经历战争的民众来说，新生的共和国非但没能切实地

---

[1] [法]里昂耐尔·理查尔：《魏玛共和国时期的德国，1919—1933》，李末译，山东书画出版社2005年版，第28页。

改善他们的生活，反而给他们带来了更多的困苦和骚乱，尤其是不断恶化的通货膨胀，几乎将德国推到了灾难的边缘。1923年，濒临绝境的魏玛政府尝试发放地产马克，暂时稳定了物价。随后，在道威斯计划的帮助下，德国的国家财政终于得以稳定。为了追逐更高的利润，德国的工业企业纷纷开始效法美国的生产经营模式，其中最具代表性的就是美国泰勒式的生产流水线。从资源的合理化利用到管理的合理化开展，一股经济合理化浪潮在德国迅速波及开来。跟随着经济合理化的步伐，大批美国文化工业产品也相继涌入德国，一派繁荣昌盛的"美景"开始在德国民众面前铺展开来。人人歌颂快速工业化的流水线，也在各种新式的休闲娱乐中享受生活，却没有多少人看到这场繁华背后可能包含的风险。很快，一场波及整个西方的经济危机扑面而来，霎时摧毁了无数小市民、小资产阶级赖以生存的根基，也摧毁了中间阶层用以炫耀的身份标志。失业、贫困、饥饿以前所未有的姿态劫掠了这个风雨飘摇的国度——民众陷入了深重的苦难。

从文化上来看，这是一个极富激情与创造性的时代，同时也是一个绝望而空虚的时代。在道威斯计划实施后的1925年，德国掀起了一场波涛汹涌的表现主义运动。在绘画领域，以康定斯基（Kandinsky）为代表的艺术家，以极富抽象性的点、线、面与强烈的色彩组合，打破了传统模仿论、反映论的艺术规则，大胆地表达内在的情感、灵魂的渴望。在文学领域，托马斯·曼（Thomas Mann）的《魔山》通过巨大的隐喻意象，揭示了整个欧洲文明在死亡泥淖中的痛苦挣扎与对蓬勃生命力的热烈向往。在电影领域，《吸血鬼诺斯费拉图》和《卡里加利博士的小屋》，以其怪诞、悖谬和极致的夸张，引发了世界电影史上的表现主义风潮；在音乐领域，勋伯格（Arnold Schonberg）的十二音阶前卫音乐突破了传统藩篱，创造了新的神话。表现主义者在艺术上的激进反动，表征着他们对旧世界的决绝背离，亦表征着他们对新世界的热切渴盼。因此，在这股艺术风潮所创造的繁荣背后，其实隐藏着极大的紧张和焦虑——对未来不确定的恐惧、对新的完整性的苦苦追寻。然而，魏玛共和国的先天孱弱与后天动荡，却无力解决他们在精神上的这种深刻的苦楚。对他们来说，帝制时代的信仰体系已经陷落，而新生的整合力量却始终无以降生。即便是在所谓的"黄金时代"中,这个崭新的共和国所能够提供的,也只是虚无的美国文化工业产品——爵士乐、电影、娱乐厅、歌舞剧、周末时尚……一时之间,以柏林为代表的新兴大都市,变成了夜宴欢歌、摩登刺激的舞台,甚至被称为永不散场的晚会。当1929年的经济大萧条降临之时,这些虚假的文化避难营也在一夜之间风吹云散。魏玛共和国开始陷入意义匮乏的真空,精神上的无家可归成了那个时代的典型特征。

二 克拉考尔的现代性批判理论路径

如上所述,对于原本就先天不足的魏玛共和国来说,政治、经济、文化层面的频繁动荡,不仅造成了社会的不稳定,更加剧了信仰的坍塌与意义的匮乏。失去了形而上学意义的庇护,魏玛时代的人群变成了无所依傍的流民。面对这样一个现代性困境,如何才能找寻失落的意义,重建社会的秩序呢?一些人采取了退缩姿态,一心向往回到过去那个运用神话建构出来的美好时代;另一些人为技术解放的前景欢呼雀跃,赞颂旧有秩序的灭亡。除此之外,还有这么一群人,试图从虚无主义的废墟中拯救出一些意义的碎片。克拉考尔就属于最后一种类型。作为《法兰克福报》的编辑,他在伴随魏玛现代化进程出现的诸多社会文化现象中,看到了意义匮乏的空虚、看到了真实性与"整体性的消亡"[①]——曾经完满的总体断裂成孤立分离的个体和众声喧哗的多样性。但是,他认为,急切地投入悲观的回返主义或者狂热的进步主义的怀抱,并非解决之道,而应当直面现代性所产生的种种问题。当然,克拉考尔在这里所倡导的面对,并非对当下困境的盲目接受,而是采取一种更加复杂而审慎的方式加以应对。用他的话来说,就是从碎片化和去主体化的视角,从逃脱了形而上束缚的"形式

[①] 参见克拉考尔在1921年就卢卡奇的《小说理论》所写的一篇评论文章 Georg von Lukacs' Romantheorie, 1921, 收录在 Siegfried Kracauer, *Schriften* 5, 1: *Aufsaetze* 1915–26, Hrsg. von Karsten Witte. Frankfurt a. M.: Suhrkamp Verlag, 1971, S. 117。

化共同体"① 的视角出发,对这个"完全合理性化、文明化的社会"② 及其蕴含解放性力量的"表面现象"(Oberflächenäußerungen)③ 进行考察,进而"在这其中,追寻到一些意义存在的碎片"④。这种置身其中、面向现实、回归具体文化现象批判的唯物主义立场,是其早期重要作品《等待者》的主题,亦是贯穿其魏玛写作的标志性特征。

(一) 对意义的渴盼——"中间领域"的等待者

这篇名为"等待者"(Die Wartenden)的文章,发表在1922年的《法兰克福报》上。其中,克拉考尔描绘了一个特定的社会阶层,也就是知识分子群体,如何在一个缺乏更高意义的现代世界中承受形而上学之痛苦的过程。应该说,克拉考尔对他们所做的社会学诊断只是一个伪装,他想要借此表达的是,"人究竟应该如何在一个虚空的时代中重新找到意义之所在"⑤。

在文章开头,克拉考尔为我们展现了这么一批"背负着共同命运的人"在现代都市中的生活场景:

> 现在有一大批人,虽然互不相识,却由于共同的命运而被紧紧联系在了一起。在这个时代,任何一种特定的思想教条都已然失落。他

---

① Siegfried Kracauer, Die Wartenden, in: *Das Ornament der Masse. Essays*, Frankfurt a. M.: Suhrkamp Verlag, 1977, S. 108.

② Siegfried Kracauer, *Schriften* 1, Hrsg. von Karsten Witte. Frankfurt a. M.: Suhrkamp Verlag, 1971, S. 105,克拉考尔所使用的这个概念,一方面受到当时文化保守主义思潮的影响;另一方面则主要受到马克斯·韦伯的祛魅理论的影响。

③ 这是克拉考尔的重要学术概念,意指在魏玛现代化进程当中,忠实反映资本主义合理化生产模式,被掏空了具体内涵的文化现象。克拉考尔认为,对这些文化现象的分析解读,能够找到隐匿在其背后的真理线索。

④ Siegfried Kracauer, *Theory of Film. The Redemption of Physical Reality*. New York: Oxford University Press, 1960, p. 286.

⑤ 克拉考尔在文章中指出,关于现代性如何产生"意义真空"这一后果,以及人类如何在漫长的时间中,挣脱神话虚构、教堂权威、传统力量的束缚,并非他要探讨的重点。(当然,这并不意味着他忽视这些历史因素的重要性。实际上他在此后写了很多别的文章,用以探讨人类社会意义真空形成的历史过程)。他想要做的,是对这一现代性状况进行直接考察,并力图给出一定的解决思路。

们这批人接受了当下最普遍的高等教育,他们还亲身感受着这个时代的矛盾与分裂。在现代都市中,他们日复一日地过着机械的生活。不论是在办公抑或是在学习,都无法令其摆脱孤独感、疏离感。更重要的是,他们几乎忘记了自身本质存在的齿轮转动的声音。然而,当他们从生活的表面回返到他们的内心世界之时,突然就会被一种深刻的悲伤所袭击,这种在特定精神状况中成长出来的悲伤,是一种由于缺乏更高意义而产生的形而上学的痛苦。他们存在于一个空虚的世界中……因为他们没有更高的信仰空间来支持自身的此在。①

这段文字为我们揭示了个体在现代性状况中的两难境遇:一方面,现代社会剥夺了世界的更高意义,造成了普通个体的无所归依;而另一方面,它又通过诡诈的欺骗,让个体融入消磨时间的日常工作之中,借此来掩盖自身无力再次建构意义的本质。在机械化的职业活动中,个体暂时忘却了内在的空虚,也就丧失了重新找寻意义的思考能力。只有当个体从表面的生活抽身而出,才能意识到现代性的欺骗伎俩,感受到自身本质上的空虚。但是,现代社会却无力回应他们对形而上学意义的渴望,无法提供真正的救赎。对此,克拉考尔回顾了此前人类社会的发展历程。在他看来,人类历史经历了一个普遍的、充满张力的"去神话化"(Entmythologisierung)② 过程。在往昔岁月中,神话或者宗教曾一度被建构出来,帮助人类对抗强大的自然力,但同时也成了限制人类自由与独立的绝对性存在。正是由于理性与其所展开的斗争,才帮助人类解除了束缚已久的链条,重获自由。这一过程使得宗教或者神话丧失了统治权,也使得许多传统价值被扫入历史的尘埃。理性接掌了宗教的功能,同时也接掌了大多数的人类事务。但是,这样一个表征着历史进步的"理性空间",却并非铁板一块,而是充满内在矛盾的。从一个方面来看,建立在抽象性基础上的资本主义理性,确实战胜了人类幼年时代的宗教与神学、神话话语,从而

---

① Siegfried Kracauer, Die Wartenden, in: *Das Ornament der Masse*. Essays, Frankfurt a. M.: Suhrkamp Verlag, 1977, S. 106.

② Ebd., S. 56.

促进了人类文明的进步；但是，从另一个方面来看，这种理性却可能带来一种新的风险，那就是——"运用错误的抽象性来取代错误的神话具体性，从而造就了新的抽象性神话"①。也就是说，现代性危机的本质在于资本主义抽象理性的"再度神话化"。因此，这种片面的抽象理性，并非真正意义上的理性（Vernunft），而只是一种单向度、工具化的理性（Ratio）②，或者说追求技术进步与经济发展的合理性。它非但无法为这个世界重新赋予意义，甚至可能使得一度被解放出来的个体化的"人"，转变成资本主义经济生产链条中机械化、物化的零件，从而彻底丧失其主体性。正是因为如此，克拉考尔笔下的现代个体，才会承受着如此深重的形而上学之痛苦。他们渴望着获取一种全新的绝对性来填补精神上的空虚。但是，在经受了现代科学理性的洗礼之后，他们却失去了再度信仰的能力，只能在一扇想要走进，却永远无法向他们开启的门前等待。这个悬隔在虚空与真理之间的"中间领域"（der Zwischenreich），集中体现了现代性自身无法调和的矛盾——极度渴望着意义，却因为资本主义抽象理性所给出的科学神话而无法实现意义。但是，在克拉考尔看来，这批在"中间领域"的"等待者"其实是突破现代性困境的潜在力量，他们虽则时刻承受着无法再度信仰的折磨，被迫接受现代性困境的驱策，却始终怀抱希望，耐心等待、寻求突破。正是在这个意义上，我们说，克拉考尔在1922年写就的《等待者》是其真理探寻之旅的开端。

（二）意义救赎的可能方案

如前所述，由于"意义充沛"世界的解体，信仰体系的崩塌，魏玛社会呈现出了意义空虚的现代性困境，对意义的重新获取成了那一时代知识分子的共同诉求。那么，如何才能实现真正意义之救赎？克拉考尔在《等待者》中，首先谈到了当时盛行的相对主义思潮：

---

① Siegfried Kracauer, Die Wartenden, in: *Das Ornament der Masse*. Essays, Frankfurt a. M.: Suhrkamp Verlag, 1977, S. 57.
② 克拉考尔在此所用的 Ratio 这个拉丁词汇，是从金钱可计算性以及技术效率的层面上来讲的，以此与追求真理的理性（Vernunft）区分开来。

传统对他们的束缚已经解除了，所谓的共同体对他们来说已经不是什么事实，而仅仅只是一个概念，他们身处任何形式和法律之外，就像是一些被撕裂的碎片，在不断流逝的时间中，随波逐流……由于失去了和绝对性之间的联系，这种个体化趋势就造就了一种相对主义。①

在他看来，造成相对主义的本质原因是"去神话化"进程的中断，或者说是理性任务的中断。克拉考尔认为，理性的任务是双重的：一重是破坏，破坏神话宗教对人类的重重束缚，给人类带来自由和独立；而另外一重是建构，在破坏原有神话体系的同时，重新为这个碎片化的时代带来真理。但是，在魏玛现代性语境中，启蒙理性的任务，即"去神话化"的任务并没有完成——旧有的神话或许已经被清除，但是，资本主义抽象的合理性，却没有带来人们渴盼的真理，反而造就了空洞的新神话。整个社会如同伫立在荒原的一间屋舍，破烂家具已被彻底抛弃，重新装修和整饬的工程却尚未开启。居于其中的人们只能像艾略特（Thoms Stearns Eliot）笔下的宾客，"蜷缩在一家四处漏风的旅馆，睁着双眼忍受漫漫长夜的煎熬"②。在这种境况下，相对主义便应运而生。它承诺让人逃离任何形式和法律的约束，拥有自由自在、无拘无束的开放性选择。但是，这种开放性所带来的，并非充实的内在体验，而是四处飘荡、随波逐流的空虚。正像克拉考尔所写的：

他们可以无忧无虑、轻而易举地让自己沉落在任何一种本质上。再也没有什么信仰能够捆绑他们的灵魂，也就无从阻碍他们……对他们来说，没有什么认识是最终的，那么同样的，也就没有什么东西是

---

① Siegfried Kracauer, Die Wartenden, in: *Das Ornament der Masse. Essays*, Frankfurt a. M.: Suhrkamp Verlag, 1977, S. 107.
② 参见 "The muttering retreats of restless nights in one-night cheap hotels" in: T. S. Eliot, *The Love Song of J. Alfred Prufrock*, 引用这句诗，是为了比喻居住在现代性社会中人们的不安与恐惧的心情。

深刻的。当他们无法向任何一个深度继续走下去时,他们也就不能渴望从中获取什么本质。①

因此,相对主义空洞的自由,给现代个体所带来的只是不断增强的漂泊感,无助于真实意义的获取。那么,其他方式呢?

克拉考尔提到,有一类人非常聪明,他们避开了相对主义设下的圈套,但这并不能保证他们不落入其他陷阱。这类人的特点是,热切渴望得到精神与情感上的安抚与慰藉,因而被诱惑着走入曾被启蒙理性抛弃的形式——走向再度建立起来的宗教。这些新的宗教给他们描绘了一个愿景,即终结无所凭依的状态,实现精神的满足。

> 这些绝对性的力量清除了疏离和个体化,用一种虔诚的知识让人从一种漫无目的的飘荡中解放出来。②

但是,在克拉考尔看来,这些绝对性的新宗教,不论是布洛赫(Ernst Bloch)的弥赛亚共产主义、鲁道夫·斯坦纳(Rudolph Steiner)③的人智学教条,还是格奥尔格圈子④的共同体信念,虽然能够暂时发挥一定的整合作用,却无法真正解决现代个体在精神与思想层面所遭遇的危机。这是因为,在他们的理念体系中并没有足够的装备,来应对伴随着现代性产生的社会、经济、政治、文化等各方面的复杂问题。更进一步来说,这些理念所对应的终极解决方案,甚至可能引发更大的灾难——那就是颠覆启蒙

---

① Siegfried Kracauer, Die Wartenden, in: *Das Ornament der Masse. Essays*, Frankfurt a. M.: Suhrkamp Verlag, 1977, S. 107.
② Ebd., S. 10.
③ 鲁道夫·斯坦纳(Rudolph Steiner, 1861—1925 年)奥地利社会哲学家,创立了称作人智学的清教化神学派,承认独立于感觉的纯思想的存在。
④ 这个圈子是由诗人施特凡·格奥尔格(Stefan George, 1868—1933 年)创建的。他们想对德国文化中的科学危机进行批判,并倡导一种严格的诗歌美学的形式法则,即新客观性,并相信这将带来德国的重生。克拉考尔对这种形式主义抱着极端怀疑的态度,认为他们把一些空洞的规则作为共同体的核心原则,并借此对世界进行重新整合的理论完全是错误的,因为他们再度跌入了绝对性的深渊。

"去神话化"的理性成果，把人重新带入前现代、前生产的神话时代。正如克拉考尔所言：

> 他们所找到的与更高领域之间的联系，并非通过对当今世界中尚未实现的理性的挖掘，而是通过重新投身于充满意义的神话结构中来实现的。[1]

这无疑是非现实，并且是反历史潮流的行动。可以说，这种重新遁入神话世界的行为，是克拉考尔最为反对的现代性解决方案。

与文化相对主义者或者宗教复兴主义者不同，魏玛时代的另一批人，坚定地站在捍卫"去神话化"成果这一阵营。在他们看来，急迫而随意地寻找意义填补空虚，或者遁入前现代空间慰藉心灵的渴求，都抛弃了启蒙理性的历史成果。现代性的合理化力量是荡平蒙昧、带领人们走向自由和理性的唯一选择。因此，救赎的希望不在于远方的真理，而在于合理化进程的展开，在于技术理性的进步以及社会持续的向前发展。但是，克拉考尔认为，这批人只顾坚持理性的片面化功用，放弃了对真理的追求，最终只会沦为"彻头彻尾的怀疑主义者"[2]。他们所选择的怀疑、否定的态度，虽可能为他们营造出一种崇高之感，但这不过是在其浅薄的思想上涂抹一层虚伪的深刻之光而已。一旦这层荣光消退，他们还是要去承受那种虽被压抑却难以止息的寻求意义的痛苦。换句话说，如果理性只限于无止境的否定与破坏，那么历史虚无主义将是他们的最终归宿。因为，他们之所以将去往真理的道路完全封堵，正是出于自身的虚无，这种虚无导向了无所不在的怀疑。

总体而言，不论是文化相对主义、宗教复兴主义还是彻底怀疑主义，在克拉考尔眼中，都是为了摆脱时代困境而做出的"盲目"选择。

---

[1] Siegfried Kracauer, Das Ornament der Masse, in: *Das Ornament der Masse. Essays*, Frankfurt a. M.: Suhrkamp Verlag, 1977, S. 63.

[2] Siegfried Kracauer, Die Wartenden, in: *Das Ornament der Masse. Essays*, Frankfurt a. M.: Suhrkamp Verlag, 1977, S. 111.

> 这些短视者，急于采摘一些尚未成熟的果实。出于对空虚的绝望，一旦他们嗅到任何一丝有意味的东西，就会马上蜂拥而至，根本不做反思。对他们来说，一个希望意味着能够让他们不必承受那始终折磨他们的空虚的痛苦……而这种希望正是阻隔他们接近真正希望的绊脚石。①

对克拉考尔来说，真正的救赎希望，存在于现代性困境所生长的具体现实中。

> 唯一可能的出路，就是一头扎进大众装饰的核心地带，而非绕道而行。②

（三）返归具体现实的"等待"——克拉考尔的批判路径

克拉考尔认为，通往真理或者说真实意义的道路必定是艰辛而布满荆棘的。只有返归具体现实，直面现代性的各种矛盾张力，真正的意义才能显现出来。这就是前面所提到的、承受"中间领域"的痛苦折磨，避免盲目不智的终极方案，坚韧而怀抱希望地耐心"等待"——

> 从积极的方面来看，这种等待意味着一个开放的存在，这是一种自己已经做好准备的紧张行动。这是一条漫长的道路——或者说，一个需要漫长时间才能成功的跨越。③

---

① Siegfried Kracauer, Die Wartenden, in: *Das Ornament der Masse. Essays*, Frankfurt a. M. : Suhrkamp Verlag, 1977, S. 114–115.
② Siegfried Kracauer, Das Ornament der Masse, in: *Das Ornament der Masse. Essays*, Frankfurt a. M. : Suhrkamp Verlag, 1977, S. 63.
③ Siegfried Kracauer, Die Wartenden, in: *Das Ornament der Masse. Essays*, Frankfurt a. M. : Suhrkamp Verlag, 1977, S. 116.

在这里，我们可以看出克尔凯郭尔（Soren Aabye Kierkegaard）的作品对克拉考尔的影响。克尔凯郭尔非常清楚，人在有限与无限、自由与必然、时间与永恒之间的绝望性存在，是无休无止的。因此，除了直面这种绝望之外，没有一劳永逸的超越方式。每一时刻都必须在此间挣扎奋斗。因此，克拉考尔的"等待"，就隐含着同样一种内在意义——在漫长的时间之流中，永不停止追求真理的脚步。引文中所提及的跨越意象，同样也回荡着克尔凯郭尔之"信仰跳跃"的影子。在克拉考尔看来，这一"跃入深渊"的意象，是最初且最有必要的一次跳跃，是超越空虚，去往救赎的关键步骤。因此，我们可以将克拉考尔所说的"等待"，视为一种怀抱对真理之向往，拒绝接受任何一种先验性理论，始终面对现实之艰难，投身其中、寻求突破的批判态度。从根本上来说，"等待"并不像其他信仰教条那样，为现代个体提供逃离现实的出路——

> 任何一个无视我们的历史语境而想要重建一种形式王国、一种共同体的尝试——都无法超越大众装饰的空虚及其表面的肤浅，而只是从当下现实逃离出去的行动而已。[1]

毋宁说，"等待"要人们做的是真正地投入到现实之中：

> 总之，值得一提的是，在这里所指的人，尝试着将重点从抽象概念中的"我"转变成总体人类基础上的"我"，从那由未知的力量与丧失的意义所构成的、已经原子化的虚假世界中走出来，重新回到真实的世界以及她四周所包围的领域中来。[2]

投入现实、回归现实，以此作为基点，面向未来，承受现代性的痛苦

---

[1] Siegfried Kracauer, *Das Ornament der Masse*, in: *Das Ornament der Masse. Essays*, Frankfurt a. M.: Suhrkamp Verlag, 1977, S. 63.
[2] Siegfried Kracauer, Die Wartenden, in: *Das Ornament der Masse. Essays*, Frankfurt a. M.: Suhrkamp Verlag, 1977, S. 115.

分裂。这正是那些在"中间领域"的"等待者"们所抱持的信念。一方面,他们仍旧渴望着更高的意义;而另一方面,他们知道依靠漂泊无根的相对主义信念或者早已失效的宗教秩序以及怀疑一切的抽象理论,都是无法成功的。对他们来说,真正的意义只有通过回到具体的现实中才能获取。正如克拉考尔所言:

> 理论思考的不堪重负,已经到了一种可怕的程度,让我们完全远离了现实世界——这个现实世界中充满了许多具体化的事物和人类,这要求我们用一种具体化的方式来看待他们。对这种现实进行了解和把握,就能够指引我们,逐渐改变立场,不断摸索,到达此前从来没有能够到达的地方。[①]

就此而言,尽管无意义和碎片化表明了现代性的真实境况,但是,克拉考尔在《等待者》这篇文章中所给出的方案,并非逃离,而是再度进入这个表面空虚的物质世界当中,去找寻救赎的希望。这种返归具体现实的努力,其实与他理性批判的立场息息相关。在克拉考尔那里,理性通过对自然暴力的拆解,将人从各种有机的自然共同体中解放出来,这是启蒙理性在"去神话化"过程中的历史功绩。只是资本主义理性没有继续向前推进,而是"从真正的理性(Vernuft)中逃了出来,并且把抽象性当作了避难所"[②],沉醉于它所带来的科技进步的眩晕,使得被解放出来的人重新"异化";同时也架空了真理的空间,导致意义的虚无。但是,要解救资本主义片面理性所造就的现代性危机,并不意味着要从这个空虚的现实中逃离出来,回到充满有机关联的共同体时代,或是否定理性的进步意义,变成相对主义、怀疑主义者。因为:

[①] Siegfried Kracauer, Die Wartenden, in: Das Ornament Masse. Essays a M.: Suhrkamp Verlag, 1997, S. 118

[②] Siegfried Kracauer, *Das Ornament der Masse*, in: Das Ornament der Masse. Essays, Frankfurt a. M.: Suhrkamp Verlag, 1977, S. 61.

（他们）其实没能抓住资本主义最根本的问题，那就是——在资本主义时代，理性化的进程压根没有得以最为充分地展开，而不是太过理性化了。[1]

也就是说，理性为人类重新赋予意义的历史任务尚未完成。正如哈贝马斯所说，现代性是一项未完成的设计。理性内在的自反性力量、解放性力量还需要被进一步挖掘。因此，要想继续推进理性的发展，必须克服的第一个障碍，就是资本主义的抽象性。克拉考尔认为，"抽象性，其实是一种僵化的理性……只有克服了这些抽象性的障碍，我们才能找到真正的理性洞见"[2]。

对于抽象性的克服，必然要求对现实具体性的重新复归——

真理不可能通过知识形式来转换，而只能通过具体的生活和体验才能获取。[3]

围绕这一思想信念，克拉考尔在其魏玛写作中，时刻关注政治、经济、文化、社会等不同层面所呈现出来的"表面现象"。对他来说，这些表面现象是对时代状况的真实表达，亦是对资本主义合理性的忠实反映。在他们之中，蕴含着解析这一时代本质的东西。在克拉考尔看来，现代性世界中的本质性存在、人类生存的意义，已经不再像过去那样完整地保存于各种形而上的抽象概念之中，而是降落到了各种具体鲜活、平淡无奇、甚至易被人忽视的事物当中。但是，这种表面上的意义无涉，形态上的微小琐碎，却以巨大的穿透力打碎了严整规范的社会结构，为我们指引出了破解现代性危机的可能。换言之，这些具体而微的时代景观与表面化的意

---

[1] Siegfried Kracauer, Das Ornament der Masse, in: Das Ornament der Masse Essays, Frankfurt a. M.: Suhrkamp Verlag, 1977, S. 57.

[2] Ebd., S. 58.

[3] Siegfried Kracauer, Die Wartenden, in: *Das Ornament der Masse. Essays*, Frankfurt a. M.: Suhrkamp Verlag, 1977, S. 118.

义碎片，如同隐藏在资本主义社会中的密码。掌握了解码技术，意即保持理性批判之态度，对其进行文化唯物主义的分析，就能够挣脱资本主义空虚而抽象的理性所设置的重重障碍，获取通往真理之门的钥匙。

总之，克拉考尔在《等待者》中，为我们展示了魏玛现代性的困境，以及当时应对的诸多文化思潮。更重要的是，他在这篇文章中，阐述了克服现代性危机，重新找寻失落意义的可能途径——坚持理性的"去神话化"成果，以文化唯物主义的立场，从抽象学理的概念，回归到具体现实的文化批判中来。这为我们理解克拉考尔的现代性文化批判理论，以及法兰克福学派等西方马克思主义文化批判理论提供了有益的参照视角。

现代性悖论：作为资本主义美学概念的大众装饰[*]

> 生命之线如此迥异
> 如同蜿蜒小路抑或山峦之巅，
> 我们此处所是，乃彼处神灵所惠之
> 和谐、永恒的奖赏与和平。
>
> ——荷尔德林

一

要确定一个时代在历史进程中所占据的位置，分析不起眼的表面现象（Oberflächenäuβerungen），比那个时代的自我判断来得更加可靠。由于这些判断只是针对某一特定的时代趋势而发，因此也就无法为整个时代提供最终的可靠证明。然而，表面现象却能够借由其无意识的特点，打开一条直接通往事物本质存在的非中介化的道路。甚至可以说，想要获取一个时代的知识，就必须依赖于对其表面现象的阐释。一个时代的本质存在与其不易为人所察觉的内在冲动，这两者之间相互照亮、相互阐明。

---

[*] 此篇为译文，译自 Siegfried Kracauer, Das Ornament der Masse, in: Das Ornament der Masse. Essays, Frankfurt a. M.: Suhrkamp Verlag, 1977, 原载于《世界哲学》2017 年第 3 期。

二

在身体文化的领域中（当然，各种类型的图片报也涵盖在内），欣赏的品味已悄然发生了巨大的变化。导致这一切发生的，正是"踢乐女孩"（Tillergirls）的出现。这一来自美国娱乐工厂的产品，已经不再是一些单独的少女了，而是一个彼此联结、无法分离的少女集合，他们的运动实际上变成了一种数学般的展示。他们的身姿凝练于歌舞剧中的不同图案，以及整齐划一、精致准确的几何图形中，不断在人头攒动的体育馆内上演。不论是在澳洲、还是在印度，都能看到他们的身影，当然，美洲就更不例外了。即便是在一些他们的足迹未曾遍及的小乡村中，人们依旧可以在每周的报讯中捕捉到他们的消息。我们只需要朝荧幕上瞥一眼，就能够看到这种所谓的装饰图案：它是由成百上千个身体组合而成，这些穿着泳衣的身体几乎看不出丁点的性别区分。每当他们组合成一定的图案，台下的观众就会发出排山倒海般的欢呼。这些观众自身，其实也几乎构成了一个层层相套的阵列图形，真是台上台下交相辉映。

这样一种显赫奇观的构成者，自然不只是"踢乐女孩"或者体育馆中的观众，还包括了形形色色的不同人群。最终，它变了一种拥有固定范式的表演模式，并且赢得了国际声誉，进而成为了众人美学兴趣的焦点。

这种装饰的承载者就是大众（Masse），而非民众（Volk）。因为，当装饰图案形成之时，它们就不再是空中楼阁，而变成了一个共同体的产物。一股生命的洪流从这一分享共同命运的团体中激荡而生，进而流淌到他们所构成的装饰图案中，为其赋予了一股神秘的强制力量，将他们全部联结在一起。如此一来，他们就不再只是纯粹的线条集合，而变成了一个拥有内在生命的集群。一旦这一新的模式得以成型，即便是那些对共同体有所保留，认为自己拥有独立灵魂，从而拥有独特个性的人，都只能被淹没其中。也就是说，一旦他参与到了这样一场大众装饰的表演，就将永远无法从中脱身而出。这就如同一个遵循逻辑、曲终奏雅的多彩乐章一般，原本杂乱无章的音符——就像干草耙的钢叉一样——已经被移植到了一片外在规整而内在灵魂荒芜之地。只是，那些在体育馆与小型歌舞餐馆（Kabarett）① 中上演的节目却丝毫没有显露出这么一种内在的荒芜。就此而言，构成装饰图案的人群不过就是一些类似于建筑砖块的元素材料，除此之外，别无其他。更确切地说，这种宏伟建筑的构成，所仰仗的只是石材的规格与数量而已。在这里，大众变成了建筑的材料。人们只把自己视为大众中的一员，而非一个能够自我确信、自我形塑的个体。如此一来，他们就变成了一些用以构造某一形象的人形碎片。

这种大众装饰是目的本身。早期的芭蕾舞表演，虽然也形成了各色令人应接不暇的装饰图案，但是当那些仪式性的意义被剥离之后，这些装饰仍旧是对情欲生活的弹性表达。它们在情欲生活的驱动下呈现，其特征亦受后者所决定。而那些"踢乐女孩"的集体动作却与此相反，它处于空洞之中，这空洞是一个线性的标准化体系。它不再具备任何情欲的意味，最多只是为我们指示出了情欲的场域（或者轨迹）。同样的，体育馆中整齐排列的"活跃星之图"，也不再具有任何军事演练的意义。不管它们看起来如何规则，也不能算是真正的阅兵式方阵，其规则性只是被视为一种达致目的的手段而已。从本质上来说，爱国主义的情感引发了阅兵式方阵的行进，阅兵式方阵又反过来唤醒了士兵和臣民心中的爱国主义热情。然而，这些星星图案的装饰除了自身之外，并不意味着任何他物；在它们升起之处下方的人群，并不是士兵团体那样的道德统一体。我们甚至无法将这样的图案说成体操项目中的装饰性动作。毋宁说，这些由"踢乐女孩"所构成的高度整齐的操练，只是为了生产出无数的平行线，将最广阔的大众包罗进来，从而赢得一种超出人的把握能力之外的规模效果。最终，大众装饰的图案得以形成——当一切内在的实存性被全部掏空之时，就是它的构建完结之时。

---

① 卡巴莱（Kabarett），一种供应酒水并有轻松音乐表演的餐馆。大概起源于19世纪80年代的法国，通常在一个小俱乐部里演出业余水平的短节目和讽刺剧，影射资产阶级的陋习。约1900年在德国柏林出现第一家卡巴莱，老板是沃尔措根，演出带政治嘲讽的音乐短节目。这家卡巴莱后来变成在地下发表政治言论和文学创作的中心，也是社会批评者如布莱希特和韦尔等人发表作品的场所，1967年上演的音乐剧《卡巴莱》（1966年）描述了这里颓废但充满艺术创造力的环境。——译者注

尽管是大众让装饰图案得以形成，但装饰图案却并非是通过大众的共同思考来实现的。尽管大众装饰充满了线条感，但是没有任何一条线，是从大众中的某一部分延伸至整体的。在这一点上，大众装饰就如同城市风貌的鸟瞰图，并非由既存现实的内部生发出来，而是从其上部被加以表象化地呈现出来。同样的，大众装饰的演员们，根本就无法把握舞台的总体场面，而只能自觉地参与到舞台的建构之中。然而，在芭蕾舞表演的早期，角色都还是向表演者敞开的。① 越是为了追求纯粹的线条感而抛弃人物形象的语境内涵，人物形象就越是会远离构成它的各部分（指每个表演者）的意识内在性。只是，这并没有能够带来对它更加深入的审视。实际上，那些不带任何立场，仅仅对之进行审美欣赏的观众们，如果不是坐在它的跟前，根本就不会注意到这一点。

这种与他们的承载者相分离的装饰，是可以通过理性来把握的。它由欧氏几何教科书中的角度与圆圈组成；它还包含着物理学的基本形态——波浪形和螺旋形。任何有机形式的不规则赘生与精神生活的流光溢彩全都被排除在外。如此一来，"踢乐女孩"实际上已经无法再被还原为人，他们的大众体操不再由作为整体的人类躯体所展现（真正的人类躯体的行动，不受制于理性认知），而只是由他们的胳膊、大腿以及身体的其他部位，在那里单独地呈现。这些与人类整全的躯体相分离的部位，不仅变成了舞蹈编排的最小部件，也变成了理性图案的最小部件。

大众装饰的结构反映了当下时代的总体状况。资本主义生产过程的原则并非那么纯粹地源于自然，它必须先冲破那些对其而言是工具或者阻力的自然有机体。当一切都被加以严格计算之时，民族共同体和个性就消亡了。个体的人，唯有变成大众中的一个小碎片，才能畅通无阻地爬上高位，并操纵机器。这个漠视一切形态差异的系统，模糊了民族个性，生产出能够被无差别地派遣至世上任何一处的工人群体。同大众装饰一样，资本主义的生产过程也是目的本身。从这样一个生产链条中喷涌而出的产

---

① 这里指尚未被空洞化的早期芭蕾舞表演，当他们开始追求整齐划一的空洞化舞姿之后，角色就向表演者封闭了。他们只能像模块一样，被拼进整体的形象之中。——译者注

品，压根不是为了被人所有，而只是纯粹出于利润的目的被生产出来。而利润，我们知道，它永无餍足。因此，利润的增长与整个商业生产系统的增长紧密相连。产品生产者并非为了满足他在狭小的范围内所能够享受的私人利益而投入生产——在美国，这种剩余产品被引入精神积累机构，诸如图书馆、大学等。这些机构培育知识精英①，而知识精英成熟后则反过来，以智识劳动的利生利来偿还此前的资本投入——而只是为了企业的扩张不断工作。虽然它也生产价值，但绝不是为了满足价值的最终目的。如果说在过去，劳动在一定程度上是为了满足价值的生产和消耗，那么现在，这些已经完全变成了生产过程的副产品。劳动的意义被剥离了。投入这一生产过程的人的活动，已经抛弃了其实质内容——更可怕的是，这一生产过程内在的隐秘程序，竟然能够不加遮掩地运转于青天白日之下。每一个在流水线上操纵手柄的工人，无论男女，其实都只是在操作整个生产过程中的一小部分功能而已，他们对生产的全貌一无所知。就像在体育馆中的模式一样，这一生产组织凌驾于大众之上，其所有者不会让其构成者看到这一巨型装饰形态的总体面貌，甚至他自身也鲜少能够查看。这个形态是根据理性原则（Rationale Grundsätze）所设计的，在这其中，所谓的泰勒体系几乎可以算是一个登峰造极的例子。工厂流水线上的手，其实就相当于"踢乐女孩"的腿。除了手工劳动之外，人的心理结构也在各式各样的心理能力倾向测试②中被加以审视和评价。因此，大众装饰就是对当下追求合理性（Rationalität）的主流经济体系的一种美学上的反映。

一些受过教育的文化人——他们并没有完全缺席于时代论争——在看到"踢乐女孩"以及体育馆模式的时候，感到深受侮辱。他们批判一切打着娱乐民众的旗号，实则转移民众注意力的时代潮流。但不管他们怎么想，从这种装饰性的大众运动中获取美学上的愉悦，是合法的。实际上，这种大众运动是当下时代极为罕见的创造，它赋予了过去就存在的质料以形式。构成这种集体运动的大众，大都是办公室的职员以及工厂的工人，

---

① 这里用知识精英区别于知识分子，指的是一种被资本浸润的知识分子。——译者注
② psychotechnische Eingnunspruefungen 心理能力倾向测试，用以确定某人是否适宜从事某种工作或参加某种训练课程。——译者注

而塑造这些参与集体运动的大众的原则,也与现实中决定他们的原则无异。当我们的世界被抽离了具体现实的内容,艺术就必须仅凭剩余的部分来经营:审美的呈现越是靠近美学领域之外的现实,就越是显得真实。不管人们如何轻视大众装饰的价值,它对于现实的反映程度,远远高于那些以陈腐的形式所滋养的反映过时贵族情趣的艺术作品。这些过时的形式,不过只是形式而已。

三

历史的进程,其实就是一场战争。在战场上,虚弱而遥远的理性(Vernunft),必须与那在神话中统领天空与大地的自然力进行激烈对抗。即便是在神祇式微之后,各色神灵其实并未完全退场:人类内心与外部的旧自然仍在发号施令。它激发了各种伟大的民族文化的创生(但这些文化势必将如其他自然造物一般趋于衰朽);它为神话思维的上层建筑铺垫了坚实根基,反过来,神话亦确证和维护了自然的无限威力。不论神话在时代的变迁中发生了怎样丰富的结构变化,它总是尊重自然为其划出的界限。它将生命有机体视为一种元模式;它忠实反映着存在之物的品质构造;它不断屈从于命运的支配。它在所有领域中都映照着自然的承诺,而绝无反叛之意。将自然有机物视为社会组织原型的有机社会学,其实在神话意义上与民族主义不相上下。这种民族主义认为,没有任何一个群体能够与民族命运的共同体相媲美。

理性的活动范围,并不在自然生活的领域之中。它所关心的是为世界提供真理。理性的王国早已被迁移到了真正的童话中,当然,这一童话所讲述的并非各种神奇的故事,而是关于公平正义即将来临的神迹。《一千零一夜》的故事在启蒙运动时代的法国找到了市场,这具有某种历史深意。在他们看来,18世纪的理性与童话中的理性几乎可以对等。在历史早期,人们在童话中,就为了追求真理的胜利而扬弃了纯粹的自然。自然力量一旦遭遇无所不能的至善,就会分崩离析,忠诚的真理能够战胜一切魔法。

在真理诞生的过程中,历史进程就变成了一个"去神话化"(Entmythologisierung）的过程。它所推进的，就是对自然重新侵占之领地的拆解与收复。在此，法国启蒙运动就是一个很好的例子，它彰显了理性与那侵占了宗教与政治领域的神话迷悟之间的激烈对抗。这样一场战争还在持续进行着，随着历史的演进，自然将会被不断剥去魔力的外衣，理性也将逐渐渗透自然。

四

资本主义时代是通往祛魅之路的一个历史阶段。当下，与风行的经济体系相一致的资本主义思想，使得对自然的统治与利用成了可能（自然一直自视为一个自足的封闭整体），这在早前的历史中绝未听闻。当然，理解这一思想的关键，并不在于它为剥削自然提供了手段——如果人类仅仅只是自然的剥削者，那么战胜自然的仍旧是自然——相反，重要之处在于理解，这一思想令人类越来越不依赖于自然条件，从而为理性的干预创造了空间。过去这150年中所爆发的资产阶级革命（尽管不是唯一的原因），要感谢部分脱胎于这种童话理性（Märchenvernunft）的合理性。这些革命一举清算了缠绕于世间的教堂、君主制以及封建制上的自然暴力。对这种或者那种神话关联[①]的拆解是理性的福祉，因为只有在自然共同体被拆毁的基础上，童话才拥有变成现实的可能。

但是，资本主义经济体系的理性（Ratio）[②]并非理性本身，而只是一个黯淡不清的理性。一旦越过一定界限，这种理性就将抛弃它所参与的真理。因为，它并没有将人考虑在内。资本主义的生产过程并不是按照人的需求来进行组织规划的；而人也没有在社会经济组织的结构中承担任何基础性的作用。事实上，这样一个体系亦未曾在任何层面上反映人的本质。当然，反映"人的本质"并不意味着，资本主义思想应该将人视为一种历史的产物加以培育，从而能够让人得以按照其个性特点成长壮大，并且应

---

　　① 即通过神话把人与人相互关联起来，建立社会纽带。——译者注
　　② 克拉考尔在此所用的 Ratio 这个拉丁词汇，是从金钱可计算性以及技术效率的层面上来讲的，以此与追求真理的理性（Vernunft）区分开来。——译者注

该满足人的本性所需的各种要求。拥护这一思想的人，批判资本主义的理性主义是对人类的强制，因而期望能够回到过去的共同体。在他们看来，与资本主义社会相比，这种共同体能够更大限度地保持所谓的人类本质特征。且不论这种倒退的观点有多么荒谬，更要紧的是他们其实没能抓住资本主义最根本的缺陷——它并不是理性化过头了，而是压根没有足够理性化。资本主义的思想，最为反对的，就是实现人的理性之完善。

资本主义思想的当下特征，可以被标示为"抽象性"（Abstraktheit）。这样一种占统治地位的抽象性，开辟了一个无所不包的精神领域。与抽象思维方式相对立的意见——即认为抽象性无法把握生活的真实状貌，因而不得不回避对现象的具体观察——明确指出了抽象性的局限。然而，倘若这种反对所寻求的是虚假的、神话式的具体性，即以有机主义或形式化为其终极目标的具体性，那么，这一反对就太草率了。假使真的回到这种具体性，只能是牺牲已经获取的抽象能力，而无法克服抽象性本身。抽象性是对一种自身僵化的合理性的表达。在抽象一般中得出的对感性内容的定义——包括对经济、社会、政治、道德领域的定义——并没有给予理性真正属于理性的东西。因为这种抽象一般没有考虑到经验性的因素；内涵空洞的抽象适用于一切。只有克服了这些抽象性的障碍，我们才能找到与具体情况的特殊性相应的个体的理性洞见。尽管我们认为这种洞见具有实在性，但是实际上它只在派生意义上才是"具体"的；就其他通常情况而言它都并不"具体"，因为它被用以证实那些在自然生活中交相缠绕的观点。因此，当今思想的抽象性具有双重意义。从神话范式的角度来看（在神话中，自然被称为"质朴"的），抽象化的过程（例如，自然科学）是一场合理性的胜利，因为它减损了自然之物的辉煌。然而，从理性的视角来看，同样的抽象化过程，却是被自然所决定的；它在一种空虚的形式主义中迷失了方向，而在这形式主义的外观之下，自然却能够畅行无阻，因为它屏蔽了那些能够与自然相抗衡的理性洞见。这种抽象性的风行，使得我们意识到，去神话化的过程其实并没有完结。

当今的思想面临着这么一个问题，是否应该开放自身以推进理性；或者是否应该继续关闭自身以抵制理性。如果不能对作为其基础的、不断发展壮大的资本主义经济体系进行根本性的变革，它就无法超越自身所设置的障碍；资本主义经济体系的持续存在导致了当今抽象性思想的持续存在。换句话说，资本主义体系的不断发展，决定了未被加以反思的抽象性思想的产生（或者，使得它只能深陷虚假的具体性的泥潭）。抽象性思想越是得到巩固，人类就越是会被抛弃于理性无法统领的境地。如果人类误入抽象性的迷途，思想的发展就只能停在半道，真理性的知识内容亦无法生发发展，人类就将再一次落入自然暴力的奴役。这种操作性的抽象思想非但无法压制自然暴力，甚至会引起暴力的反抗，这是因为它丢弃了那种能够单独面对自然暴力，并且将其打败的理性。正是由于资本主义力量的无限膨胀，才使得自然的黑暗力量以一种更加险恶的方式继续肆虐，最终大大压制人类理性的发展。

五

就像抽象性一样，大众装饰本身也是具有双重意义的。一方面，大众装饰的合理性是对自然的一种削弱。因为它不仅不会令人衰朽，若能将其贯穿始终的话，甚至可能揭示出人最本质的特征；但是，另一方面，大众装饰的构成者并不是作为一个整全人格的形象而出现的——即自然与"精神"所构成的一个和谐统一体，在这其中自然总是被过多强调，而精神则鲜少被人提及——与受理性所支配的人相比，他就只是个空心人而已。被指派去构成大众装饰的人类形象，已经远离了繁茂多汁的生命沃土，以及那充满个性的构造，转而沦落于匿名性的王国。当其自命立于真理，以及来自人类源始的知识之光消融了自然形式的轮廓之时，它就把自己交付给了这个匿名性的王国。在大众装饰中，自然的物质实存被剥离了：这就为我们指示出了一种状况——唯一能够幸存下来的自然元素，就是那些并不抵抗理性阐明的元素。因此，在中国古老的山水画中，那些树木、池塘、山岭只是一些用墨汁绘出的稀稀疏疏的装饰符号而已。有机的生命的中心已经被移除，剩下的不连贯的部分所遵循的也不再是自然法则，而是可以赋予人们时光荏苒亦颠扑不破的真理知识的法则。同样的，构成大众装饰的，只是人这一复杂造物的残渣碎片而已。他们通过某种美学原则被拣选与被组合，其依据，是一种代表着冲破形态的（Gestaltsprengend）理性原则，而不是其他那些保存人之有机整体性的原则。

因此，如果从理性的角度来考察大众装饰的话，就会发现，它其实是一个乔装改扮为抽象性的"神话式狂热"。与其他那些具体的、直观的身体表演相比，大众装饰与合理性之间的一致性，其实只是一种表象。实际上，大众装饰只是对低等自然的粗糙表现。资本主义的理性（Ratio）越是决然地与真正的理性划清界限，越是决然地忽视人性，并彻底消失于抽象性的世界，低等的自然就越是可以自由自在地发荣滋长。尽管大众装饰中体现了理性的特征，但是它也同时在其不可探测性中孕育了自然之力。无疑，作为有机体存在的人在大众装饰中消失了，然而人的本质基础却并没有走向前台，相反的，像任何形式化的一般概念一样，那些残存的大众微粒将自身封闭起来，拒斥着人的因素。因此，在那里平行舞动的只是"踢乐女孩"的大腿，而不是他们整个身体的自然统一体；同样的，体育馆中成千上万的人虽然构成了一个星星的图案，但是这颗星星并不会闪耀，就如同"踢乐女孩"的大腿只是他们身体的一个抽象符号一样。无论何时，只有当有机的关联被一一拆解，并且自然的表面被一一打破（不论这自然的面相显得多么高级）之时，理性才能开始言说。于此，它剖开了人的外在形态，只有这样，未加矫饰的真理才能够重新塑造人。但是，大众装饰中的理性贯彻地并不彻底，其模式喑哑无声。与之相反，那种真正将大众装饰组织起来的资本主义理性却非常强大，它不仅能够召集大众，还能够将构成装饰的大众的生命印记全都抹去。这种理性也非常狭隘，致使我们在大众之中无法找到真正的人，也不能让知识穿透形象得以呈现。这是因为，这种理性逃避了真正的理性，而把抽象性当作了避难所。在这种理性表达的庇护之下，失控的自然（它无法再像在原始群落中或者像在宗教狂热时代中那样，将自己转化为一种有力的象征形式）得以疯狂增殖，甚至借用抽象符号来展现自身。在同样一种力图保持沉默的合理性的影响之下，这种语言符号的力量已经被大众装饰所夺取。因此，纯粹的自然在大众装饰中宣告着自身——这个自然，同时也就是抵制其自身意义的表达与理解的那个自然。被掏空了所有具体的意义之后，大众装饰所呈现出来的就是一种充满理性同时又极为空虚的狂热之形式。因此，它在本质上仍旧是一种向神话世界的复归。它表现得如此剧烈，以至于我们几乎无法想象其界限。相应的，这种复归再次透露了资本主义理性对于真正的理性是何等的隔绝与拒斥。

大众装饰在社会生活中所扮演的角色，证明了它就是纯粹自然的畸形产物。那些并不愿意承认这一点的知识特权者，其实就是当前风行的经济体系的附属品，他们根本就没能看出，大众装饰就是这一体系的标志。他们之所以否认这一现象，就是为了能够继续沉湎于那些尚未被体育馆模式中呈现的现实所触碰的艺术活动中。那些自发地吸收了此种模式的大众，比起这些有教养阶层中的诋毁者，显得更高一等，因为他们大致都坦然承认这些现实状况。在现实生活中，合理性控制着大众装饰的承载者；依据同样一种合理性，他们沉入了身体领域，将当下的现实化为了不朽。今天，为颂扬身体文化而进行竞技歌唱的，不止瓦尔特·冯·施托尔津①一人。即便"身体文化"这个概念，确是由两个不同之词（这二者其实在意义上殊途同归）拼接而成，我们依旧能够轻易看穿这种歌曲的内在思想意识。身体所被赋予的无限宽广的意义，并不能从其所获得的有限价值中导出。这样一种无限意义，只能通过有组织的身体教化与存在之间的相互结合才能得以揭示，而在很多情况下，即便是其最先锋的支持者都无法洞悉这一点。身体的操练夺走了人类的生命热情，而大众装饰模式的生产以及不必动脑的消费模式，让人们不再关注统治秩序的变革这一时代的迫切要求。当大众全都屈服于神隐时代的神话狂热所造就的视觉奇观之时，本应穿透这一切的理性，想要找到进入的门径，将是难上加难。这种新的神话

---

① 瓦尔特·冯·施托尔津（Walter von Stolzing），瓦格纳的著名歌剧作品《纽伦堡的名歌手》（*Die Meistersinger von Nürnberg*）中的主要角色，这部作品主要讲述了纽伦堡地区的歌唱比赛传统。当时，来自于民间百姓的世俗音乐日益繁盛，能够吟唱的匠人百姓被称为名歌手，而在纽伦堡地区名歌手数目最为众多。一名来自弗兰肯的骑士施托尔津想要加入名歌手师父公会，希望能在歌唱比赛中获胜，赢得金匠女儿埃娃的芳心。由于歌唱师傅只关心遵守规则的枝节问题，施托尔津的试唱并不成功。不过，他仍靠着汉斯·萨克斯的协助，以一首风格新颖的歌曲击败竞争对手贝希梅森，终于娶埃娃作妻子。——译者注

狂热，与罗马时代的那些受掌权者资助的马戏团表演，在社会意义上几乎一致。

六

在那些意欲到达一个更高领域的多种尝试中，许多人都想再次放弃由大众装饰所达至的合理性及其现实高度。因此，他们为韵律体操这种身体文化所设定的奋斗目标，不仅是个人卫生保健（Privathygiene），而且是要更进一步地表达雅致的灵魂内涵，也就是身体文化的导师们通常所宣称的那种更高的世界观（Weltanschauung）。事实上，我们完全可以无视这些在美学上几乎不可能的实践。因为它们想夺回的，正是大众装饰有幸遗弃的东西：即自然与被过于谦卑的自然奉为灵魂性或精神性的事物之间的有机联系。这种做法，其实是要通过赋予身体以意义的方式对其加以提升。此种意义确由身体所产生，或许还具备某种精神性的元素，但是在这其中，却丝毫不含任何一丝理性的痕迹。大众装饰不借助任何上层建筑就展现了沉默的自然；韵律体操，就其外观而言，则占据了神话的更高层面，并加强了自然的统治。当然，这里所展示的只是许许多多同等无望的尝试中的一个例子。这些尝试都希望能够摆脱大众装饰的阴影，独步向前。多数人所尝试采用的，是对于形式与内容的真正浪漫主义的追忆。长久以来，这种浪漫主义的追忆都从属于对资本主义理性所进行的不无道理的批判阵营。它们都渴望着再一次为人类赋予一个较之当下更加牢固的与自然之间的有机关联。它们所找到的与更高领域之间的联系，并非通过对当今世界中尚未实现的理性的挖掘，而是通过倒退回神话式的意义世界来实现的。它们的命运是一种非现实；因为只要有那么一缕理性之光在世界的某个位置闪烁光芒，即便是世上最为崇高的实体，一旦它试图阻挡理性之光，就会在须臾之间趋于消泯。任何一个无视我们的历史语境，意欲重建一种形式王国、一种共同体、一种依赖已经沾染了当今思想的人（有充足理由证明，这种人已经不再存在）所创造的艺术作品的尝试——都无法抵御大众装饰的空虚及其表面的肤浅，而只是对现实的逃避而已。唯一可能的出路，就是一头扎进大众装饰的核心地带，而非绕道而行。只有在思想能够限制自然，并且生产出受理性支配的人的时候，这样一个进程才能不断向前推进。到那之时，社会将会发生改变。到那之时，大众装饰才能真正退出历史舞台，而人类生活自身才能将大众装饰的特点于童话之中进行进一步的展现，在那里，它将与真理会面。

第二编

理性的毁灭：德意志民族的历史伤痕

文化与文明之争

——魏玛共和国的陨落[*]

"一战"的硝烟徐徐落幕，一个意欲重整理性、自由旗号的魏玛共和国跃上了世界历史舞台。但是，理性之光却并未如同人们所预见的那样朗朗照耀。相反，在这个短暂的共和国背后，一道来自历史深处的巨大阴影，却即将笼罩整片欧陆，并开启人类历史上最为黑暗的时代。一个符合现代政治发展主潮，高举自由民主、议会选举的全新政体，为何会将德国拖入民主的反面，踏入集权主义的深渊？

很多人会说，这是因为魏玛共和国的先天不足。确实，在当时的德国民众眼中，这个共和国并非德国自身的产物，而是德国失败和软弱的产物，是被外国军火挟持下的产物。它就仿佛《尼伯龙根之歌》中那被人暗中刺伤的英雄，最终被各种阴谋和暗算势力合力击倒。《凡尔赛条约》的签订，更是激起了德国民众的无限屈辱和激愤，战争赔款的阴影始终笼罩在这个尚在襁褓中的国家之上。在这样的历史背景下，一部可算当时最先进的《魏玛宪法》横空出世，意欲重振时弊、拯救国家于危亡。但是，绝大多数的德国民众对这部宪法中所提及的自由民主观念并不感冒。正像彼得·盖伊（Peter Gay）在《魏玛文化》中所说，"民主的魏玛宪法草拟出来，就像是为真正的政治打开了一扇大门，而德国人站在门口，目瞪口呆，好比一群乡下农夫来到了皇宫门口，他们无所适从，不知道应该怎

---

[*] 原载于《学习时报》2013 年 9 月 30 日 09 版。

办"。其实，除了《魏玛宪法》中佶屈聱牙的法律条文之外，真实的魏玛共和国的政治生活，也让这些"农夫"们目瞪口呆——热闹的议会中，天天上演滑稽可笑的辩论，各个党派之间为了一点小利，相互谩骂，大放厥词，乃至利用自己所掌握的传播媒体，彼此攻伐，完全无视外面成千上万正在挨饿的人们；而魏玛内阁的危机更是层出不穷，在不到15年的时间内，就出现了多达17次的改旗易帜……德国社会的分裂步步加深。

由此可见，政治上的先天不足（并非成熟的社会转型的自然产物）确实是魏玛共和国昙花一现的一个原因。但这是不是唯一和根本的原因？德国历史学家库尔特·松特海默（Kurt Sontheimer）曾深刻地指出："魏玛民主最大的问题，就是没有能够形成一个同一的国家意识（Staatsbewusstsein）"。当然，他所指的国家意识不仅仅只是一种经济福利的结果，而更是一种人民自身的需要，一种国家层面应当给出的责任，而这恰恰是魏玛共和国根本性的内在缺失。那么，为什么魏玛共和国能够制订出当时最为民主的《魏玛宪法》，却在根本上缺乏能够为其运行提供支持的民主国家意识呢？

这一点，我们要从德国的现代化历史来看。作为"迟到民族"的德国，为自己选择的现代性路径明显区别于其他欧美国家，它所采取的是一种强调"民族""文化""传统""国家""权力"等诸多反现代理念的文化现代性的"特殊道路"（Sonderweg）。从18世纪的狂飙突进到19世纪的政治浪漫派运动，德国在现代化进程中迈出的每一个艰难的步伐，几乎都无法摆脱文化现代性的诱惑，无法摆脱以德国特殊的文化对抗英美文明的革命性诱惑。所以，我们可以看到，自启蒙运动以降，"德国现代化的后果一方面是高度缜密的理性批判体系和现代性反思话语，而另一方面却又是灭绝人寰的非理性举动和不可理喻的反现代化实践"。到了魏玛共和国建立，这一文化传统并未销声匿迹。在共和国初建的头几个月中，德国上下还陷于新旧秩序更迭的纷乱之中，未见其潮流涌动。但是，随着民众对《凡尔赛条约》的日趋不满，共和国先天不足的弊端开始逐步呈现。而此时，深潜于德国传统中的各种笃信文化现代性的反民主思潮，亦开始躁动不安，迅速蔓延，乃至引领革命之先锋。虚弱的魏玛民主，无力反抗，被迫退到了防守之位。这股反民主思潮中最为重要的一翼就是保守主义革命者的力量。在这其中，"青年保守派"（die jungkonservativen）又被公认为"保守主义革命"的主流，其代表人物包括容格尔（Ernst Juenger）、斯宾格勒（Oswald Spengler）、凡登布鲁克（van den Bruck）以及赫赫有名的施密特等。可以说，在魏玛共和国最关键的时间里，"青年保守派"占据了当时思想界的统治地位。他们非常清楚魏玛自由主义民主的弊端所在。在他们看来，"真正的民主以及真正人民意愿的表达，并非魏玛民主这种被误解的民主。民主既不是一个关于政治意愿的技术程序原则，也不是一张代表人民主观意愿的空头支票，而是一种充满意义，拥有目标的政治秩序，一种能够保证政治共同体有序自由的状态。"由此，我们可以看出，德国式民主与英美自由主义民主之间的矛盾冲突。在他们眼中，诞生于德国特殊文化历史语境的民主，不同于英美意义的自由主义民主。德国式民主概念强调的是一种可以保证，并且充满秩序的民主；一种非个人化、强调集体意志的民主。因此，他们认为，"代议制与民主之间并不存在天然或必然的联系，自由主义的民主可能只是一种斯多葛主义，它表现出来的就是议会中无休无止的争吵和谩骂。德国需要的不是这样一种建立在契约观念基础上的民主，而是一种有机民主。所谓有机民主，其基础在于'种族归宿'，在于'血溶于水'的文化认同"。

显然，这种民主观念与《魏玛宪法》的精神格格不入。因为《魏玛宪法》是一个纯粹自由主义的民主宪法。由此可见，魏玛时期保守主义革命者所鼓吹的德国式民主思想，其实是一种反自由主义民主的政治理念。他们所力图捍卫的是德国特殊的有机文化民主主义观念。这种扎根于德国思想传统的权威民主、文化民主理念以及有机国家观念，与德国历史上固有的政治浪漫主义、非理性主义之间存在着紧密关系。从某种意义上来说，他们都企图"以一种美学上的建构来取代政治性，以审美主义来取代政治智慧"。所以"青年保守派"代表人物凡登布鲁克提出，要从德国传统的保守主义思想观念中拣选出激进与建构性的东西，在民族主义与德意志社会主义之间进行某种综合，从而构建起一个基于有机民族共同体，以权威领袖人物为主导，强调内在文化与传统价值的"第三帝国"。当然，他的

"第三帝国"概念并非后来的纳粹帝国,而是德国迈入现代化以来,在资本主义与社会主义国家形态之间,所选择的一种体现德国文化现代性的"特殊道路"。这一思想接续了德国传统保守主义、政治浪漫派的共同体理念和文化观念,铺设了一条以复兴传统为核心,保持德意志民主发展、充满德国文化意味的现代主义路线。但是,这种具有全新政治取向的民族主义道路,还是体现出了与第三帝国政治意识形态之间的某种亲和性。

总而言之,魏玛共和国时期的保守主义革命者,通过对《魏玛宪法》自由民主观念的批判,再度复兴并且强化了德国思想传统中的有机民主观念,强调血缘与权威,强调文化与共同体。他们对德国文化传统的坚守,大大激发了民众强烈的文化爱国主义情怀,使得他们开始相信:虚假的魏玛共和,只醉心于肤浅的理性主义、自由民主,根本无视人类灵魂的本质以及文化与传统的神秘性。德国真正需要的是一个真实而富有生机的共同体,而不是一个舶来的假民主。在这样一股强大的社会政治文化思潮的影响下,《魏玛宪法》根本无力在普通民众心中形成相应的政治认同与国家意识。与之相反,右翼保守主义革命者则恰恰能够抓住民众的文化认同,迅速在政治纲领、意识形态,乃至新型国家构想上形成规模影响,并与当时社会的其他反对力量联合起来,颠覆魏玛民主意识形态建构的可能性和基础。因此,虽然从法学的角度看,《魏玛宪法》可谓当时资本主义各国最"自由"、最"民主"的宪法,它本身也体现了丰富深刻乃至相当超前的自由民主观念。但是,这一规范性、理想化的理念建构,却不过是旧制度的一道虚弱的护身符,根本无力回应德国自身文化传统的需求,更缺乏与之相配套的统一的国家认同与文化认同。在这个意义上,我们说,魏玛共和国不过穿了一件华丽而空洞的民主外衣,在其背后,却是奔涌不息的保守主义革命思想。在这一思想的猛烈撞击,以及国内外多种反对力量的合力作用下,原本就先天不足的魏玛共和国,终于在 1933 年悄然陨落。一场更大的黑暗即将降临在德国,也即将降临在整个世界。

民主的悖论：魏玛时期的反民主思想[*]

第一次世界大战的爆发从根本上来说是对启蒙运动所取得的进步迷梦的一次重大冲击。虽则启蒙运动曾给全欧洲的人们带来了文明的滋养，并获取了重大进步。但是，这场战争的爆发却提醒人们，野蛮依旧存在，理性的王国并没有彻底击败野蛮，甚至最终与野蛮站在了一起。库尔特·松特海默（Kurt Sontheimer）[①] 的《魏玛共和国时期的反民主思想》（*Antidemokratisches Denken in der Weimarer Republik-Die politischen Ideen des deutschen Nationalismus zwischen 1918 und 1933*）[②] 为我们提供了考察这一民主悖论的绝佳视角——在魏玛共和国那件华丽的民主外衣下奔涌不息的反民主思想，与魏玛民主之间形成了抗衡之势，并最终在内外多种反对力量的合作下，推动了魏玛共和的解体。作为"迟到民族"的德国，为自己选择的现代性路径明显区别于其他欧美国家，它所采取的是一种强调"民族""文化""传统""国家""权力"等诸多反现代理念的文化现代性的"特殊道

---

[*] 原载于《危机时刻，德国保守主义革命》，上海人民出版社2014年版。

[①] 库尔特·松特海默（Kurt Sontheimer）1928年生于巴登州根斯巴赫市，在弗赖堡、爱尔兰根、巴黎等地学习政治学和历史。1960年凭借《魏玛共和国时期的反民主思想》获得弗莱堡大学的教授资格。1962—1969年执教于德国柏林自由大学，1969年起担任慕尼黑大学政治学院教授。他出版了众多有关联邦德国和东德政治制度的书籍，如《德意志共和国》（*Von Deutschlands Republik*）、《阿登纳时代—德意志联邦共和国的基础》（*Die Adennauer-Ära. Grundlegung der Bundesrepublik*），该书确立了松特海默在历史学中的重要地位。此外，松特海默还是英国Bradford大学的荣誉博士、恩斯特-罗伯特小说奖的获得者。1974—1975年担任德国基督新教大会主席。

[②] Kurt Sontheimer, *Antidemokratisches Denken in der Weimarer Republik-Die politischen Ideen des deutschen Nationalismus zwischen 1918 und 1933*. Nymphenburger verlagshandlung, 1968.

路"(Sonderweg)。因此，现代与反现代，民主与反民主几乎构成了德国自启蒙运动以降种种悖论与矛盾的关键词——"德国现代化的后果一方面是高度缜密的理性批判体系和现代性反思话语，另一方面却又是灭绝人寰的非理性举动和不可理喻的反现代化实践"①。

库尔特·松特海默的这部作品，始于20世纪50年代末期。当时，他正在慕尼黑当代历史研究所（Meunscher Instituts fuer Zeitgeschichte）从事研究。1960年，他凭借该项研究成果获得弗赖堡大学的教授资格。应该说，在第二次世界大战之后，系统地清理魏玛共和国政治生活中反民主思想的意义和作用，借以重新反思德国现代化进程所走过的崎岖弯路，在当时的历史语境中，非但十分必要，更有助于推动战后德国的民主进程。

魏玛民主的内在软弱与最终死亡，自然有多方面的原因。但是，反民主思想是诸多环节中最为重要的一个。在当时的德国民众眼中，这个共和国并非德国自身的产物，而是德国失败和软弱的产物，是被外国的军火挟持的产物。它就仿佛《尼伯龙根之歌》中那被人暗中刺伤的英雄，是各种阴谋和暗算势力合力击倒的一只困兽。《凡尔赛条约》的签订，更是激起了德国民众的无限屈辱和激愤，战争赔款的阴影始终笼罩在这个尚在襁褓中的国家之上。在这种历史背景下，大多数的德国民众对魏玛宪法当中所谓的民主自由观念还非常陌生。"当民主的魏玛宪法草拟出来时，就像是为真正的政治打开了一扇大门，德国人站在门口，目瞪口呆，好比一群乡下农夫来到了皇宫门口，他们无所适从，不知道应该怎么办。"②而魏玛共和的政治生活，也确实让这些"农夫"们目瞪口呆——议会里的辩论滑稽可笑，党派间互相谩骂，大放厥词，完全无视外面成千上万正在挨饿的人们；内阁危机层出不穷，不到15年内更换了17次内阁；各党派所掌握的传播媒体更加深了德国社会的分裂……因此，松特海默在文中深刻地指出："魏玛民主最大的问题，就是没有能够形成一个同一的国家意识（Sta-

---

① 曹卫东：《保守主义革命及其后果》，《河北学刊》2004年第2期。
② ［美］彼得·盖伊：《魏玛文化，一则短暂而璀璨的文化传奇》，刘森尧译，安徽教育出版社2005年版，第102页。

atsbewusstsein）。"① 当然，他所指的国家意识不仅仅只是一种经济福利的结果，或是与历史相联系的结果，这是人民自身的一种需要，一种国家层面给出的责任。而魏玛恰恰缺乏这种达成民主共和所必需的国家意识。在这样的时代背景之下，基于德国思想文化传统中的各种反民主思潮，开始在共和国的机体内部躁动不安，并且迅速蔓延开来。它让人们相信：虚假的魏玛共和醉心于肤浅的理性主义、自由民主，根本无视人类灵魂的本质、文化的神秘性。德国所真正需要的是真实而有生机的共同体，而不是一个舶来的假民主。因此，这部作品的核心在于指出，魏玛时期的反民主思想是摧毁魏玛共和的一个极为关键的因素。它所架设的一条从政治浪漫派到保守主义革命的桥梁，在很大程度上为纳粹德国的国家社会主义铺平了精神与心灵的道路。更加重要的是，这股反民主思潮无法给魏玛民主提供任何意义上的精神支持，而这一精神支持与基础，恰恰是当时孱弱的魏玛共和国最为缺乏的东西。经由它所带来的思想动荡，以及在魏玛共和国机体上所留下创伤，"为后来的国家社会主义的煽动以及其他相关团体的兴起，提供了一个可能的空间，从而将魏玛共和国的体系一举击溃"②。

当然，任何思潮都是由诸多思想团体所组成的。魏玛共和国时期的反民主思想团体，虽然各自面相迥异，但其思想却在某种程度上存在着一致性。那就是他们都对魏玛宪法的自由民主产生了质疑，甚至发动了对这种民主政体的反抗。本部作品正是在此基础上，为我们勾勒出了一幅完整而清晰的魏玛共和国时期反民主思想的历史图景。这幅历史图景的细节具体呈现在四个章节之中。第一部分"政治的非理性主义"，主要揭示了魏玛反民主思想得以产生的精神与思想前提，交代了这一思潮的思想史背景，展现了20世纪前十年占据德国社会思想主流地位的非理性主义思潮。在这整体思潮下的每一种思想主张都隐藏着某种政治性，尤其是生命哲学与反智主义。在作者看来，这股思潮与当时的科学主义之间存在着密切的内在联系。为了释清这两者之间的关系，他着力分析了魏玛时期德国宪法理论

---

① Kurt Sontheimer, *Antidemokratisches Denken in der Weimarer Republik-Die politischen Ideen des deutschen Nationalismus zwischen* 1918 *und* 1933. Nymphenburger verlagshandlung, 1968, S. 13.

② Ebd., S. 14.

的发展。他强调，这种宪法理论在本质上与政治和国家秩序问题紧密相关。从另一个方面来看，第一次世界大战的战争体验，是考察反民主思想形成与兴起的一个非常重要的出发点。因为深刻的战争体验带来了非常实际的政治效果；第二部分"反民主思想"是全书的精华所在。它从反民主的自我理解、反民主批判、反自由主义的国家思想、对领袖的呼唤、帝国图景的勾勒到反民主思想的基础概念与根本特征等六个部分层层深入，一步步揭示了反民主思想（右翼）从生成到发展的全部过程。在作者看来，当时的反民主思想从德意志民族主义（der Deutsch-Nationalismus）、保守主义革命（die Konservative Revolution）、革命民族主义（der Revolutionaere Nationalismus）、国家布尔什维克主义（der Nationalbolschewismus）、德意志人民主义（die deutsch-voeklischen）、国家社会主义（der Nationalsozialismus）等不同路径展开了对魏玛民主的全面批判。其中包括对自由主义的敌视，对议会民主制的批判，对政党国家的批判，对民主思想的批判，对魏玛宪法的批判等。此外，魏玛时期的反民主思想还从议会制与领袖制之间的分歧出发，呼唤作为民众救世主的领袖，呼唤德意志神圣帝国的出现。其间，作者为我们展示了希尔舍（Friedrich Hielscher）的帝国观念[①]，以及凡登布鲁克的《第三帝国》的影响。最终，作者为我们归纳总结了反民主思想的基础概念和特征：人民（Volk）、共同体（Gemeinschaft）、民族（Nation）、有机主义（Organismus）、决断（Enscheidung）、新政治（die neue Politik）、新自由（die neue Freiheit）以及国家社会主义（der nationale Sozialismus）；第三部分"卷入政治的复杂化"强调的是魏玛时期的反民主思想所产生的实际政治历史效果。作者在其中尝试回答了那个非常具有争议的问题，即右翼的反民主思想运动究竟在多大程度上卷入了后来的国家社会主义，并且伴随着它走向统治的高位，由此检视魏玛共和国的思想遗产对第三帝国的影响；第四部分"联邦德国的反民主思想"所涉及

[①] 弗雷德里希·希尔舍（Friedrich Hielscher, 1902—1990 年）1933 年创办了刊物《帝国》（Das Reiche），持续到 1933 年；1931 年出版同名专著。他的帝国观念深受格奥尔格（Stefan Georg）"秘密德国"理念的影响，深信在诗歌当中隐藏着一个真正的精神与文化的德国，他拒绝从种族和生物学的角度来定义德意志民族，而强调应该从文化与精神的角度来解读德国的民族性。

的是，魏玛时代的反民主思想与当下政治之间的关系。这一章节是作者在本书第二次出版时的增补部分。作者深切地注意到，第二次世界大战之后，联邦德国所塑造起来的波恩民主，并未像人们所想象的那样，拥有不言自明的合法性。它和魏玛共和国一样，其内部涌动着反民主思想的逆流，威胁着理性与自由的国度。

总体而言，这部作品中贯穿着几个极为重要问题：魏玛民主的真正敌人是谁？右翼反民主思想的内在结构为何？究竟是什么导致了魏玛民主的覆灭？波恩民主真的不同于魏玛民主吗？让我们来对其进行逐一审视。

一　魏玛民主的真正敌人是谁？

作者在书中坦言，魏玛民主所受的攻击，不仅来自右翼，同时也来自左翼。无疑，在当时，不论是共产党还是其他与之相类似的左翼政党，都对魏玛的资产阶级国家体制进行了尖锐批判。他们的宣传手册中就充斥着大量反民主的思想口号。但是，他们的反民主思想与右翼反民主思想之间存在着巨大的差异。并且，与右翼相比，他们的力量并没有占据上风。因此，右翼思想才是推翻魏玛民主政体的决定性力量。毕竟，"从魏玛共和国之中走出的并非一个共产主义国家，而是纳粹的第三帝国"[1]。故此，本书集中展示的是魏玛时期的右翼反民主思想。当作者从历史角度对右翼反民主思想的政治理念进行分析之时，发现了一个极富意味的悖论：当反民主思想的否定性力量，与当时占统治地位的民主理念相抗衡时，肯定与一种他们所意欲建构的理想国家相关联。也就是说，反民主思想理论者在提出对民主制度的反对之时，总是与某种肯定相联系。即他们所秉持的不仅仅只是一种摧毁性的批判立场，在他们心中，其实有着一个更好的国家理念建构，一种更好的民主概念。这样说来，运用"反民主"这样的词汇来定义他们，其实值得斟酌。那么，这些反民主思想者们究竟想要建构一个

---

[1] Kurt Sontheimer, *Antidemokratisches Denken in der Weimarer Republik-Die politischen Ideen des deutschen Nationalismus zwischen* 1918 und 1933. Nymphenburger verlagshandlung, 1968, S.15.

怎样的国家呢？这一点在后文会有详述。

二 右翼反民主思想的内在结构为何？

作者在开篇即指出，"在这部作品中，我专注于呈现魏玛共和国时期的反民主思想。实际上，反民主的思想在1919年之前就已经形成了"①。所以他才会在第一部分不吝笔墨地描绘魏玛共和国之前甚嚣尘上的非理性主义思潮，以及传统民族主义的政治化浪潮，意欲由此探索反民主思想诞生至今的整个历程。那么，作为魏玛反民主思想主潮的右翼反民主思想究竟呈现出一种怎样的内部构造呢？作者指出，当时的政治右翼势力从总体而言，可以分为德意志民族主义、保守主义革命、革命民族主义、国家布尔什维克主义、德意志人民主义、国家社会主义这六种主要类型。而"保守主义革命"这一群体的精神动力是整个反民主思想团体中最为强烈的。也就是说，魏玛时期反民主思想最重要的力量就是保守主义革命者的力量。作者将其称为"右翼青年民族主义"（der jungnationale Reche）。因为，"这种思想倾向很难和德意志民族主义和德意志人民主义区分开来。他们之间存在着一种连续性关系"②。归纳起来，"保主义革命"团体对魏玛民主的否定，主要体现在如下三个方面："认识论上的反理性主义、政治哲学上的反自由民主、多元主义批判与权威国家概念。"③ 其理论诉求在于"要用行动主义和行动信仰取代纯粹的理论，用单方面的行动取代双方面的协商，用权威和纪律取代软弱和萎缩，用英雄的信念取代重商主义"④。在这其中，"青年保守派"（die jungkonservativen）又被公认为"保守主义革命"的主流，其代表人物包括容格尔（Ernst Juenger）、斯宾格勒（Oswald Spengler）、凡登布鲁克（van den Bruck）。以及赫赫有名的施密特等。

---

① Kurt Sontheimer, *Antidemokratisches Denken in der Weimarer Republik-Die politischen Ideen des deutschen Nationalismus zwischen* 1918 *und* 1933. Nymphenburger verlagshandlung，1968，S. 14。
② Ebd.，S. 16.
③ 曹卫东：《保守主义革命及其后果》，《河北学刊》2004年第2期。
④ 曹卫东：《德国保守主义，一种现代性话语》，《学海》2006年第4期。

可以说，在魏玛共和国最关键的时间里，"青年保守派"占据了当时思想界的统治地位。他们的政治意见与政治攻击，并不仅限于表达不满的小圈子，或者宣传手册和各种出版物中的反对意见，而是形成了明确的意识形态纲领与政治渴望诉求。从字面上看，保守与革命二者似乎格格不入，充满了悖谬。但是，在他们的代表人物凡登布鲁克笔下：

> 我们把革命观念和保守观念联系起来，是想从保守和革命的双重角度去追求一个能够继续生存下去的理想境界。因此，这里的保守并不意味着倒退或落后，而是指对待能够持久和值得捍卫的一切的一种积极态度。①

"青年保守主派"非常清楚魏玛自由主义民主的弊端所在。因而他们提出，要从德国传统的保守主义思想观念中拣选出激进与建构性的一面，在保守的激进与革命的激进之间建立起某种微妙的联系，在民族主义与德意志社会主义之间进行某种综合，从而建构起一个基于有机民族共同体，以权威领袖人物为主导，强调内在文化与传统价值的"第三帝国"。当然，需要注意的是，凡登布鲁克"第三帝国"的概念并非后来的纳粹帝国，而是德国迈入现代化以来，在资本主义与社会主义国家形态之间，所选择的一种体现了德国文化现代性的"特殊道路"。因此，保守主义革命的反民主思想并非直接呈现为国家社会主义，而是接续起德国传统保守主义、政治浪漫派的共同体理念和文化观念，铺设了一条以复兴传统为核心，保持德意志民主发展、充满德国文化意味的现代主义路线。但是，这种具有全新政治取向的民族社会主义，还是体现出了与第三帝国政治意识形态之间的亲和性。

三 究竟是什么导致了魏玛民主的覆灭？

如上所说，对于原本就先天不足的魏玛民主而言，缺乏建立在健康坚

---

① Arthur Moeller van den Bruck, *Das dritte Reich*, Hamburg: 1931, S. 27.

实的民主关系基础上的国家政治精神认同，是导致其覆灭的根本原因。具体到魏玛时期的真实状况，奠立了自由民主理念的魏玛宪法并没有得以很好地运行。这就导致现代自由主义民主的理念无法在普通民众心中形成政治认同。相反的，右翼反民主思想恰恰抓住这一国家认同的空隙，迅速在政治纲领、意识形态，乃至新型国家构想上形成规模影响，并与当时社会的其他反对力量联合起来，颠覆了魏玛民主意识形态构建的可能性和基础。从这一点来看，反民主的批判思想，确实在某种程度上加速了魏玛民主的灭亡。

当然，在魏玛共和国初建的头几个月中，反民主思想的统治性地位尚不明朗，当时全国上下还沉浸在新旧秩序的轮换之中。但是，随着民众对《凡尔赛条约》的不满，共和国固有弊端的逐步呈现之后，反民主思想渐领革命之先锋，相反的，虚弱的魏玛民主立刻被迫退到了防守的位置。"魏玛宪法"无力挽回这一颓势，即便它本身体现了丰富深刻，甚至是超前的民主理念。从本质上来说，魏玛的自由民主理念，派生于魏玛共和国宪法的规范意义。但是，这一点或许正是导致其失败的重要原因——过于超前和理想化的理念构建无力应对其自身文化传统的要求。因此，以保守主义革命为代表的魏玛反民主思想，才会对这种外来嫁接式的民主抱以决然仇视的态度，对魏玛的政治生活投以完全对立的立场。这已不再是一种内在的民主对立立场，而毋宁说，变成了对自由民主共和国的决绝反对，一种对自由民主理念的根本反对。在这些反民主思想家看来：

> 真正的民主以及真正人民意愿的表达，并非魏玛民主这种被误解的民主。真正的民主概念必须要与自由概念相联系。只有建立在自由与公平基础之上的才是真正的民主。没有权力分配，没有法制国家，没有个体自由权力，没有自由主义政治基础的民主，根本就不能称为真正的民主……民主既不是一种政治意愿上的技术程序原则，也不是一张代表人民主观意愿的空头支票，而是一种充满意义，拥有目标的

政治秩序，一种能够保证政治共同体有序自由的状态。①

在这里我们可以看出，前文所提及的民主的悖论。而这一点也正是德国的历史学家和宪法法学者一直强调的德国意义上的民主价值。在这批保守主义反民主思想者那里，诞生于德国特殊文化历史语境的民主，不同于英美意义的自由主义民主，他们竭尽所能想要维护的正是这样一种非自由主义的民主。这种民主概念强调的是一种可以保证，并且充满秩序的民主；一种非个人化、强调集体意义的民主。他们为此所进行的理论阐发以及政治实践，使得德国民众对民主本身也产生了一种想象——民主的总体性结构总是通过统治者纯粹的意志认同来界定的。也就是说，他们所向往的是一种权威意义上的有机民主观念：

> 他们认为，代议制与民主之间并不存在天然或必然的联系，自由主义的民主可能只是一种斯多葛主义，它表现出来的就是议会中无休无止的争吵和谩骂。德国需要的不是这样一种建立在契约观念基础上的民主，而是一种有机民主。所谓有机民主，其基础在于"种族归宿"，在于"血溶于水"的文化认同。②

显然，这样一种民主，与魏玛宪法的精神格格不入。因为魏玛宪法是一个纯粹自由主义的民主宪法。因此，我们就可以看出，所谓的魏玛时期反民主思想，其实是一种反自由主义民主的政治理念，而并非一般意义上的反民主。魏玛的反民主主义者们通过反自由主义民主的方式，来捍卫德国特殊的有机文化民主主义观念。然而，魏玛的反民主思想所秉持的这种扎根于德国思想传统的权威民主、文化民主理念以及有机国家观念，与其固有的政治浪漫主义、非理性主义之间存在着紧密关系。从某种意义上来说，他们都是一些玄想的非政治主义者（Betrachtungen

---

① Kurt Sontheimer, *Antidemokratisches Denken in der Weimarer Republik-Die politischen Ideen des deutschen Nationalismus zwischen 1918 und 1933*. Nymphenburger verlagshandlung, 1968, S. 16 – 17.
② 曹卫东：《保守主义革命及其后果》，《河北学刊》2004 年第 2 期。

Unpolitischer）：

> 企图以一种美学上的建构来取代政治性，以审美主义来取代政治智慧……在这样一种保守主义革命方式的不断推进下，魏玛时代的反民主思想与纳粹德国之间产生了无法释清的联系，一些反民主思想家甚而变成了纳粹的党羽。

在此，我们需要注意的是，魏玛民主体系的灭亡，并非仅仅由于反民主意识形态这一维因素所致，其根由在于魏玛民主自身所存在的问题——新兴的"魏玛共和国"并不是旧制度下某种成熟的革命形势的自然产物；虽然魏玛宪法从法学的角度讲可谓当时资本主义各国最"自由"、最"民主"的宪法，但其实质不过是旧制度的一道虚弱的护身符；魏玛宪法徒有完备的形式，却缺乏宪法的实质内容，徒有民主的躯壳，却缺乏民主的灵魂，或者说缺乏真正意义上的自由民主的灵魂，缺乏一种能够与之相配套的民族国家认同。只有一种积极而强健的民族国家认同，才能够保证民主的持存，即便其处于经济与政治的危机之中。

四 波恩民主真的不同于魏玛民主吗？

"二战"结束之后，以《基本法》（*Grundgesetz*）为基础的波恩民主经过十多年的构建，逐步塑造出了以自由民主为精神内涵的国家意识。与魏玛共和国相比，联邦德国的议会民主确实是一种完全不同的政治体制。大多数人认为，西德通过有效的政治与经济建设、政治与社会体系的民主建设，有效打击了左翼青年与极端右翼分子的反民主批判。作者在写作的时候也认为：

> 没有丝毫必要去考察，联邦德国当中所存在的某种从魏玛而来的连续性以及相关的反民主思想。因为在我看来，虽然能从这些思想中嗅出一丝国家社会主义，或者是新纳粹的味道，但是，他们还不足以

成为某种政治意义上的体系。①

但是,这是不是说,魏玛时代的反民主思想就此销声匿迹了呢?并非如此,正如作者在前言中所提到的:"当人们开始思考波恩和魏玛的关系之时,其实就已经对联邦德国的整个民主状况产生了质疑。"② 因此,写完原书八年之后,松特海默改变了初衷,在第一版的基础上补充了第四部分的内容"联邦德国的反民主思想"。其原因在于他看到了战后,尤其是20世纪60年代之后,德国不仅出现了极端右翼政党,甚至还出现了许许多多反议会民主的左翼力量。他们从历史的军火库中找到了许多极端反民主的理念——"人民主义、民族主义、家园、民族意识、民族共同体、历史传统意识、反多元主义、反智主义、秩序、洁净、服务、义务、纪律……"③ 形成了民族主义的右翼力量。而以议会外反对派为主的左翼力量,则努力争取一个"更好、更加符合人道的民主社会主义理念……"④。如此看来,波恩民主体系并非那么不言自明,也并非那么理所应当地拥有正当性,它和魏玛民主一样承受着来自左右两翼的威胁。此外,从20世纪70年代中期开始,在广泛的学生运动退潮之后,联邦德国出现了一股民族主义复兴的大潮,其观点主要集中在:

> 必须要对过去,尤其是第三帝国的历史进行重新编撰和审视,将这一段历史洗清。让德国从这一段历史中走出来,发展出一种新的、以民族主义为中心的权力意识与国家意识。德国民众需要在这种新的民族意识基础上寻找到一种新的全球定位。⑤

这一政治保守主义的转向,在20世纪80年代引发了一场广泛而深入

---

① Kurt Sontheimer, Antidemokratisches Denken in der Weimarer Republik-Die politischen Ideen des deutschen Nationalismus zwischen 1918 und 1933. Nymphenburger verlagshandlung, 1968, S. 10.
② Ebd., S. 9.
③ Ebd., S. 328.
④ Ebd., S. 320.
⑤ Ebd., S. 335-337.

的"历史学家之争"(Historikerstreit)①。松特海默站在左翼历史学家阵营，于1986年11月21日在《莱茵评论/基督徒与世界》(*Rheinischer Merkur*)上撰文《化妆师们正在粉饰一种新的身份认同》(*Maskenbilder schminken eine neue Identitaet*)以支持哈贝马斯的主张。他在文章中指出：

> 在经历第三帝国的灾难之后，历史学发现自己不得不在已经改变的政治环境下重新检讨并且重新定向……德国现当代史当下这种大胆的、意欲到处阐发的修正主义倾向，绝非一种有益无害、纯粹学术的研究。它是对1945年之后联邦德国民主重建时期的政治共识的一种背离。当时人们一致认为，新的民主原则和基础应该更多求诸西方自由主义民主传统，而不是德国的过去，并且这些原则和基础应该秉承这一精神传统发展下去。在1918年之前的德国历史中寻求模糊的身份认同，或者努力追求尽可能一致的历史理解。这种做法引人怀疑——不仅因为这么做难有结果，而且因为任何凭借前民主时期的民族历史来赋予政治意义的企图都可能会终结我们战后的共识。②

因此，作者在本书的最后为我们指出，"联邦德国的波恩民主所受到的威胁与在魏玛共和国一样，并非来自左派，而仍旧是右派"③。在这些不

---

① 这场论争发端于20世纪70年代，在1986—1987年达至高潮，并随之波及整个欧洲和世界。其发端肇始于德国右翼历史学家恩斯特·诺尔特（Ernst Nolte）于1986年6月6日在《法兰克福汇报》(FAZ)上发表的文章：《不会消逝的过去》(*Vergangenheit, die nicht vergehen will*)。他认为大屠杀并不是独一无二的，布尔什维克的暴力革命是希特勒的榜样。希特勒的国家社会主义思想体系针对的是俄国布尔什维克，而第三帝国的战争是防卫犹太人的威胁。与他持同一立场的有希尔格鲁伯、希尔德布兰德等人；与此针锋相对，哈贝马斯随即在1986年7月11日的《时代》(*die Zeit*)上发表了一篇名为《一种清除弊端的方式》(*Eine Art Schadensabwicklung*)的文章，批判诺尔特将纳粹罪行相对化的做法，认为德国必须直面过去而不是将其掩盖。此后，左右两翼的历史学家纷纷发表文章，将这场论战推向了高潮。其内容涉及德国反犹史、德国历史编纂中的第三帝国与大屠杀、德国所要承担的罪行等等，激发了德国人的历史意识和政治意识，并且同20世纪80年代末期世界范围的政治运动颇有渊源。

② Rudolf Augstein (ed.), *Historikerstreit, die dokumentaion der kontroverse um die Einzigartigkeit der nationalsozialistischen Judenvernichtung*, München/Zürich: Piper, 1987, S. 279.

③ Kurt Sontheimer, *Antidemokratisches Denken in der Weimarer Republik-Die politischen Ideen des deutschen Nationalismus zwischen 1918 und 1933*. Nymphenburger verlagshandlung, 1968, S. 345.

断抬头的右翼保守主义的群体中，反民主的思想接续了魏玛时代的洪流，获得了新时代的发展。在作者看来，联邦德国的问题集中体现在它的社会结构，尤其是它的政治意识本身。若要克服右翼保守主义反民主思潮的影响，必须要在政治意识、国家认同上进行一场彻底的变革。正如哈贝马斯（Jurgen Habermas）所说，"真正稳定的国家统一应当体现为公民们因分享共同的政治文化而表现出来的宪法爱国主义"。[①] 一种真正的民主，必须是一种更加自由、更加人性化、更加符合社会正义的民主。以这种开放与自由的民主观念塑造国家意识形态的过程，并非一蹴而就，而必须通过有效的宪法实践，不断积累经验，不断加以改善，才能逐渐形成。新一代的公民只有经过这样的过程，才能获得真正意义上的民主政治文化，进而保证民主政治的持续健康发展。就德国在"二战"后的发展历程来看，作为反法西斯重要成果的《基本法》，是德国特定国情的产物，也是德国人民经过灵魂反省的产物，虽则经历了左右两翼的不断冲击，却能够始终保持其威严与活力，为德国重新迈入世界历史舞台奠定了基础。也许，正如作者最后引用的君特·格拉斯（Gunter Grass）的这句话所言：

  我们应该关注的是，在我们的国家，最终应该由理性取得胜利，让启蒙继续扩展其疆域，如同治愈一场流行疾病一样，最终的选择权还在我们的手中。[②]

[①] 徐贲：《战后德国宪政与民主政治文化：哈贝马斯的宪政观》，《二十一世纪》1998年第47期。

[②] Kurt Sontheimer, *Antidemokratisches Denken in der Weimarer Republik-Die politischen Ideen des deutschen Nationalismus zwischen* 1918 *und* 1933. Nymphenburger verlagshandlung, 1968, S. 347.

资本主义时代的零余者

——职员阶层研究[*]

一 职员——作为"中间阶层"的兴起与幻灭

如果说巴黎是本雅明笔下19世纪的首都，那么，柏林就是克拉考尔笔下20世纪的首都。这个新兴的现代大都市诞生于"一战"结束后的魏玛共和国。随着资本主义合理化进程的推进，尤其是美国泰勒制管理方式以及福特式生产方式的引进，在柏林这样的现代都市背景中，出现了一个"新的中间阶层"（neuer Mittelstand）——职员阶层的急剧扩张。不过，他们的生产生活状态以及文化心理状态，却几乎无人知晓。正是因为如此，克拉考尔开展了这项研究。

其实，早在19世纪晚期，德国就已经出现了"中间阶层"的概念。当时，德国在铁血宰相俾斯麦（Otto von Bismarck）的领导下，步入了赶超式的工业化发展阶段。在不到三十年的时间里，它就跃居欧洲强国的行列。在这样一个快速工业化的过程中，产业工人的数量不断攀升。与此同时，原来的独立生产经营者，也就是一些小手工业者、小生产者、小商人等，也被纳入了资本主义的生产体系当中，成了介于社会上层的容克地主与社会底层的无产者之间的新阶层。不过，作为社会的新生力量，他们当

---

[*] 原载于《理论视野》2016年第5期。

时的数量远远比不上产业工人。大多数的小手工业者仍旧延续旧有的生活与生产模式，对新生的资本主义抱着冷漠和抵制的态度。就德国这个后发资本主义国家而言，开明专制的历史传统，以及发育不够完善的资产阶级，使其迈向现代化的道路主要依靠帝国的旧势力主导。为了维持社会的稳定，避免革命的发生，他们偏向于以一种妥协的方式应对社会矛盾。早在1881年，德国就以"皇帝诏书"的形式，建立起了一套面向普通劳动者的社会保障体系，其中涵盖了失业、工伤、事故、医疗等保险制度。1911年，德国又通过了西方国家中的首个针对"中间阶层"——也就最初的职员阶层的保险法案。这项法案不仅在行文中将其界定为高于工人的新等级，更赋予了他们较高层级的保险与劳动权益。可以说，"中间阶层"是德国资本主义发展过程中的产物，在某种意义上被寄予了扩大就业领域，缓冲社会矛盾的希望。

在《职员》中，克拉考尔指出，这一新兴的社会阶层在魏玛时代得到了进一步的发展。单从数量上来看：当时的德国拥有350万名职员，较之从前几乎翻了五番。与之相比，在同一阶段，工人的数量却没有显著增长。虽然在共和国的前五年，职员阶层的增长受到了超通货膨胀的影响。但是，在1925年之后，由于道威斯计划的实行，魏玛共和国迎来了"黄金时代"，职员阶层亦得以再度扩张。当时，几乎每五个雇员中就有一个是职员。除了数量之外，职员所从事的行业也有了比较大的变化。此前职员的就业领域多局限于工业企业，而此时，越来越多的职员来到了更为广阔的商业服务领域工作。比如百货商店的售货员，银行的出纳员、邮局的邮递员、宾馆的服务员、列车的售票员等。除此之外，在各大企业的技术监督、管理经营等中上层岗位中，也出现了大量职员的身影——

> 到目前为止，商业领域的职员数目最为庞大，达到了225万。紧随其后的是几个规模基本相当的职业领域，诸如办公室职员、技术人员与管理人员，他们分别都达到了25万。[1]

---

[1] Siegfried Kracauer, *Die Angestellten*, *Aus dem neuesten Deutschland*, Suhrkamp Verlag, Frankfurt am Main 1971, S. 11–12.

在克拉考尔看来，促成这一发展变化的原因，就是资本主义经济的合理化（Rationalisierung）。从产业结构的角度来看，随着第三产业的兴起，大量服务性的岗位需求不断涌现。这就使得出身于平民家庭，或者无产者家庭的劳动者有了进入资本主义生产体系的可能。从企业的角度来看，在向现代化大型企业发展的过程中，其内部的组织结构也随之发生变化：分工的不断细化导致机构不断膨胀，对于不同层次的执行与管理人员的需求不断增加。此外，为了应对现代大型企业劳动者权益保障的需求，各种类型的社会保险与工会组织机构亦在不断膨胀。在这几重因素的共同作用下，职员的规模不断壮大。出于职业需求，这一新兴阶层必须在不同的机构中与形形色色的人打交道。这就使得他们拥有了复杂条件下的沟通、交流、管理、服务等多重技能，成了现代社会中不可或缺的中间力量，同时也成了现代文化生活的忠实拥趸。

不过值得关注的是，作为"中间阶层"的职员群体，虽然受益于资本主义的合理化，但当此进程不断向前推进，促使职员成为大众之时，他们也就失去了阶层身份赖以生成的基础：更高的收入、相对的独立、升迁的机会以及工作的保证。正如克拉考尔所言：

> 自资本主义产生以来，合理化就带着自身的界限而来。但是发生在1925—1928年之间的合理化却标志了一个尤为重要的阶段……它使得职员阶层的数量急剧增加，其所履行的职能范围却在不断缩小，甚至面临着随时可被相互替代的命运。①

针对克拉考尔的分析，德国著名社会学家埃米尔·莱德勒（Emil Lederer）在《无产阶级的重组》（*Die Umschichtung des Proletarias*）一文中进一步指出：

---

① Siegfried Kracauer, *Die Angestellten*, *Aus dem neuesten Deutschland*, Suhrkamp Verlag, Frankfurt am Main 1971, S. 12.

> 历经1929年经济大危机的冲击，当下职员阶层的命运已经与无产阶级的命运趋同了。这确实是一个客观事实……而今我们仍旧可以在一个社会空间中找到现代奴隶，这个社会空间不再是工人阶级所劳作的工厂，而是职员们所工作的办公室。[1]

无疑，克拉考尔和莱德勒都看到了，伴随资本主义合理化进程的推进，魏玛时代的职员大众逐步被同质化、机械化的劳动所蚕食，尤其是在1929年的经济大危机之后，他们原有的技术优势、收入优势以及身份优势全都付之东流，无可避免地从"中间阶层"跌落，滑入了无产者的行列。

> 从平均工资水平来看，一般职员的起薪不超过150马克。一些处于较高职位的资深职员，也很少能拿到500马克。从经济的角度来看，他们确实像是成了工人……[2]

从根本上来说，同老"中间阶层"相比，这些职员大众并不具备相对独立的物质条件，而只能依靠工薪依附于资本主义的生产体系。这种缺乏保障的依附性，使其对经济局势的变化尤为敏感。经济合理化的残酷淘汰机制，不断拉平他们原有的特权待遇，最终使其在物质命运上趋同于工人阶级。在经济危机爆发之时，其基本生存也将面临威胁。不过，相对体面与洁净的职业空间，以及被资本主义大众文化产品所塑造的文化生活，却又使得他们始终认为自己比工人高出一头，甚至形成了一种虚幻的资产阶级意识形态。因此，作为现代化进程的典型表达，职员一方面诞生于资本主义经济合理化体系；另一方面又是其无可逃脱的牺牲品。他们身上所特有的物质存在与意识形态之间的分裂与矛盾，增添了魏玛时代的复杂文化景观，同时也预示着其走向崩溃的未来。

---

[1] Emil Lederer, Die Umschichtung des Proletarias, In: *Angestellte und Arbeiter*, Afa-Bund, Berlin: Freier Volksverlag, 1928, S. 59-60.

[2] Siegfried Kracauer, *Die Angestellten*, Aus dem neuesten Deutschland, Suhrkamp Verlag, Frankfurt am Main 1971, S. 14.

二 职员——资本主义合理化的产物

那么，职员阶层是如何体现资本主义生产体系与经济合理化的基本运作呢？首先，从职员的应聘环节来看，克拉考尔在《职员》中引了一段1927年底柏林一家公司的通告：

> 让每一个受聘者都能找到最适合自己的位置——适合他们能力、知识、心理和生理特点的职位，一言以蔽之：根据他们整体的个性特点，在最合适的位置安排最合适的人！①

这段通告的内容貌似体现了对职员个性与能力的尊重，但在克拉考尔看来，这不过是一个伪饰的借口。实际上，大多数雇主根本就不会考虑个体要求，更别提什么"整体的个性特点"。"所谓的工作根本不是为个性量身定做，毋宁说是根据生产和销售的需要而设置。"② 那么，符合生产和销售需求的职员是怎样的呢？克拉考尔引用了一位企业主的表述：

> 我们现在跟美国一样，最为看重的就是他们是否有令人舒服的外表……而这种令人舒服，并不是指要特别漂亮，而是要有一种道德的粉红气色（Eine moralisch-rosa Hautfarbe）……③

这层神秘的"道德的粉红气色"，为我们指出了资本主义生产与社会关系的内在特征——为了最大限度地提高生产效率，不仅需要专业化、标准化的流水线与流程控制，与此同时，还需要能够促进生产效能的人际润滑剂。因此，职员从其外表到性格乃至能力都必须符合这一通行原则，方

---

① Siegfried Kracauer, *Die Angestellten*, *Aus dem neuesten Deutschland*, Suhrkamp Verlag, Frankfurt am Main 1971, S. 18.
② Ebd., S. 19.
③ Ebd., S. 21.

能为僵硬冷酷的合理化涂上一层粉红的油漆，以遮盖其远非粉色的现实。在这里，职员的面貌以及行为模式，并非其自身选择的结果，而是被资本主义强大的同质化、一体化的力量所深刻影响的结果。对此，克拉考尔说道："……合理化越是向前发展，道德的粉红外表就越是能占据优势。"[1] 所以，我们会看到，柏林街头的职员在语言、服饰、姿态、表情等各个方面都达到了高度统一。这一合理化过程的唯一后果就是让他们都拥有了同样令人愉快的外表——"道德的粉红气色。"为了维持气色，不被职场淘汰，不论男女全都涌入了美容机构，染发、健身、保养。生存的焦虑与时尚的追求，在魏玛时代成了不分彼此的扭结存在。

其次，从职员具体的工作流程来看，合理化原则的贯彻更为明显：

> 工作计划已经被精确到了每一分钟……所谓合理化，就是采用所有技术和系统的组织化手段，用以提升经济可行性、提高产量、节约成本，并最终推动其发展。[2]

在克拉考尔看来，在这种对于合理化的定义中，独独缺乏了"人"（Mensch）的维度。当然，雇主们之所以会忘记这一维度，是因为在他们眼中，所谓的"人"与精密运转的机器相比，其实并不那么重要。例如，一家企业需要招募一批速记员，便直接从高中招来一批女孩子，给他们低廉的工资，让他们接受专门教员的打字训练。这个聪明的教员所采用的手法充分体现了人与机器的"协调"。他一边摇动唱片机，一边让女学生们随着音乐节奏打字。随着唱片转动的逐步加快，这些女孩也在不觉间加快了打字的速度——在这里，合理化创造出了最廉价的奇迹，但个人的价值却遭到了最为彻底的漠视，这些年轻的姑娘与被训练的动物并无二致。

此外，在市场合理化进程的推进下，职能专业化的风潮几乎得以全面铺展。在其影响下，各个行业职员的行动自由权力被大大降低。例如，原

---

[1] Siegfried Kracauer, *Die Angestellten*, *Aus dem neuesten Deutschland*, Suhrkamp Verlag, Frankfurt am Main 1971, S. 24.
[2] Ebd., S. 26.

本拥有更多自主权与独立性的采购员不得不交出旧有的权力，臣服于上级分派的枝节指令；原来执行技术综合管理的职员，现在却只能分管生产过程中极为有限的环节。由于每一个人所承担的职责都只是庞大流水线上极微小的一环，那么，他们也就变成了日益碎片化的功能承担者，其存在与消亡对企业的整体运作并无太大的影响。在此情况下，他们非但无以保留任何个人价值或者个性特点，甚至面临着随时被人取代的命运。正如克拉考尔在《职员》中所写："一个商业职员的生活，是令人恐惧的单调……高度的机械化与可替代性，将是他们不可逃脱的绝望命运。"①

最后，从职员的职业生涯来看，经济合理化的进程几乎表露出了最为残酷的面相。

> 一个可怜的男人在自己的脖子上挂了一块牌匾。上面写着，他是一个 25 岁的老销售员，已经被解雇，希望能再找到一份工作——不管是什么样的都行。②

这是《职员》中的一幅经典场景。对于还未衰老就被解雇的职员生态，克拉考尔不无讽刺地说道："如果按照这个逻辑推算的话，婴儿很快就要被归到年轻人的行列，那些 40 岁的人以为自己尚还健硕，但是从经济的角度来看，他们早已死亡了。"③ 企业依据合理化所进行的调整与重构，将不可避免地导致年老职员的被解雇。这批"年老"职员的不幸之处在于，他们一旦被解雇，根本无法再获得一份工作。他们就像麻风病人一样，所有公司的大门都对他们紧紧关闭。

因而，整个社会以一种令人震惊的方式颂扬青春。所有人都在追

---

① Siegfried Kracauer, *Die Angestellten*, *Aus dem neuesten Deutschland*, Suhrkamp Verlag, Frankfurt am Main 1971, S. 33.
② Ebd., S. 44.
③ Ebd., S. 45.

逐青春的脚步，各种能够保持青春的灵丹妙药更是大行其道。①

在这一失衡的现实中，克拉考尔解析出了资本主义经济合理化对人类本质的戕害。在他看来，虽然年轻职员由于年老职员的被罢黜获得了胜利，但是，生命却在这场比赛中失败了。人类根本不可能一直追赶青春。生命，本该通过面对死亡来获取意义，现在却被拦截并被迫回到起点之处，无始无终。青春，本该是生命热烈的起始，现在却变成了反常的满足，因为真正的满足已被禁止。因此，资本主义经济对效率、生产力的疯狂追逐所导致的对青春的狂热崇拜，以及对衰老的不断贬抑，是对生命的一种灾难性误读。在这样的经济与社会状况中，人，已经不再是活生生的个体，而变成了生产流水线上不断更新换代的产品。

三 职员——精神上的无家可归者

1925年后，职员群体在被充分合理化并走向大众化的过程中，逐渐丧失旧有特权并在经济上趋同于无产阶级。但是，资本主义文化工业产品所制造的幻象，模糊并掩盖了他们真实的身份认同，使其成为一批沉溺于虚幻的资产阶级意识的精神上的无家可归者。

（一）错位的文化认同与身份意识

职员阶层大都生活在柏林这样的大都市中，远离乡土与传统的束缚。资本主义的合理化运动，不仅塑造了他们的工作与生活方式，同时也塑造了他们同一化的外在形象，以及深层次的文化认同与身份意识。虽然他们在物质条件上已经落入无产者的行列，但在意识深处仍想捍卫高人一等的身份，本能地趋向于资产阶级的文化认同。例如，在工业企业中，商业职员十分藐视技术工人，甚至拒绝跟他们一同参加聚会。在与金钱密切相关

---

① Siegfried Kracauer, Die Angestellten, Aus dem neut schland, Suhrkamp verlag. Frankfurt am Main 1971, S. 51 – 52。

的银行业中，这种状况则更为严重。金碧辉煌如同宫殿般的装饰风格，最大限度地满足了银行职员虚幻的阶级想象，致使他们认为自己就是掌管资产阶级门廊的卫士，因而对无产者的光顾从来都是不屑一顾的。

　　即便是最低等级的职员群体都认为自己天生就比无产阶级要高贵许多。与此类似，在办公室工作的女性也总认为，自己所获得的尊重要比生产线上的女工多得多。①

但是，在克拉考尔看来，职员与工人之间其实已经没有太大的差别。随着经济合理化进程的快速推进，职员阶层的圈子开始不断扩大，甚至与无产阶级的圈子产生了融合。在经济危机的影响下，他们所期盼获取的上层阶级，也就是资产阶级的生活梦想被无情击碎。受到这一趋势的影响，这些有过短暂富裕体验的人，一下子被打回他们父辈的生活状况中去，甚至无情地跌落到无产阶级的阵营。到了魏玛后期，职员阶层的物质条件进一步恶化："他们总是反复抱怨，公司里的工人比自己挣得还多！"② 可以说，除却意识形态上的区分，这两者在收入水平和工作时间上几无差别。只是，出于对竞争的恐惧与惯有的自我尊崇，他们却力图维持表面上的资产阶级生活方式，以此宣示与无产阶级之间的差异。克拉考尔在《职员》中举了这么一个例子：

　　一个担任秘书的职员，为了显示自己来自资产阶级阵营，常常要在谈话中插入一些随意而地道的英语口语。虽然她从资产阶级成功人士的语言仓库中找出了这么一个时髦的工具，却无法真实地分享他们的命运。③

在百货商店、律师事务所，以及其他与之相似的场所中，可以遇到无

---

① Siegfried Kracauer, *Die Angestellten*, *Aus dem neuesten Deutschland*, Suhrkamp Verlag, Frankfurt am Main 1971, S. 82.
② Ebd., S. 83.
③ Ebd., S. 67.

数这样的职员。资产阶级文化的瑰丽幻象在他们眼中,变成了具体的生命梦想。轻松的舞会、有格调的咖啡厅,或者时髦的流行音乐被他们视为不可或缺的生活享受。但实际情况是,他们必须在公司的一个个微不足道的角落里,面对一台没有生命的收款机,或者一台冷冰冰的打孔机,日复一日地重复单调、枯燥、缺乏个性的工作。而在结束了整整一个月的机械劳动之后,他们所能拿到的工资却少得可怜。为了装点资产阶级的门面,他们还不得不从这微薄的工资中抽出大部分,让自己喝咖啡、听音乐、去郊游。这种物质现实与身份意识之间的矛盾在他们身上得到了最为典型的体现。正如埃米尔·莱德勒(Emil Lederer)所说:"即便中间阶层在今天已经高度趋同于无产者,但是他们中的主体还是没有放弃资产阶级的意识形态。"① 理查德·沃尔特(Richard Woldt)在《企业职工的生活世界》(*Die Lebenswelt des Industriearbeiters*)中,也提出了类似的观点,"职员的意识形态与其现实状况之间存在着一种紧张关系"。② 可以说,他们的观察与克拉考尔对职员阶层的敏锐洞见不谋而合。对于职员群体而言,即便物质基础已面临崩塌,但虚无的资产阶级身份意识始终萦绕在他们心头。对旧日阶级梦想的沉迷,不仅麻痹了他们的抗争意识,也使得他们忽视了自身衰退的具体现实,终日悬浮于资产阶级和无产阶级之间的荒凉时空。一旦理性化未来的希望宣告幻灭,他们就将陷入精神与物质的全面破产。

(二) 无家可归者的文化避难营

虚幻的资产阶级意识与衰败的物质经济基础,使得职员成了魏玛后期的矛盾存在。与之相比,普通工人不仅在物质上,就是在精神层面上都要略胜一筹。因为,在他们的无产者生活之上,还有一层马克思主义的理念作为屋顶,指导他们所应该扮演的社会角色。而职员阶层的真实精神空间却是荒芜的。正如克拉考尔所说:"当下,职员大众和工人无产者的区分

---

① Emil Lederer, *Kapitalismus, Klassenstruktur und Probleme der Demokratie in Deutschland* 1910 – 1940, Göttingen: Vandenhoeck & Ruprecht, 1979, S. 78.
② Richard Woldt, *Die Lebenswelt des Industriearbeiters*, Leipzig: Quelle & Meyer, 1926, S. 35.

在于，他们是一些精神上的无家可归者。"① 确实，由于经济地基的陷落，职员阶层已被从此前寄居的资产阶级寓所驱逐出去。现在，他们除了应对不确知的恐惧之外，无法再追逐什么终极目标。职员杂志也只能通过各种"文化需求"的呈现，为这群无家可归者勾画出"家"的概念：

> 钢笔、白色牙齿、恢复年轻的方法、在熟人间兜售咖啡、录音机、用分期付款购买高级钢琴……②

职员阶层在这些所谓的"文化需求"上的花费，远高于居所、取暖、照明等必备生活消费的总和。但是，克拉考尔认为这些空虚的"文化符号"，根本无助于他们精神状况的改善，反倒让他们更加深刻地卷入合理化的浪潮，成为现代社会标准化的生产部件。尽管如此，魏玛时代的职员大众并没有停止对各种文化产品的追逐，甚至在20世纪20年代末期的柏林，形成了一股"消遣的狂热"（Kult der Zerstreuung）。在克拉考尔看来，这种"消遣的狂热"，究其本质而言，是职员阶层借以暂时逃脱自身命运的文化想象——

> 许多职员都出生于比较寒微的家庭。可能他们的住所大都窄小，而室内灯光也比较昏暗；可能他们在私人领域中所接触的人大都没有受过良好的教育。而在百货商店以及与之类似的大众消费场所中，职员们整天都待在十分华丽、灯光辉煌的房间里，与那些出身高贵并且教养良好的顾客打交道。这给他们带来了更多幻想的空间与逃避的可能。③

可以说，商场中辉煌的灯光不仅刺激了购买者的消费欲，同时也刺激

---

① Siegfried Kracauer, *Die Angestellten*, *Aus dem neuesten Deutschland*, Suhrkamp Verlag, Frankfurt am Main 1971, S. 94.
② Ebd., S. 90.
③ Ebd., S. 93.

了身处其中的职员，诱惑着他们，将自己狭窄、昏暗的出生地彻底忘却。在此，职员与他们想要追求的更高等级的生活，以一种十分奇特的方式相遇了。资产阶级生活世界中任何一丝不经意的气息都足以对其产生催眠。

  在一个大百货公司的橱窗里，穿着成衣的模特矗立在梦幻般的兰花丛中，Luna 公园里又安置了一条汽车跑道。这就足够让那些低收入的职员，假想自己就是那身着华衣的汽车驾驶者，在那美丽的公园中兜风。①

当然，对职员群体来说，光是这些外在的物象是远远不够的。他们还需要更真切、更具体的境遇来满足自身虚无的资产阶级精神向往。柏林这座 20 世纪的现代大都市并没有让他们失望，它为这些"无家可归者"搭建起了许多文化避难营。酒吧、电影宫、博彩厅、歌舞院……一切所能想到的娱乐业与文化消遣的场所，全都向他们敞开了大门。仅以主题酒吧为例，标准化的旅行风景如同流水作业平台上的产品，被装饰到了酒吧的不同包间中——

  在这里，你不需要花多少钱就能呼吸一口广阔世界的空气。你可以看到维也纳美妙的夜色——阿尔卑斯山的雪——巴伐利亚的 schuhplattler 歌舞②——北美大草原上的西部牛仔……③

尽管这些套餐式的风景模板单调乏味，缺乏文化的温度，却依旧成功

---

① Siegfried Kracauer, *Die Angestellten*, *Aus dem neuesten Deutschland*, Suhrkamp Verlag, Frankfurt am Main 1971, S. 94.
② 这是德国巴伐利亚地区的一种民族歌舞，名叫"击鞋舞"，姑娘们穿着碎花长裙，头戴花冠，甩着长辫子，小伙子穿着皮短裤，还有长袜子，互相交错舞步，同时击打鞋子，发出欢快的声音。
③ Siegfried Kracauer, *Die Angestellten*, *Aus dem neuesten Deutschland*, Suhrkamp Verlag, Frankfurt am Main 1971, S. 97.

地吸引了无数职员前来消费。对于他们来说，工作日越是无聊，就越是要在休息日的夜晚远离工作，逃往别处。主题酒吧所构建的幻象舞台，恰恰给了他们逃离的机会——只需将绚丽的布景灯光轻轻扭亮，职员大众就能逃脱工作日的琐碎庸常，进入他们梦寐以求的资产阶级的文化世界。如果再加上酒精的力量，这种不可思议的时空穿越会让他们更加迷狂沉醉。不过，一旦侍者将把灯光熄灭，高层次生活的幻觉亦将随之幻灭，他们只能继续在机械化的工作中等待下一次灯光亮起的时刻。对此，克拉考尔在《职员》中写道：

> 公园中的喷泉不时被灯光照亮，而后消失于黑暗，所剩下的不过就是一些丑陋、柔软的小水管而已。这个喷泉就如同职员的生活。他们出生寒微，却竭力逃往高层次的娱乐消遣。仿佛只要华丽的灯光亮起，就可以忘却出身，融入夜夜笙歌的资产阶级生活。[1]

在克拉考尔看来，灯光的明灭起伏，真实映照出了职员空虚匮乏的精神世界。与其说这些来自资产阶级世界的灯光照亮了他们，不如说让他们变得更加盲目。因为，这些文化避难营，除了满足他们虚幻的阶级意识之外，根本无助于现实问题的解决。更进一步来说，在文化避难营中的自我麻痹与自我沉醉，最终只能将职员们捆绑到统治阶层希望他们待的位置上，彻底远离社会抗争与社会批判。

> 基本上所有的工业产品都要通过遮掩其弊端的方式为现存秩序的合法性服务。他们也一样，他们给职员大众喂下文化魔幻药，使其陷入沉睡……从而跌入遗忘的深渊。[2]

总而言之，克拉考尔的《职员》研究延续并发展了他早期的研究兴趣

---

[1] Siegfried Kracauer, *Die Angestellten*, *Aus dem neuesten Deutschland*, Suhrkamp Verlag, Frankfurt am Main 1971, S. 101.
[2] Ebd., S. 99.

和主题——对现代性状况的考察。在他笔下，职员阶层一方面是现代资本主义合理化的产物，同时又是其牺牲品。在被合理化进程不断碾压的过程中，他们原有的经济基础与社会地位被不断削弱，甚至被挤入无产阶级的行列。物质存在层面的无产阶级化与精神意识层面虚幻的资产阶级化，导致了职员群体的分裂与混乱。在混乱之中，他们逃进了资本主义文化工业所提供的"避难营"，希望从中获取已经消失的阶层地位的满足。不过，这样的文化幻象，只能暂时掩盖他们现实的生存困境，加剧了他们对自我的精神麻醉。甚至会以一种无意识压制的方式，将他们推入忘却"反抗"与"革命"的深渊。其后不久，席卷资本主义世界的经济大危机爆发，在大量失业的艰难岁月中，物质基础的全面崩溃与精神幻影的彻底破灭，使得职员群体最终走向了国家社会主义的阵营。他们对纳粹的参与率远远超出了其在全国总人口中所占的比率，甚至纳粹高层的官员几乎都来自于中间阶层的家庭。从这个角度来看，中间阶层的健康发展直接关系到整个国家与社会的秩序与稳定。

"血与土"：纳粹时期的文学思想

在俾斯麦的铁血政治下，威廉二世巩固并发展了德意志第二帝国。由于第一次世界大战的失败，德国始终处于凡尔赛条约的严密控制之下，帝国荣光不再，这导致了德国经济和政治的动荡不安，民族主义思潮开始逐渐升温。魏玛共和国努力建立起德国的第一个民主共和国，这个政体只为德国带来了20世纪20年代初期短暂的"黄金时代"。在20世纪20年代晚期和30年代初期，在一场席卷全球的经济大危机震荡下，这个软弱的民主政体已经岌岌可危。在这个黑色的时代中，物价飞涨、大量失业，不仅民众的基本生活难以得到保障，就连整个德国都濒临着国家破产的重大危机。此时，大量德国人渴求着民族精神的再度革新，甚至是一场彻底革命的出现，民族主义的呼声亦随之不断高涨。他们渴望着在历史的地平线上重新出现一位能够带领他们走出黑暗的领袖，并且允诺给予他们一个新千年的梦想，就像以色列人渴望一个真正"弥赛亚"的出现一般。德国思想传统中的民族主义（volkisch）开始逐步孕育并且朝着后期纳粹民族主义的基本方向发展而去：即在民族主义思想的引领下，为德国开创一个新天新地，一个只有日耳曼民族才能得以获救的新天新地，一个驱除了所有杂质的新天新地。在这个历史阶段中，文学充分发挥了一种意识形态话语的功用。无数德国文化史家带着大量文学作品横空出世，为德国民众建构了一个又一个万分美好却又无法实现的理想乌托邦。他们在作品中预告，一个新的千年帝国即将在德国的土地上出现。在这个新的帝国中，一切对立都将被加以消除，德国人民的一切愿望都能够得到满足。在这个意义上说，第三帝国的文学实际上并非仅仅是从纳粹时期开始的，早在魏玛共和国时期，大量乌托邦性质的预言作品其实就已经为这一文学奠定了其精神血脉与思想基础。甚至可以说深藏在德国浪漫主义文学之中的思想信仰就已经为我们透露了德国文学史上十分重要的，充满神秘宗教色彩的帝国乌托邦的讯息。

当然，本文论述的重点是纳粹时代的主流文学。如果单纯从文学价值的角度来衡量，20世纪三四十年代的德国文学确实不能在德国文学史上占据什么重要的地位。在这一时期，不仅没有出现多少脍炙人口的经典之作，更加令人愤慨的是，在这其中充斥了大量纳粹时期的文学垃圾。恩斯特·洛维（Ernst Loewy，1920—2002年）是这样说的："几乎没有一种文学像纳粹时期的文学那样带有露骨的意识形态寓意，人物只是时代观念的传声筒。"[1] 可以说，从1933年纳粹上台到第二次世界大战结束，德国文学就一直处于一个畸形发展的阶段，民族与种族主义压倒了此前所有的文学潮流。文学与其他一切文化门类都受到了纳粹政权的严密控制，并深受其影响。从其性质上来说，此时的文学必须服务于纳粹事业、必须在立场上以生物学和纯洁的日耳曼种族为基础，必须批判堕落、虚浮、无根的魏玛共和国时期的都市文学，必须毁灭所有受到马克思主义影响的阶级斗争的文学，必须与资本主义纵情享乐的摩登文学，以及共产主义粗俗不堪的唯物主义文学彻底划清界限，必须回溯到代表着德意志历史一贯的精神血脉，脱离现代社会病态的悲观主义和道德败坏，从而建立起一种能够代表新帝国时代团结一致、和谐优美、充满"民族共同体"（Volksgemeinschaft）精神的，融合了"乡土文学"（Heimatliteratur）、农民文学在内的崭新文学形态，并将此种文学形态树立为德语文学的国教。从某种程度上来说，这种文学已经彻底沦为纳粹政治宣传的工具，变成了煽动种族主义狂热，影响民众心理、促成独裁统治乃至推行侵略战争的工具。但是，这并不意味着纳粹时期的文学没有任何研究的价值，恰恰相反，这一历史阶段的文学却有着较之别个时期文学不同的举足轻重的作用，这种作用并不

---

[1] ［英］J. M. 里奇：《纳粹德国文学史》，孟军译，文汇出版社2006年版，第49页。

局限在狭窄的文学审美价值意义上，却体现在一种更为深刻的文学思想史的价值中。

为了进入纳粹时代主流文学的考察，我们必须首先探查"第三帝国"本身所承载的德国民族精神复兴的特定思想史上的宗教哲学含义；进一步了解从魏玛共和国到第三帝国转变过程中德国思想文化的发展流变，及其独特的时代思想背景；其次，要对第三帝国时期所采取的特殊的文学控制与管理手段进行分析，掌握纳粹时代主流文学的表现形式与主要特征。其中包括标榜"自我净化"的焚书运动，集中式的文学改造，以及"血与土"文学的主要特点等，从而清理此种文学样态的思想史意义；再次，要认真考察纳粹时期最为著名的两位文学家恩斯特·荣格尔（Ernst Jünger）与戈特弗里德·本恩（Gottfried Benn）文学创作的发展与变化，了解当时德国纳粹文学内部的理想信仰状况，以及壁垒分明的法西斯与反法西斯文学阵营；最后，要对第三帝国时期的反纳粹文学进行简略的梳理，以描绘纳粹文学发展的全貌。

一　纳粹文学形成的思想背景与文化动因

纳粹文学不能仅从纳粹掌权的 1933 年算起，其在宗教、哲学以及文学意义上的储备其实已有相当长的时间。第三帝国主流文学关于"民族性"与"德意志特色"的思想建构其实与魏玛共和国、第二帝国甚至更早之前的德国思想语境息息相关。从时间序列上来看，第三帝国是对魏玛共和国的彻底反拨，刚健朴素的乡土文学及"血与土（Blut und Boden）"的文学是对魏玛共和国时期现代社会腐化堕落的现代文学的彻底反拨。从历史上来看，德国此前的第一帝国与第二帝国曾一度给德国民众留下了强大而统一的帝国想象，这一辉煌的想象图景加深了民众对处于凡尔赛条约强力制约下孱弱的魏玛共和国的不满情绪。在日耳曼民族根深蒂固的观念中，存在着这么一个直线化的思维模式：魏玛共和国的社会是现代文化堕落之产物，真正的德国文化、日耳曼文化的代表应该是自神圣罗马帝国开启而下，连接强盛的腓特烈时代的第二帝国且根植于普鲁士强健文化因子的文学样态。其特点是自豪、骄傲、健康、向上，并且是一种排除了一切闪族因素的纯洁文化。在这个意义上，日耳曼民族渴望着一个新的帝国从地平线上冉冉升起，带领着骁勇善战的日耳曼人走向新世纪的辉煌。当然，除了这种政治意义上的民族主义观念之外，第三帝国的文学理念从其诞生之初，就与当时的宗教、哲学的传统思潮息息相关，这些思想文化的根源恰恰成了希特勒后期进行文学改造之时所渴望利用的因素。

早在 13 世纪，出于对一种纯洁美好的未来图景的渴盼，教士约阿希姆·德·弗洛里斯（Joachim de Floris，1145—1202 年）[①] 就曾经在其布道讲学中预言过一个新千年帝国的出现。在某种意义上，这个预言和圣经《启示录》中的所有预言一样，一直盘旋在基督教世界民众的头顶，对于德意志民族尤其如此。因为在神圣罗马帝国解体之后，德意志大地上分散着数千个大小不一的公国，一个具有拯救力量的千年帝国就成了这一破碎国度中普通民众信仰的传奇，并且为新帝国的出现架设了漫长的等待之旅。此后，德国基督教神秘主义思想家雅各布·波墨（Jokob Böhme，1575—1624 年）在其 1612 年的未竟之作《奥罗拉》（*Aurora：Die Morgenröte im Aufgang*）中提出了一个关于"新黎明"寓言故事，这又给此前的预言添加了更多诗意和美好，引发了人们更多的期待和梦想。时间流转到 18 世纪，德国民族主义者、保守主义作家赫尔德（Johann Gottfried vonHercer，1744—1803 年）更是充分发挥了这一流传已久的帝国想象，并在其作品中再度诠释和阐发了这一理想王国。不难想象，通过众多思想家的理论建构，一个名为"千年至福"（Chiliasmus）[②] 的信仰开始在德国大地上广为流传。人们可以在此后几乎与他同时的德国大文豪歌德的作品

[①] 西多会修士，是一名预言家，发展出了一套有别于奥古斯丁的历史哲学，他提出三个不同的千禧年期。第一个时期是旧约的律法时期；第二个时期是现在的教会时期，在最后一个修道时期中，全人类将归依天主，不再需要教会的引导。

[②] 即耶稣重临世界为王一千年之说。基督教称在普世审判来临之前，基督耶稣的千年王国会出现在世间，这种教导在基督教不同教派中得到越来越多的认同。这一理论被称为千年至福论，源于希腊语的 χιλιασμόs/chiliasmos 一词，其意为"一千年"。该教导主旨如下：在世界末日来临很久之前，基督耶稣会再度降临世间，打败敌基督，并且仅仅使义人复活，同时基督将会在世间建立王国，为嘉奖义人曾经忍受过的挣扎和苦痛，他们将和基督共同统治一千年，尽享人间美事。之后余者由死里复活。接着普世审判就会来到，上帝将嘉奖义人，惩罚罪人。

中,清晰地看出在德国历史语境中不断流转且逐渐丰满起来的"千年至福"说的种种信仰范式。正是因为如此,赫尔德(Joham Gottfried von Herder)亦成为代表新千年王国的时代先声。1807年,当普鲁士战败给法国时,德国唯心主义哲学家费希特(Johann Gottlieb Fichte,1762—1814年)发表了《致德意志民族演说》(Reden an die Deutsche Nation),宣称拉丁民族和犹太民族都是腐朽的,只有日耳曼人才能开创新的纪元,日尔曼民族将由为数不多的社会精英来领导。此后在康德(Kant)、席勒(Schiller)等人的共同努力下,德国唯心主义哲学进一步深化和拓展了这一信仰概念。可以说,这一股逐渐发展壮大起来的宗教哲学思潮已经贯穿了整个德国思想史的主线,随着一代又一代德国思想家的灌溉补充,使得这一浪潮以磅礴的气势席卷了整个欧洲浪漫主义时期,这一代人尤其是德国浪漫派的思想家们无一例外地对这一千年帝国充满了虔诚的追寻与不倦的渴盼。因此,在浪漫主义作家笔下,他们把强势的第二帝国,乃至充满古典意义的神圣罗马帝国当作了唯一和谐优美的化身加以不断的渲染和回忆。在诺瓦利斯(Novalis,1772—1801年)笔下,一个名叫海因里希·冯·奥夫特丁根(Heinrich von Ofterdingen)的青年,在其梦境中苦苦追寻着一朵神秘瑰丽的蓝花,如梦如幻的境遇和对虚无缥缈的幸福王国的渴盼几乎达到了无以复加的地步。不久之后,又一位浪漫主义巨匠荷尔德林(Friedrich Hölderlin,1770—1843年)更是在其优美的篇章中不断赞颂千年王国的幻境。他的诗歌《德国颂》(Gesang des Deutchen)中的第一行诗节"啊,万民崇高的心脏,啊,祖国!(O heilig Herz der Völker, O Vaterland!)",由于浓厚的民族主义情怀而受到后期纳粹党人的追捧和引用。此外,他后期的诗作《为祖国而死》(Der Tod fürs Vaterland)还被纳粹党人誉为当代最伟大的德国诗歌。其实除了这些慷慨激昂的战争诗篇之外,荷尔德林诗歌中丰富的日耳曼意象与主题,以及倡导一种将基督教教义与千年王国统一起来的思想方法,是使其成为保守民族主义的佼佼者并受到纳粹党徒崇拜的最重要原因。此后,黑格尔(G. W. F. Hegel)的国家理论和"德意志使命"思想也指向了这一千年帝国的梦幻。黑格尔认为国家的基础是一种普遍意志而非个人意志,国家对个人而言有着至高无上的权力,公民个人只有生活在国家之中,并且为国家履行义务,才能保持个人的生活和生命。任何传统的道德观念都不能影响具有绝对权力的国家以及领导国家的英雄。德国的使命就是振兴世界,而战争则如同巨浪,将涤荡各种腐朽和污秽。对国家与战争的极度美化,以及"德意志使命"的思想,自此深深根植于德国人心中。可以说,19世纪以降,几乎所有的文学思想流派,不论其属于保守主义阵营,或是属于自由主义阵营,甚或是出自社会主义阵营,都无一例外对德国思想史中横亘已久的千年帝国概念十分痴迷。就如同伫立在苍茫大地间以色列的万千民众等待耶和华赐予丰美肥沃的土地一般,德意志民族也在漫长的历史序列中,翘首等待一位统领他们的君主,他们渴望着在新千年帝国中,呈现在德意志民族面前的将是一个全新的社会形态,而此前所有的困难和罪恶都将彻底终结。

德国诗人弗兰茨·伊曼纽尔·盖贝尔(Franz Emanuel Geibel,1815—1884年)曾经在1861年的一首题为《德国先声》(Deutschlands Beruf)的诗篇中写道:"终有一天,世界将以德国的方式加以重建!(Am deutschen Wesen mag die Welt genesen)。"[①] 德国民族主义诗人恩斯特·莫里茨·阿恩特(Ernst Moritz Arndt,1769—1860年)在其1813年的诗篇《何谓德国人的祖国?》(Was ist des Deutschen Vaterland?)中说道,只要是"有人说德语的地方就属于德国(Was ist des Deutschen Vaterland? So nenne endlich mir das Land! So weit die deutsche Zunge klingt)"[②] 无疑,贯穿在其诗句中的思想为德国人勾勒了一幅清晰可见的图景,将他们的期待与盼望以诗意化的语言和豪迈的气概外化为一种摄人心魄的诱惑。因而,后期的纳粹党人便将阿恩特视为其思想的先行者。虽然当时第三帝国尚未落实成具体的国家

---

① Karl Theodor Gaedertz: Emanuel Geibel: *Sänger der Liebe, Herold des Reiches. Ein deutsches Dichterleben.* Leipzig: Wigand 1897, S. 156.

② 这其实更是一种领土主张,可以参考大德意志(Großdeutschland)思想,这是19世纪与20世纪的政治思想,也是一个民族统一主义的名词,代表建立属于德国人的民族国家。19世纪,大德意志方案的是指由哈布斯堡家族统治的奥地利统一德国,与普鲁士后来建立的小德意志相反。1871年,德意志帝国成立。它只包括普鲁士与西方的德意志邦国,不包括奥地利的所有领土。当时大德意志未能成立,1938年,纳粹德国实现了德奥合并。相对于早前的大德意志概念,希特勒把原称德意志国家的德国改名为"大德意志帝国"。其实,纳粹德国的扩张并不只是德奥统一,而意味着更多的领土要求。希特勒后来便借此夺取苏台德地区,甚至侵略波兰,从而引发了第二次世界大战。

构造，但是此后希特勒无疑是将这一想象具化为了一种真真切切的领土侵略要求，并且运用战争和武力将其加以实践。此后，德国著名作家汉斯·格林（Hans Grimm，1875—1959年）在一部长篇小说《没有生存空间的民族》（*Volk ohne Raum*，1926年）中提出了一个非常著名的口号，"德国如要生存就必须拥有更多的生存空间"①。这个充满扩张色彩的口号在广大年轻学生当中产生了巨大的影响。几乎所有的德国学生都在学校中接受了这样一种教育，即日耳曼人已经失去了自己赖以生存的空间，广大的领土正被可耻的凡尔赛条约慢慢蚕食，因此德国需要夺回自己的生存空间，并且去扩张更多的生存空间，只有这样，伟大的德意志民族才能重新立于世界民族之林。借由这些不断升温的帝国想象，以及形形色色的文学具体化之后，随之而来的便是赤裸裸的政治鼓动。以希特勒为首的国家社会主义党人，自然要借势对其加以进一步发挥。他们发展出的一套逻辑就是——德国人若要建立起这个千年至福的帝国，为了要彻底夺取德意志民族的生存空间，就必须发动一场纯洁雅利安高等种族血统的革命，这场革命需要流血牺牲，但流的是劣等民族的血，要牺牲所有妨碍日耳曼人踏入新千年王国的劣等民族的生命。如果借用诗人用阿恩特的话来说，那就是："民族有多么神圣，贱民就有多么卑下。"②

到此为止，我们发现，其实"第三帝国"一词的含义在希特勒夺取政权之前的很长时期内就存在于德国的思想传统之中。它包含着宗教、哲学、文学上的丰富内涵。实际上，按照流传久远的千年王国的预言和想象，第三帝国应该是一个永远安宁、和谐优美的至福王国，帝国的观念与日耳曼民族的神圣使命始终紧密相连，优美与纯洁，信仰和希望伴随着一个伟大、庄严和神圣的文化复兴与帝国重建的实现。但是，谁又能想到，由无数哲人、学者宏阔的历史想象与文学书写所建构起来的美丽预言，却最终被希特勒加以利用。希特勒向德国民众许诺的是一个终结所有苦痛的

---

① Arno Schoelzel: Volk ohne Raum. in: Kurt Pätzold, Manfred Wei？becker（Hrsg.）: *Schlagwörter und Schlachtrufe*, Aus zwei Jahrhunderten deutscher Geschichte. Leipzig 2002, Band 1, S. 111-118.

② ［英］J. M. 里奇：《纳粹德国文学史》，孟军译，文汇出版社2006年版，第9页。

新帝国，但是带给他们的却是一个充满了死亡和毁灭的黑暗时代。因此，可以说，在表现纳粹思想的文学作品出现之前，为这种文学样式做准备、并且有助于其在某些政治条件适宜的情况下，确立这种文学国教地位的文学其实早就已经出现。

二 纳粹时代的主流文学

早在纳粹上台之前，国家社会主义党人就通过一系列的政治文化宣传策略来为自己争取民众的选票。他们鼓吹自己是一场新文化革命运动的代表，他们知道唯有转向传统的乡土文学与农民文学才有可能获得更多底层群众的支持。而借助民众对魏玛共和国现代社会的愤恨和谴责，将成功引导民众走向新的符合国社党审美口味的文学路径。因而他们一方面借助表现主义等先锋派艺术背后神秘主义的哲学力量；另一方面又借机对其加以形式上的大肆鞭笞，谴责其为现代社会颓废堕落的艺术代表，倡导破除这一晦涩高深的表现形式，重建起朴素而充满生命力的乡土文学。通过这些前期的准备与造势，国社党很快在与社会党、共产党、民族党的竞争中取得了优势，获得了德国上下广大工人与农民的支持，一举在议会选举中成了第一大党。纳粹掌权后的主流文学可以简单地概括为种族主义、力求消灭一切犹太因素的纯洁文学。这种文学体现的并非无产阶级意义上不分你我的兄弟关系，而是同一民族血脉的日耳曼人之间的关系。为了实现这样一种目标，第三帝国的文学机关必然要费心整理出一部第三帝国文学家族谱系来，力求将德国文学思想中的有利资源都整合进来，借此来证明自身的合法性。德国剧作家、诗人赫贝尔（Friedrich Hebbel，1813—1863 年）的悲剧作品《尼伯龙根之歌》（*Die Nibelungen*）就在此时应运而生，被国社党人尊为纳粹文学的奠基之作。其原因是它为德意志民族提供了一副完整清晰的历史血缘脉络图谱，从而为德意志民族的共同感奠定了坚实的基础；此外，瓦格纳关于德国民族神话的剧目也深受欢迎。在他的剧作中，塑造了一大批骁勇善战的日耳曼英雄形象，不仅绘制了德国的神话建构，勾勒了德国的历史谱系，更通过直言不讳的反闪族理论阐发了他的民族主义立场，从而被用以加大对民众的宣传攻势。纳粹文学部门所做的这一切，就是想要在希特勒和德国民族精神之间建立其一种一脉相承的关系。这种文学样态秉持一种倒退的艺术观念，文学的前瞻性在他们那里变成了彻头彻尾的向后回顾，一直回顾到民族历史根结处，回顾到代表着德意志精神的丰沛壮美的古典主义时代。在他们看来，苍白、肤浅的现代主义文学是对民族强壮精神的扼杀。他们对此前所有的文化与文学遗产，都围绕其政治目的加以利用，歪曲阐发以期增强自身文化统治的历史必然性与合法性。

（一）纳粹政权的文化策略

希特勒本人也非常清楚文学在其统治内所发挥的作用，尽管他通过种种手段十分成功地颠覆了魏玛共和国，但是他明白如若没有德国上下数量庞大的工人与农民的支持，他这个"千年帝国"根本无法维持。强权和欺骗往往只能在短时间内发挥效用，要维持帝国的长治久安必须要加强文化宣传上的力度，这样他的统治权力基础才可能逐渐稳固，并从思想根基上保证帝国的屹立不倒。因此在纳粹攫取政权之后，希特勒授命戈培儿（Paul Joseph Goebbels，1897—1945年）在帝国中心建立起一整套赏罚分明、切实可行的文化控制体系。1933年11月30日，希特勒在帝国上下颁布了《国家防卫法》《设立帝国文化部法案》和《保护日耳曼血统和日耳曼荣誉法案》。这些法案旨在全面控制帝国境内的文学出版，禁绝所有马克思主义的作品以及所有犹太作家的作品，并将全部的出版社、图书馆控制在帝国文化机构的监控之内。他们推行的"意识形态一体化"策略的重要阵地是报纸杂志。纳粹当局专门针对此颁布了一道特别法案《报刊法》，在其中规定：只有拥有纯正日耳曼血统的人才能够担任报刊编辑和记者的职务，并且要在一个时间段内彻底清除帝国境内所有非日耳曼的报刊以及相应的编辑和记者。其中一个比较有名的例子是当时德国最负盛名的报纸《伏斯日报》，该报创办于1704年，在近两百年的发展中形成了深厚的自由主义传统，并且其撰稿人多是德国历史上赫赫有名的思想家和哲人，其国际声望甚至可以与英国的《泰晤士日报》媲美。但是，帝国文化当局以其投资方乌尔斯坦因出版社的老板是一名犹太人为由，彻底禁绝了这份报纸的继续刊发。这还只是一个例子，在德国境内无数秉持非纳粹立场的报刊在一夕之间尽数凋敝，有些报纸诸如《法兰克福报》在清除了所有犹太因素之后，虽然勉强维持了其运营，但是却在彻底丧失其固有的人道主义关怀的立场之后，失去了大量读者群，最终也不得不走向破产。按照纳粹政府颁发的这一《报刊法》规定，清除了非日耳曼因素的各类报刊的编辑们还必须万分小心，严格遵守"要使报纸上不得有任何误导群众、假公济私、可能削弱德国的外在或内在力量、德国人民的共同意志、德国的国防及其文化和经济……或者有损德国的荣誉和尊严的东西"[①]的要求。这样一来，各家报刊完全丧失了言论出版的自主权。由于所有的新闻报道和文化讯息都必须接受纳粹政府的严格控制，这就导致了报刊言论单调重复、千篇一律的后果，也造成了在纳粹执政的四年之后，各类报纸的销量一落千丈，报刊的数目也因此大为缩减。众所周知，魏玛共和国宪法曾经规定了新闻自由的权利，为德国报刊业的发展提供了良好的基础，从而使得德国的报业得到了空前的发展，德国也因此成了欧洲最早的一个出版自由国家。德国的报刊在其历史上，就因公共文化领域的影响力而对德国社会发挥着举足轻重的作用，这一作为关涉公共事务、刊发文化动态、培养市民阶层趣味的文化阵地，却在纳粹政权的高压遏制下，最终走向了凋亡。在第三帝国内部，除了各种为帝国文化歌功颂德，描绘其歌舞升平的文学作品之外，其他表现传统文学意涵的诗歌、散文、戏剧几乎都面临源泉枯竭的境况。举国上下，唯有体现纳粹党思想意识形态的文学才呈现出蒸蒸日上的趋势。

纳粹政权的文化策略除了一系列的强制法案之外，还体现在运用各种政治宣传手段来对广大民众加以潜移默化的麻痹和影响。大量涌现而出的纳粹官方文章，散布街头的各种领袖标志与口号，蛊惑人心的希特勒广播演说、广场演说，乃至包含着赤裸裸的种族意识形态的海报、政治宣传册

[①] [美]威廉·夏伊勒：《第三帝国的兴亡》（上），世界知识出版社2005年版，第348、43页。

等，都运用了极端的纳粹语言对民众大肆进行了意识形态化。纳粹文化策略的核心是按照种族主义原则，将广义的文化划分成两个独立的部分，其一是"德意志文化"；其二是"非德意志文化"，采取的手段是大力鼓吹"德意志文化"的纯洁与高尚，极力贬低"非德意志文化"的低下和卑劣。根据纳粹著名理论家阿尔弗雷德·罗森贝格（Alfred Rosenberg, 1893—1946年）①的观点，"德意志文化"的界限其实是模糊的，其边界仅仅就是由德意志人而非任何低劣种族包括犹太人所创造的独一无二、歌颂雅利安人高贵血统的文化成就。为了使民众掌握不同文化的分野，纳粹文化当局采用了各种抽取了个体意味的集体化称谓，例如，两个界限分明的群体："德国人"——"犹太人"，"人民"——"敌人"，"日耳曼民族"——"犹太杂种"，等等。这些纳粹思想毒素的实质是通过日常语言与日常生活对民众进行思想上的法西斯化。一整套严密的纳粹话语体系在一波又一波的宣传攻势下，被不断移植到民众个人的思想体系中。这一移植意味着民众将逐步丧失独立的思维与判断，从而在精神文化层面彻底沦为纳粹的俘虏。

在一个经济、社会和政治大动荡的时代中，民族的统一和团结是一个极端诱人的社会理想。在这种历史背景下，纳粹文化宣传机制为广大民众勾勒了一幅幅符合这一社会理想的图景——在这个乐园中，国家强盛、经济繁荣、帝国上下都是纯洁的日耳曼民族，彼此之间团结一致。这自然能激起饱受奴役之苦，忍受饥饿贫困的德国民众的欢迎。希勒特领导下的强权政府，终结了魏玛共和国的软弱腐败，通过文化法令的推行，以及一系列积极的意识形态宣传攻势，清除了非德意志的"毒素"，为德国上下整肃出了一个貌似"纯洁"的思想国度，并且通过文化谱系的勾勒，为德国

---

① 纳粹德国中的一名重要成员，为纳粹党党内的思想领袖，罗森贝格的代表作是《二十世纪的神话》，在书中他极端荒谬地幻想、杜撰了这样一幅图景：世界历史中只有一种高贵的人种——北方民族雅利安人，这种碧眼金发的雅利安人，从北方多次如同巨大波浪式地发散，涌向世界各地，创造了世界历史；连希腊罗马文化都要归功于北方民族，希腊光明之神阿波罗的金发、雅典娜的蓝眼睛，即可为证；全世界都是日耳曼人为主的西方民族的殖民地，自古以来即已如此；科学文化和一切进步发展，也都源出于日耳曼人的创造性；而人类历史就是雅利安日耳曼人与犹太人之间种族斗争的历史。既然日耳曼人过去那么光荣，未来就应主宰世界。

人民塑造了返归传统和保守的历史文化根基。只是这一美好的文化构想，却在不久之后变成了德意志民族的集体噩梦，正是在这一幻景的引领下，纳粹德国给整个欧洲乃至整个世界带来一场巨大的浩劫，也导致了刻在人类现代史耻辱柱上的奥斯维辛惨剧。

（二）焚书运动——"自我净化"（auto-da-fé）

俄罗斯思想家赫尔岑（Alexander Herzen）曾说："书，这是一代人对另一代精神上的遗训。"德国诗人海涅（Heinrich Heine）也曾经在其作品《阿尔曼索》（*Almansor*）中说过一句非常著名的话——"从烧书到烧人之间仅有一步之遥"。纳粹时代最耸人听闻的"文化活动"无过于发生在1933年5月10日的焚书行动。法国作家罗曼·罗兰（Romain Rolland）曾在一封公开信中将这一行动称为自我净化"auto-da-fé"。毫无疑问，罗曼·罗兰使用这个词汇，是富有深意的。他运用这一名词，将纳粹焚书与发生在1634年马德里宗教裁判所的焚书行动加以映射。这个历史上著名的宗教文化迫害与当代的纳粹集团的焚书运动之间，最根本的关联在于，纳粹帝国其实与人类历史上任何一个扭曲人性、丧失理智的团体之间，在思想层面上是存在着共通性，历史的车轮在滚滚向前之时，还存在着某些惊人的相似性，这是值得后人警醒并且引以为戒的。当然，焚书作为一种清除思想界反对派的行径在德国并非独树一帜。早在1817年10月18日的瓦特堡节（Wartburgfest）[①] 上，就曾发生过与之相似的焚书事件。即便在魏玛共和国时期，对左翼分子和许多和平主义者的审判和追捕也并不少见。但是，与此前所有行动对比起来，发生在纳粹帝国的焚书运动有着更加深刻的意义。因为这次行动不论是在规模上，还是从其持续时间，乃至影响范围来看，都是德国历史上独一无二的。帝国上下所有的反对派都是其打击的目标，而其浓重的种族主义色彩和严厉、迅速、全面的行动更是十分少见。焚书运动的口号是，彻底清除非日耳曼的文学作品，为帝国整饬出

[①] 指1817年10月18日，发生在瓦特堡的大学生集会，抗议拿破仑统治时期的种种规定，率先提出德国统一的希望，为自由和民主而战。

一个洁净的思想文化空间。

这场运动从1933年4月12日开始准备，一直到5月30日公开进行，主要是由"德国大学生"（Deutsche Studentenschaft）来执行的。这个组织成立于1919年，自其创立之初就带有反闪族主义与保守主义的倾向。在进行大规模的公开焚书之前，其组织成员在焚书行动之前，就迅速进驻德国各大高校，开始散发印有纳粹思想的各种传单海报，借此向高校的教师与学生宣传即将到来的一场文化"大清洗"（Suberung）。此外，在进行真正的公开焚书之前，这一组织就通过各大图书馆与各大书店的地毯式清检方式，拟就了一份详细的应焚图书的黑名单，并公开刊发在德国的各大报纸上。在这份名单中不仅有犹太作家，还有与这些犹太作家联系的其他族裔作家，以及各种布尔什维克团体作家、人道主义和平主义者的作品等。这一行动的首要目标是德国境内各种由犹太人写就的书籍与报刊，想要通过搜检、下架、清除、焚烧等极端方式彻底清除德语文学中的思想"毒素"，以期达成对文化的绝对控制。在他们看来，德意志需要的文学是清一色的日耳曼文学，只有这种文学才能彰显民族的精神血脉与精神气概，只有彻底清除非日耳曼的文学因素，尤其是犹太因素，才能彻底结束腐朽堕落的现代主义思想之根，重返庄严理性的德意志文学的家园。当然，打着文化"大扫荡"的旗号，利用年轻的德国大学生组织清理德国文学秩序，还有另外一个目的，那就是意欲在清理"毒素"文学作品的同时，运用纳粹文化思想对德国的大学进行重新整饬。其目的是清除高等文化精英领域内的犹太因素，将那些非日耳曼民族的教职人员以及犹太裔的学生彻底清除出去，这样一来，纳粹文化政权就能够从帝国精神的高处彻底控制德国的文化精英秩序。

各项准备工作悉数完备之后，1933年5月10日，在德国将近30多所大学中，一场由激情昂扬的大学生激进分子们举行的大型焚书仪式开始了。虽然各地举行的焚书仪式稍有不同，但大都伴有振奋人心的军乐，疯狂和歇斯底里的吼叫以及声势浩大的火把游行，以及轮番上阵的爱国演说等基本元素。若从规模而言，最大的当属在柏林举行的焚书仪式。在柏林约有4万多人聚集在歌剧院和柏林大学之间的广场上，另外还有4万多人站在街道的两旁，每一个人都紧盯着学生们驾驶着满车满车的书籍、报刊从街道上通过。参与游行的学生大概有 5000 多名，他们唱着纳粹的歌曲在将近子夜时分来到了广场之上。此时已经有一个巨大的柴垛矗立在广场之上。纳粹军乐队正在夜幕中奋力吹奏着昂扬的乐曲。学生们用火把将从车上卸载下来的图书点燃，投入巨大的柴垛，一堆接着一堆，直到整个柴垛升起了熊熊大火。围观的人群开始大声呐喊欢呼，在他们的呼喊中，德国历史上十分有名的思想家和作家纷纷被冠以"欺骗者或者文学投机者"的罪名，甚至被斥责为"背叛、贬低德国文学和德意志理想者"，等等。在他们看来，任何破坏家庭、爱情、婚姻的书籍，任何败坏思想道德、动摇成功意志的书籍，以及任何损害德意志思想根基的书籍，任何损害祖国与人民的书籍都应该在焚烧之列，因此他们激情昂扬，失去了理智。焚烧仪式的高潮在戈培儿登上演讲台之时得以形成。

他的演说充满了纳粹时代独特的鼓动力：

> 同学们，德国的男人们和女人们！犹太人的极端理性主义时代已经结束。日耳曼革命的成功重新把日耳曼人的灵魂引领到正确的道路上来。在今晚这样一个时刻，你们把以往的异端邪说抛到火里，你们做得很对！这是强大、伟大并且具有象征意义的行动。这个行动在全世界面前证实了十一月共和国已经消失了的事实。从这些灰烬中将飞出新灵魂的凤凰。让我们映着火光宣誓：帝国、民族、我们的元首阿道夫·希特勒，万岁！万岁！万岁！纳粹较量几乎是不可能的。①

按照戈培尔的说法，焚书运动的最终目标是通过这个富有象征意义的大动作来表明魏玛共和国的思想文化基础已经被彻底摧毁，第三帝国民族精神的凤凰将在这火光的废墟中得以涅槃，展翅高飞。这一焚书行动的意义在于，第三帝国的文化不仅在摧毁德意志根深蒂固的旧思想观念上是无比伟大的，而且在创造一种新的文学思想观念上也是无比伟大的。正如我

---

① [英] J. M. 里奇：《纳粹德国文学史》，孟军译，文汇出版社 2006 年版，第 46 页。

们所看到的，纳粹时代的主流文学首先面临的就是一个时代精神范式的彻底转化，这场革命绝不仅仅是高校内部书桌上的文学革命，而是一场波及整个帝国思想根基的思想革命。因此，希特勒在夺取政权之后，就马不停蹄地指导了这一德国文学的彻底改造，这场焚书运动是他期待良久的文学上的"清除"，精神史意义上的"自我净化"。他们打出的是"反对堕落和道德败坏，拥护纪律及家庭、国家的伦理道德、反对政治冷淡和背叛、捍卫国家的民族共同体"[1] 这一系列冠冕堂皇的口号，谁又能够对此加以反抗呢？当然，对第三帝国的文化实行纳粹化的措施，除了焚书之外，还有许多形式，诸如禁止上千种书籍在书店的出售，以及在图书馆之间的流通。此外，纳粹的文化部门还通过各种手段禁止多种门类新书的出版，通过人类历史上从未见过的大规模的文化管制措施紧紧锁闭了通往自由文化的大门。

（三）集中式的文学改造

借由焚书运动，新上台的纳粹政府及时解除了德国原有的文化权威地位，对文学进行了集中清理，以求把文学变成捍卫雅利安种族、增强民族性的利器。1933 年 11 月，戈培尔在帝国宣传部（Reichsminister für Volksaufklärung und Propaganda）建立了文化协会（Reichskulturkammer，缩写 RKK），总部设在柏林，戈培尔任该文化协会的主席。德国图书贸易行业的专业组织"德国图书贸易协会"（Börsenverein für den Deutschen Buchhandel）和帝国日耳曼作家协会也被迫加入了帝国文化协会。该协会下设德国美术协会、德国音乐协会、德国戏剧协会、德国新闻协会、德国广播协会、德国电影协会、德国文学协会七大部门。按照帝国文化协会的规定："为了推行德国文化的政策，必须使各方面的创造性艺术家都集合在国家领导下的一个统一的组织中。不仅必须由国家决定思想方面和精神方

---

[1] ［美］德里克·K. 伯查尔：《柏林为纳粹焚书事件所动》，张允若译，《纽约时报》1933 年 5 月 11 日。

面的发展路线，而且还必须由国家领导和组织各种专业。"① 所有在相关文化领域进行研究工作的人士，都被强迫进入该协会的统辖，而帝国文化协会下达的各种文化领域的指令都具备了最高的法律效力，任何试图违抗这些指令的人士，都要接受严厉的惩戒。这就意味着每个意欲在德国进行创作活动的文化人都不得不成为帝国文化协会的成员，否则他就不可能、也没有权利从事自己的专业活动。此外，帝国文化协会还通过会员资格审查的方式，来甄别参与人士的种族属性、政治信仰、文学流派等，运用严格的政治指令来"指导"文化的日常运作。这样一来，通过帝国文化协会对德国文化活动的总体控制，就可以形成一支完全为纳粹政权服务的"纯洁"的文化军队。这支庞大的文化军队在此之后不仅成了纳粹时代政治宣传的主力军，更成了德国民众日常文化生活的隐形控制者。几千万德国人完全丧失了自主选择的权力，他们能够看到怎样的美术作品，能够欣赏怎样的文学作品，甚至能够看到怎样的戏剧电影，能够收听什么内容的广播新闻等，完全受到了帝国文化协会组织起的这批文化军队的辖制。谁能想到，一个曾经拥有悠久文化传统的民族在20世纪30年代竟然堕落到了如此低水准的文化水平上来。所有的艺术手段都变成了为纳粹政权宣传服务的工具。为了挣脱此种文化钳制，1938年底，大约84批5000余名的德国文化艺术界人士开始了流亡国外的生活。其实他们在某种意义上是幸运的，因为他们躲过了在此之后600余万犹太人所遭受的厄运。

戈培尔建立帝国文化协会直接受命于希特勒，其目的是让第三帝国的文化活动发挥为纳粹政权服务的目的，为了达成此种目的，他们不惜直接将政治任务派给各个领域的艺术家，让他们将这些生硬的意识形态内容镶嵌在文化艺术作品中，从而完成帝国思想净化与意识形态认同的任务。用他的话来说，就是要团结、带领、教育和改造文化领域的精英们，把他们统一到帝国的领导下，赋予他们统一的方向。在帝国文化协会的这七大部门当中，最为重要的部分是帝国文学协会（Reichsschrifttumskammer，缩写

---

① ［美］威廉·夏伊勒：《第三帝国的兴亡》（上），董乐山等译，世界知识出版社2005年版，第89页。

RSK)。这是第三帝国控制文学的唯一内阁机构，也是在这一领域最有势力的纳粹组织，其功能远远超过了帝国文化协会中的其他几个部门。这个协会有一个十分严格的准入制度和审查标准——"雅利安鉴定"（Ariernachweis）。这个鉴定的中心思想就是要求德国作家们以书面方式来保证对国家的忠诚，承认国家拥有无条件的"审查和管理的权利"。这个条款本身不仅是德国作家的入门砖，也是培育形成第三帝国精锐文学尖兵的必要条件。在戈培尔的规划下，帝国文学协会对德国文学进行了三个阶段的改造。

（1）在1933年之前主要采取斗争攻势，将所有闪族主义，非日耳曼文学从德意志文学的沃土中清除出去。

（2）1933—1936年运用纳粹政权的国家机器对帝国内部的文学生产和流通进行全面的整肃和清理工作。

（3）迎接1936年之后文学纳粹化的阶段，宣扬文学"一体化"（Gleichschaltung）运动，将文学定位成主流意识形态的利器，使得政治写作变成时代的主流。

当然，除了整肃之外，纳粹党政府也采取了一些"软"措施。他们声称第三帝国政府是比以前所有政府都好的艺术守护神。例如，戈培尔的宣传部设立了国家图书和电影奖；甚至希特勒本人也出面设立了国家艺术与科学奖。德国图书周、柏林图书周和魏玛作家节的举行把第三帝国的图书出版工作推向了高潮。可以说纳粹政府的文学推广之效率是惊人的。他们将作家、出版商、书商到图书馆员之间的关节以一元化的方式迅速联通起来，从而保证了纳粹文学作品以军火传送的速度，展开创作、流通和最终的监管。当然各种进入"黑名单"的书籍是根本没有机会进入这一流通渠道的。从此，第三帝国的文学市场出现了一派欣欣向荣的局势。一大批热烈赞颂新帝国的纳粹"诗人"们涌现而出，他们用自己的作品唱响了纳粹帝国文学的繁荣。

（四）"血与土"（Blut und Borden）的文学

如果说，有哪种文学形式最能代表纳粹时代的主流文学，那无疑就是

"血与土"的文学。其基本要素归纳起来，就是对强者的赞颂与对乡土和血统的迷恋。农民被视为日耳曼民族最忠贞的文化传承者（Kulturtrager）。

"血与土"是纳粹信仰的基本准则，一方面，在德意志历史发展的进程中，分散的日耳曼部落逐渐聚合，最终融合成一个统一的民族。所谓"血"指的就是在世界所有人种中，唯有纯正的雅利安人"血统"最为高贵，其他的人种都是劣等民族。而雅利安人中的最重要代表就是日耳曼人——即包括德意志人和居住在斯堪的那维亚半岛上的北欧人。与民族血缘息息相关的是其文化根源。纳粹党人否认欧洲文化的源头始于古希腊，却认定这一文化源头始于北欧，而北欧的诗歌、神话和传说为整个雅利安人勾勒出了完整的文明谱系，是高贵的文化源头。正是出于此种原因，希特勒最为推崇的就是瓦格纳的歌剧，因为这些歌剧多以北欧神话传说作为素材。而在北欧神话中，强力一直占据着统治地位，据此希特勒就认定，高贵的日耳曼人必须要遵守这一强者生存的原则，彻底摒弃低等民族的牵绊，依靠拥有高贵血统、具有钢铁般意志的日耳曼战士谱写统治世界的新世纪神话。另一方面，对血的崇拜也代表着对母亲的崇拜。德国女作家约瑟法·柏伦-托滕（Josefa Berens-Totenohl，1891—1969年）曾在1938年的一篇题为《妇女是民族的创造者和延续者》（*Die Frau als Schöpferin und Erhalterin des Volkstums*）的演讲中阐释了这一关系[1]。而所谓的"土"，指的就是乡土。德国长期停留在农业和半农业阶段，其城市化的发展进程较慢。因此在德国的思想文化传统中有一种根深蒂固的"原乡"情节。纳粹党人便以此作为一个思想立足点，鼓吹德意志民族只有在返回"原乡"之后才能重新找回失落的民族风俗以及民族尊严。日耳曼民族的高贵与纯洁也深深根植于这一片广袤的土地之上。土地，在他们眼中不仅是衣食生存的来源，也是他们证明自身的标志。同时，一个充满民族自豪感的日耳曼人，必须为自己的民族争夺更加广阔的生存空间，这是每一个日耳曼战士的神圣使命。纳粹诗人赫尔曼·克劳狄乌斯（Hermann Claudius，1878—

---

[1] Hannes Tuch, Klaus Peter Wolf (Bearbeitung): *Mein Denken an Dich. Biografie der Josefa Berens-Totenohl.* Haag und Herchen, Frankfurt am Main 2000, S. 143.

1980年)曾经在他的诗篇《打仗》中写过这样的句子:"我的鲜血流淌汩汩,也要向你致以最后的敬意,神圣的土地;你看着我的面孔,默默无语,好像你不愿我牺牲,神圣的土地……"① 其中,土地的观念得到了极大的彰显,土地与国家的命运、个人的命运紧密相连。

可以说,在"血与土"文学的号角下,城市变成了遍布罪恶的人间地狱,是各种腐朽堕落的因素赖以生存的温床,只有在淳朴的乡间的土地上,日耳曼民族才能复归大地母亲的怀抱,才能重新找回"天生的古朴",从而产生民族奋进的道德激励。在这片土地上辛苦耕耘的农民,在某种意义上是大地母亲的守卫者,也是日耳曼民族灵魂的守护者,他们的不朽与崇高在于他们从民族祖先那里承继了坚毅、忠诚、勇敢的优秀品质和集体意识以及大无畏的献身精神。而雅利安人的高贵血统正是一代代的农民与土地结合而形成的统一体,这种血脉相连的纯洁血缘,是德意志人最根本的民族价值与自身价值的所在。农民化身成了民族生存的动力,是雅利安民族纯洁与准确的重要保证。纳粹政治理论家瓦尔特·达里(Walther Darré,1895—1953年)在其作品《农民是北欧种族的源泉》中就曾宣称:"日耳曼种族,因而也是我们德意志民族,具有卓越的生存规律,而它的血统只有在农民中才是永存的。在城市里,它迟早要干涸。由此可见,农民是德意志民族生命的源泉。"② 只有维护血缘的纯洁才能继承和发展属于德意志民族的帝国,才能谱写出伟大的帝国复兴的神话。

若要追溯"血与土"文学的形成过程,必须要追溯到1929年。当时,德国作家奥古斯特·温尼希(August Winnig,1878—1956年)在其小说《作为共和国的帝国》(*Das Reich als Republik*,1928年)中第一次使用了"血与土"这一术语作为小说章节的标题。此后,这个浓缩了浓厚德国思想传统的术语便开始在当时保守主义人士的圈子中流传开来。在第三帝国成立之后,瓦尔特·达里用这一术语作为其演讲和论文集《血与土,国家社会主义的基本观念》(*Blut und Boden, ein Grundgedanke des Nationalsozial-*

---

① Claus Schuppenhauer: Hermann Claudius: über einen groβen plattdeutschen Lyriker. in: *Quickborn*, Bd. 89 (1999), S. 28.
② 参见苏联科学院编《德国近代文学史》(下),人民文学出版社1984年版,第564页。

ismu）的标题。在其中他大肆鼓吹日耳曼血统和土地意识，"血与土"（Blut und Boden）几乎成了纳粹主义最煽情的宣传口号。而从题材传统的角度来看，它与19世纪以来关于农民生活描写的"乡土文学"有很大的联系。这种文学样式主要是以19世纪末期处于转折期的农民在乡间所发生的故事为主题，意在表征工业社会对乡土社会的影响，颂扬农民的淳朴和转型期的阵痛。"血与土"文学的内在因子是对现代文明的仇视，是一种极度狭隘保守的民族主义情结，也是一种非理性的种族主义，通过对日耳曼英雄人物的塑造和刻画，为年轻人树立其民族情感的典范，使其不断坚定民族的信仰和传统。其对神话的热衷和对现实社会的逃避，无不表明其内在反社会、反历史的倾向。与此前的浪漫主义以及表现主义文学相比，"血与土"文学避免使用任何语言的实验，在其文章内部也回避了理性分析，甚至在其后期堕落成了一种失去理智的狂热歌颂、愤怒、抨击和歇斯底里的呼喊。

纳粹"血与土"的文学从题材上来说，大致可以分成五类。农民题材、历史题材、纳粹运动题材、军事题材和地缘政治题材。"血与土"文学的最典型题材应属农民题材。在纳粹思想家眼中，广袤的德国乡土是与城市文明相区别的"纯净区域"，在这里，神秘的自然力主宰和支配着农民的生活，德意志民族最深处的秘密也隐藏在这片土地上。山川、河流、树木是日耳曼人生活的基础，也是其团结群体精神的载体。唯有农民能够孕育出合格、高贵的日耳曼战士，重建帝国的盛景；由于希特勒本人对历史的鼓吹，"血与土"文学中的历史题材也十分常见。只是历史在这里变成了纳粹政权赋予其统治合法化的工具，历史事实不仅遭到了无情篡改，更被任意涂写。为了制造出一个源远流长的帝国传统，他们不惜嫁接历史的枝节，将希特勒塑造成为了"千年帝国"最合法的掌权人，是能够带领德国民众彻底脱离黑暗的救世主；纳粹运动更是贯穿"血与土"文学的主调。其最流行的题材就是各种各样、简短精悍的群众性歌曲。他们被冠以了"政治抒情诗"和"刺刀抒情诗"的美名。在这些作品中，希特勒被美化为神一般的领袖，群众要在他的引领下结成"人民共同体"，共同奋进，踏上民族振兴的征途。最著名的一首诗歌可算是《霍斯特·韦塞尔之歌》

(*Horst Wessel Lied*)①；军事题材的"血与土"文学，主要是为希特勒的战争服务的。在这种文学中，战争被高度美化，成了日耳曼战士忠于祖国的实验场，更被涂上了瑰丽的浪漫主义色彩。纳粹党人更是鼓吹，唯有经过战争的炼狱，才能最终达成精神的洗礼；在德国的殖民侵略中发挥重大作用的地缘政治题材的"血与土"文学，则打着德国人需要更多"生存空间"的口号，感召无数德国人踏入战场，为完成祖国赋予的责任浴血奋战。其代表作家应该算是汉斯·格林，他的长篇小说《没有生存空间的民族》就是这一文学题材的力作。

总之，以"血与土"文学为代表的纳粹德国时期的主流文学以种族主义理论为指导，大量应用了神秘主义中的本能、血缘的概念，糅合了日耳曼民族神秘意志与使命等内容，是一种理性的反动，更是一种倒退的文学理念。它回避了个人化的书写方式，而以类型化和群体化的脸谱取而代之，变成了第三帝国政治策略的传声筒，意识形态的宣传工具。以下我们将从具体的诗歌、小说和戏剧的角度切入对这一文学类型的理解。

1. 纳粹时代的诗歌

在纳粹掌权之前，表现主义诗歌繁盛一时，众多小型刊物在一夜之间冒了出来，来自德国各地的诗人们兴高采烈地在这些刊物上享受战后的新自由，发表他们的诗作。在这其中虽则夹杂着大量迷狂、晦涩、难懂的作品，但是也有不少伟大的诗人涌现出来。不难想象，这段文学繁荣期随着魏玛共和国于1933年的终结而结束。随着第三帝国的建立，数量庞大的体现"血与土"文学特色的诗歌大量涌现。这些诗歌大都带着直白、粗野和振奋的形态迎合着新政权的文学主张。大量的诗歌作品被谱成歌曲，走上街头。

下面节选的著名纳粹诗人海因茨·施特古威特（Heinz Steguweit，1897—1964年）的《德国》一诗中的片段：

---

① 霍斯特·韦塞尔（Horst Wessel）：1907年生，1926年加入纳粹党，1930年2月于柏林街头殴斗致死；曾根据旧歌，撰写纳粹党歌《高举旗帜》，纳粹党为纪念他，将其改名为"霍斯特·韦塞尔之歌"，为党歌和第二国歌。

兄弟们，难道恐惧之情
就是我们仅有的一切？
爱天空吧，爱大地吧！
爱古老的森林！
在父亲们去世的地方播种，
在母亲们安息的地方收获，
在每一束禾把中，
捆入你的虔诚！上帝把我们的血
系在养育我们的土地上。
谁在劳动中找到上帝，
谁就得到面包的恩赐！
兄弟们，将你的恭顺
深深地注入灵魂，
你很快就会懂得
民族存在的秘密！①

  毫无疑问，这首诗就是典型的"血与土"诗歌的代表。在这首诗中，血已经脱离了个人的象征含义，变成了与整个民族命运紧密相连的象征。德意志民族的生存与发展就蕴藏在土地和血统之中。虽则诗歌在表面上只是对土地和农民的讴歌，但是在纳粹时代却俨然变成了种族主义的号角。因此，这种类型的诗歌大都没有什么深刻的情感，所表达的只是纳粹党人彻底反现代、反犹太的思想立场。这种诗歌与其说是抒发情感，毋宁说是鼓动人心，为的是将民众聚合成一个民族共同体，跟随纳粹政权夺取民族希望的未来。这种类型的诗歌，大都隐藏着巨大的暗示，即此时此刻，德国，你们的祖国正处于危险之中，唯一能够破除此种危险的可能，就是跟

---

① Ernst Loewy: *Literatur unterm Hakenkreuz. Das Dritte Reich und seine Dichtung. Eine Dokumentation.* Frankfurt am Main: Europäische Verlagsanstalt, 1966. Gebunden, S. 48.

随代表着日耳曼高贵民族思想的领袖，只要跟随他的脚步一同迈入前进的行列，所有的苦难都会终结，这就是蕴藏在"血与土"诗歌中的奥秘。与此同时，这类诗歌大都不适合个体阅读，而更适合大街上的游行，伴随雄壮慷慨的军乐，高高飘扬的军旗，意气风发、全副武装地投入斗争的洪流。在这种群众街头的融合中，个体将克服孤立无援的状态，融入强大的民族共同体，成为国家力量的一分子。

当然，除了"血与土"的诗歌之外，还有一种名为"钢铁浪漫主义"的诗歌在纳粹时代也十分风行。1933年11月15日，戈培尔在一篇题为《德国文化面临的新任务》的演讲中，提出了一种钢铁浪漫主义的诗歌形式。演讲指出，在诗歌的发展方向上，要倡导用"钢铁浪漫主义"来整合所有理想的因素，包括日耳曼英雄形象、纳粹运动的进军者、所有的农民和工人以及德国浪漫主义传统中富有永恒意义的历史、自然和神，并将这一切整合为一个民族共同体。其目标是重建德国民族之魂魄，让所有的日耳曼人重新塑造起生命的价值，用革命的胜利希望来取代琐碎日常生活的失望。当然，这种"钢铁浪漫主义"诗歌并非仅仅指那些政治浪漫诗篇，那些富有宗教意味，神秘庄重的庆典诗篇其实也包括在内。除此之外，淳朴的自然诗篇也是其中很重要的一个组成部分。从总体来说，"钢铁浪漫主义"诗歌可以称作是"传统德国文化"在纳粹时代的"高雅"表现，这其实不过是纳粹文化策略上的一种新的调整，他们希求借助这样一种革新形式，更牢固地掌握文学发展的动态，并且希求能通过这种策略，向德国民众兑现出现伟大诗歌的承诺，并且进一步造成德国诗歌传统在第三帝国时代得以延续的假象。

2. 纳粹时代的小说

纳粹时代的诗歌作品以其精悍和迅捷获得了大多数人的青睐，并且数量庞大，与之相比，为纳粹服务的长篇小说则显得数量不够庞大。这一点不难理解，因为在小说领域，左翼作家一直占据主导优势；而纳粹作家在帝国文化协会的控制下，不能也不敢对社会生活中的利益冲突现象进行剖析，只能一味地歌功颂德。因此，纳粹时代的小说一直没有新的风格出现，在技巧和语言方面也没什么突破性的发展。小说舞台主要被"血与土"的小说占据。

《希特勒青年党人奎科斯》（*Hitlerjunge Quex*）是纳粹文学时期最为成功的一部小说，甚至后来还被改编成一部纳粹电影。小说的作者是卡尔·阿洛伊·申辛格（Karl Aloys Schenzinger，1886—1962年），他创作这部小说的动因，是1932年发生的一起共产党员刺杀希特勒青年党战士赫伯特·诺库斯（Herbert Norkus）的事件。根据这一事件，作者在小说中铺展开了当时德国的社会全景。在这部小说被改编成电影之后，巴尔杜·冯·施拉（Baldur von Schirach，1907—1974年）作为希特勒青年党的头目，还参加了影片的首映礼。影片还得到了奥托·保格曼（Otto Borgman）的帮助，为其谱写主题曲，并且填写了影响深远的歌词"向前，跟着明亮的号角向前。"更加具有影响力的因素在于，希特勒竟然到了电影放映的现场，说是为了纪念这位死去的青年党战士。由此可见这部小说的影响力。与此同时，纳粹作家汉斯·法拉达（Hans Fallada，1893—1947年）也发表了一部相似题材的小说，名为《小人物——现在怎么办？》（*Kleiner Mann - was nun*，1932）。这两部小说通过年轻的希特勒党战士的死亡事件，赞颂其坚贞不屈的性格，褒扬此种为了挽救民族兴亡而牺牲个体的精神。为的是要让广大的青年人摆脱无所事事与琐碎无聊，本着为德意志民族复兴的责任感和使命感，向着"光荣"而"进军"。这些小说在当时的德国产生了巨大的影响，因为大批年轻人正彷徨无措地行走在现代社会的压抑之中，渴望着解放和自由，渴望着融入民族共同体，承担起自己的使命，看到前进的方向。小说的用意恰恰就是在向德国的年轻人发出呼吁，希望借助小说和电影的影响力，宣传希特勒青年党，并且鼓动更多涉世未深的青年加入他们的行列，从而建立起一支能够保证日耳曼民族纯洁血统和信仰，推进希特勒种族主义策略的先锋力量。

除此之外，纳粹小说家与剧作家埃米尔·斯特劳斯（Emil Strauss，1866—1960年）的小说《生之舞》（*Lebenstanz*，1940年）也是"血与土"文学的典型代表。在这部小说中，作者描绘了一名退役军人的形象。他虽然已经47岁了，但是对德国在第一次世界大战中的战败依旧念念不忘，每次回想起德国在战败中失去的领土都令他痛苦万分。于是他渴望着能够为德意志民族的复兴再次贡献自己的力量。但是现代都市生活给他的只是腐败、堕落、肮脏和混乱的景象，面对着这个仿佛"噩梦一般、臭气熏天的"由旋转的机器和流水线构成的世界，他的内心充满了极度的反感和厌恶之情，所以在小说的最后，这个主人公返归了乡间。他说，"我所能做的，只是在属于自己的农村的土壤上，去栽种日耳曼的民族之花，只有这样，才能为德意志人民提供更多的精神食粮"①。

"血与土"文学，在纳粹小说家弗里德里希·格里色（Friedrich Griese，1890—1975年）的笔下始终充满着非凡的生命力。这位作家出生于1890年，在1927年之时，就创作了一部风靡整个德国的小说《冬天》（Winter，1927），在小说中他塑造了在一个严酷冬天里，一个村庄中所有腐朽堕落的村民都被凛冽的冬风彻底扫荡，留在这个小村中里的就只有一对情侣。而这对情侣是这个村庄中思想最健康、体格最强健的一对。他们给村庄留下了希望，这个希望就是为德意志民族诞下符合高贵民族血统的后代。这样一种主题深受纳粹德国政权的欢迎，这位作者也就名正言顺地成了"血与土"小说创作的核心人物。此后他持续写作，并且在整个纳粹时期都受到了不断的赞誉，从而将"血与土"的文学加以广泛地阐扬和发挥，力求证明此种文学形式在纳粹帝国长久的生命力。

3. 纳粹时代的戏剧

如果依照纳粹宣传的看法，魏玛共和国时期的戏剧除了"色情、酗酒、病态、堕落、物质"以外，再没有什么有用的货色。因此他们相信，必须彻底清扫剧院，破除此前所有的腐朽因素，才能迎接戏剧在纳粹时代的新生。剧作家弗里德里希·格里色在其作品《泥土造的人》（Mensch, aus Erde gemacht，1932）中宣告了这一新"血与土"的戏剧形式的诞生。"我是一个人，你们看，是一个泥土造的人，正如《圣经》上说的，一个泥块造的人。……我可以趴在地上，在我的土地上匍匐前进，穿过树丛，越过壕沟和苜蓿地，永不疲倦。我是这样诞生的，我也将这样死去。"② 是

---

① Emil Strauss: *Lebenstanz Published in* 1943, Albert Langen (München), S. 176.
② Friedrich Griese: *Mensch, aus Erde gemacht*, Düsseldorf/Köln 1960, S. 95.

的，纳粹时代的新戏剧就是为了彻底消除魏玛精神的腐烂，重新复归日耳曼民族高贵的精神大地。

在戏剧革新的大潮中，剧作家理查德·尤林格（Richard Euringer，1891—1953年）横空出世，为德国民众带来了《德国的愤怒》（*Deutsche Passion*，1933），其主题是预示第三帝国的出现。在情节和内容上明显带有歌德剧作《浮士德》的因素。剧作中出现了善与恶两个灵魂，他们争夺拉锯，想要从德国人民手中抢夺德国的未来。而一位无名战士最终站到了舞台之上，向他们提出了决斗。这暗示了德意志民族唯有通过残酷的斗争，才能获得拯救，才能为一个崭新帝国的出现铺平道路。这个战士就代表着能够拯救德国人民于水火之中的领袖，唯有跟随着这位领袖，德国人民才能走出困境。在这里真诚的信仰把古老的耶稣受难的观念与对拯救德国人民的弥赛亚式领袖的期盼融合在了一起，同时也为第三帝国的出现奠定了宗教哲学上的意涵。这一剧目恰巧迎合了纳粹文化策略的要求，因而获得了极大的成功。

此外，依据"血与土"的精神架构，在纳粹时期一种新的"露天话剧"（Thing）① 形式得以成型。其实这种所谓的"露天话剧"有着悠久的古代日耳曼人的传统。在古代，日耳曼人需要在露天进行审判，整体气氛庄严、神秘、悲壮。而纳粹时期的戏剧恰恰借助了这种传统形式的革新，想在这种形式中植入德国新的民族共同体的气息，使得纳粹德国的文化策略吸收传统的涵养，得到更高的认可，同时也使得观众们带着共同的民族精神，在日耳曼传统的戏剧形式中体验和接受第三帝国的意识形态灌输，从而有效地避免舞台所造成的虚幻，更加有利于隐藏在剧目背后的纳粹文化的实现。其中比较有名的剧作包括，瓦尔特·达里对日耳曼神话改造而成的戏剧，在其中他将日耳曼民族的复苏同挽救濒危的汉诺威马种相提并论。而出生在德国边界的一个奥地利农场中的理查德·毕林格（Richard Billinger，1890—1965年）原本应该承接家庭传统成为一名牧师，但是却在成年之后放弃了神职，转而踏入戏剧界，摇身成为"血与土"戏剧最成

---

① 历史上日耳曼人举行的露天大会（会上进行审判、议事、决定对外作战等）。

功的代表之一。他的剧作主要以宗教神秘主义为主调，涉及城市与乡村之间的对比，揭示乡土大地上神秘的日耳曼民族泉源，以及个体在群体中的地位和命运，日耳曼的高贵血统在传承中的力量等，可以说他为"血与土"的戏剧奠定了坚实的基础。他代表作《鬼魂之夜》（Rauhnacht，1931年）获得了戏剧界的克莱斯特奖（Kleist-Preis）。1942年，还获得了慕尼黑城市文学奖（Literaturpreisder Stadt München）。此外，值得关注的剧作还有莫勒的《弗兰肯堡骰子戏》以及罗森堡《神圣的名字——德国》以及《牺牲》（1941年）等。

这类剧作大都情节简单、人物又多有象征和隐喻的气息，当然还融入了纳粹时期的各种特有的文化符号，包括进军者、军乐、镣铐等。此外，这类剧作还能以其庞大的规模，数量众多的演员和观众造成一种震惊效果，借着观众与演员之间无障碍的交流，引发人们融入庞大的民族共同体的意愿。参与性成了这类剧作的重要特点，演员和观众可以在剧场中一起高歌，一起大声朗诵，使得每一个参加者都有融入其中的快感。一出名为《德国行动起来！》的剧作，其演出阵容一度高达2000名，而剧目到高潮的时候，甚至涌现出了上万人，其中包括大量的冲锋队士兵。当然，不能仅仅将"血与土"的露天话剧视为一种艺术形式的倒退，它与纳粹文化的主潮是一致的。只不过它试图借用日耳曼的传统形式，使戏剧成为宗教的替代，成为一种能够呼唤民众战斗力的政治与民族戏剧形式。曾经有一个时期，帝国戏剧协会（Reichstheaterkammer）的主席奥托·劳宾格（Otto Laubinger，1892—1935年）曾多次在讲话中宣称，要在第三帝国的各处兴建四百处露天剧场。纳粹德国时期对"血与土"的"露天活剧"的推崇，其实质是追溯德意志民族的精神历史，并非单纯地复制现实，更主要的目的是要为第三帝国创造出崭新的日耳曼神话。

三 纳粹文学逆流简述

当然，反希特勒的文学并非只是在1933年后才出现的。恩斯特·托勒

(Ernst Toller，1893—1939 年)① 在 1923 年就写出了剧作《无法无天的欧堂神》(Wotan Unbound)，很有讽刺希特勒的意味。汉斯·法拉达（Hans Fallada）在他的小说《小人物——现在怎么办?》（1932 年）中也表达过反抗的立场。而到了 30 年代初，随着希特勒势力的不断增强，作家和知识分子的政治警惕性也开始逐步提升。1930 年 9 月的选举过后，托马斯·曼（Thomas Mann，1875—1955 年）曾大声呼吁民众要保持理智，不能狂热。此后，犹太作家艾里希·缪塞（Erich Mühsam，1878—1934 年）② 创作了大量诗歌嘲笑纳粹政府。在此期间十分活跃的还有左翼作家海因里希·曼（Heinrich Mann，1871—1950 年）、库特·希勒（Kurt Hiller，1885—1972 年）③ 等人。威利·蒙森堡（Willi Münzenberg，1889—1940 年）④ 组建了两支重要的反法西斯团体，他们是无产阶革命作家联盟（Bund Proletarisch-revolutioner Schriftsleller，BPRS）和革命艺术家协会（Assoziation revolutioner bildender Künstler Deutschhands，ASSO）。到了 1933 年之后，流亡开始成为大批反法西斯人士的选择，这不再仅仅是个别犹太作家的命运，而已经变成了一种普遍的情感体验。虽然在 18 世纪和 19 世纪乃至更早之前，德国就有因政见不同等原因，出现的转战海外的例子，但是从来没有过这么大规模的流亡现象。一大批科学界、学术界、职业界、艺术界、商业界、出版界、电影制片业，医学界、科学界的名人纷纷向海外出逃。据保守估计 1933 年后，约有 40 万人离开了德国，其中约有 2000 人是文艺界的骨干。这一大批具有民主、进步和革命思想文艺界人士的流亡，产生了德国文学史上光辉的反法西斯流亡文学。

当然，除了流亡者之外，在纳粹德国时期还有一大批留在德国继续抗争的人。他们秘密留在德国，以语言文字为武器，巧妙运用各种伪装策略

---

① 德国左翼剧作家，其表现主义剧作十分有名。代表作是 *Die Wandlung*（1919），*Masse Mensch*（1921），*Die Maschinenstürmer*（1922）等。

② 犹太剧作家，诗人，代表作有 *Die Hochstapler*（1904），*Die Freivermählten*（1914），*Judas*（1920）等。

③ 德国犹太政治家、杂文家，记者。曾被关进集中营，后逃亡布拉格和伦敦，1955 年回到德国。

④ 德国政治家，魏玛共和国时期德国共产党重要的宣传官员。

向纳粹文化部门进攻。虽然面临着巨大的困境,但是他们还是匿名为国内的非法出版物或国外的反法西斯刊物工作。他们被称为是第三帝国文学中的抵抗派。他们写下了大批文章、见闻录、呼吁、声明和各种杂文,向广大读者宣传他们的思想。这些抵抗派人士与纳粹势力展开的搏斗,可以称作是一场人道主义与野蛮势力的搏斗,给德国以及全世界反法西斯的人士带来了希望。

上述说的是一些纳粹体制外的作家,他们选择了抗争的方式,这需要巨大的勇气,因为他们面临的是生与死的较量。但是在德国纳粹独裁时期,还有一大批"内心流亡"者(Innere Emigration),他们没有巨大的勇气,也没有多少资本来与纳粹政权进行针锋相对的较量,因此他们只能将自己的想法深深隐藏在各种田园牧歌式的作品中,隐藏在各种历史神话中,运用大量影射、隐喻的方法进行消极的抵抗。还有很多人干脆躲进了纯文学的象牙塔,用诗歌来传达自己的内心。可以说,内心流亡成为德语文学界乃至其他强权体制下的一个特有现象:肉体被捆绑在了体制的战车上,内心却可以选择漠视、逃离甚至反抗。

正是在以上这三种反纳粹文学人士的努力下,德国文学的优秀传统不至于在第三帝国时期出现"断层",甚至还出现了进一步的发展,创造出了光辉灿烂的反法西斯文学,使得德语文学中进步、民主和人道主义的传统朝着历史的方向继续向前奔流。关于这一点将在后文中有进一步的论述。

政治的审美化

——戈特弗里德·本恩[*]

他并没有为希特勒写过一首诗。他也没有将自己的诗作降格为纳粹的宣传工具。但是，他却以一个大诗人的威望，委身于纳粹的服务。恰好在那段时间里，他们急需这么一批显赫人士的支持：就是所谓的希特勒上台后的1933年。1934年年中，当戈特弗里德·本恩（Gottfried Benn）跟他们决裂的时候，他们的体制已经足够完备，不再需要依靠这些小资产阶级的文艺分子了。

像马丁·海德格尔（Martin Heidegger）一样，本恩也被当作新掌权者的招牌，以便行使权力。在他们二人那里，对希特勒的支持是其思想的后果，他们两人都希望能对权力产生影响，甚至成为其中的一分子：海德格尔希望能成为当时所谓的第三帝国的首席哲学家，而本恩似乎想成为当时的普鲁士艺术科学院诗歌艺术系的主任，这个他为自己设定的服务于纳粹政权的名号。不过，他们最终都看错了。当纳粹政权得以巩固之后，他们

---

[*] 此篇为译文，原题为：Die Ästbetisierung der Politik：Gottfried Benn，译自 *Der Wahnsinn des Jahrhunderts：die Verantwortung der Schriftsteller in der Politik*；überlegungen zu Johannes R. Becher, Gottfried Benn, Ernst Bloch, Bert Brecht, Georg Büchner, Hans Magnus Enzensberger, Martin Heidegger, Heinrich Heine, Stephan Hermlin, Peter Huchel, Ernst Jünger, Heiner Müller, Friedrich Nietzsche, Hans Werner Richter, Rainer Maria Rilke und anderen/ Hans Dieter Zimmermann. -Stuttgart［u. a.］：Kohlhammer，1992. 本篇从多个侧面辨析了本恩在纳粹德国时期，服务于法西斯政权的内在心路历程。尤其是在通过对其历史观，政治哲学观以及艺术审美观的阐述中，为我们刻画了本恩纯粹而又复杂的政治审美化的倾向，对于理解第三帝国时期，表现主义知识分子的政治狂热与艺术追求，有着较好的启发意义。原载于《政治审美化——德国表现主义问题》，上海人民出版社2015年版。

就不再需要这些不太值得信任的声名显赫的知识分子。如果他们在1934年间真的取得了具有重要影响的位置，是否还想要脱离纳粹，这一点我很怀疑。应该说，他们在1934年已经退出了为纳粹服务的舞台，或者说纳粹已经不再需要他们了。他们真正被需要的时期是在1933年。

本恩在1933年发表了一个小册子，题为《新国家与知识分子》（Der neue Staat und die Intellektuellen）。里面收录了他在1933年初的两篇广播稿——一篇就是这个小册子的题目；另一篇就是臭名昭著的"对文学流亡者的回答"——在结语中，本恩提到，必须完成一个痛苦而冗长的"培育"过程。也就是德国人必须最终通过"教育"来完成向上的成长。在这个小册子中，同样也收录了本恩关于歌德以及自然科学研究的宏伟篇章，这篇文章，是他作为一个自然科学研究者，也就是作为一个医生，所能写出的这一主题中最为优秀的文章之一。

《新国家与知识分子》：新国家指的就是纳粹国家，关于这一点，本恩的表述毋庸置疑；而对那些为社会主义、民主以及思想自由而欢欣鼓舞的知识分子们，本恩所持有的只是蔑视之情。"在过去的十年间，所有被归诸知识分子的东西，都是对这个新的国家得以产生所进行的反抗。而这个国家就是为了抵抗他们而建立起来的。"[1] 在此，本恩并没有动用过多的言说技巧，事实上他跟这个新的领袖之间也并不是那么合拍。他只是完完全全地说出了自己的心声，让自己所有的感情都倾吐出来。他那看似长久的压抑，在顷刻之间奔涌而出：抵抗那些多嘴多舌的左翼，抵抗那些吵吵嚷嚷的自大者、抵抗那些议会演说家，抵抗那些工商业人士……总而言之，抵抗所有一切能被称为"现代"的东西。这一切都让人想要迅速挣脱。他并不是孤身一人，这让他觉得很幸福。他在找寻一种迷狂的状态，这一次不再需要借靠毒品，而是借靠一种来自政治的迷醉。历史的气息正在吹拂着他。在其中："我是以思想的名义，以及那些臣服于此思想的人的名义在说话。这种思想是如何看待今日的状况？当然，这不是那些诉苦者的思想。长久以来，他们像傻子一样，一直在民族的历史遗产中刨食，而最终

---

[1] G. Benn: *Der neue Staat und die Intellektuellen*. Stuttgart 1933.

所找到的，不过是一个软弱的主人公或者一个牺牲品而已。我在这里所说的，是那种必不可少的思想。这种世上超凡的力量，比钢铁还要坚硬，比闪电还要耀眼，它总是回响在宏伟乐曲之中，振翅在超验事件之中，这种思想又是如何看待当今的历史？"①

就此而言，所谓的知识分子自然就与这种伟大的历史转折格格不入了。他们所有的，是有前提、有道德的审美。但是，本恩却以尼采的决断对此加以驳斥。"历史并非驶向民主，而是驶回原初。它并非寻求协调一致，而是要将新的物种先行送走。它没有什么别的方法，就只是在此劳作与承受——运用时间的素材构筑它的创造、它的艺术理念——从不退却，只是劳作与承受，如同它所信赖的生命的基本准则。"② 这一点应当毫无异议，难道不是么？难道您还能说出什么不同意见来？作为一位皮肤科医生的本恩，哪里会知道，这里所做的一切，其实都是为了一个"新的物种"的诞生？如此一来，这里所要处理的，并不是什么民主同意，而是向着"原初"行进。其后，本恩会向我们阐释清楚，在历史之中一贯如此。因此，那些民主的废物完全就是多余的。同样的，当新的物种尚未诞生之时，自由还有什么用处？知识分子们所设想的那种自由，就是"无拘无束的商业与享受"，这可真是令人惊骇。

因此，这是非常重要的一个点！所有像本恩这样为极权而辩护的人，所希望的就是，将那些小人物苦苦找寻的生活层面的幸福全部夺走，转而变成国社党或者希特勒所命令的那样：即那些被他们称之为座右铭的教条——禁欲、缄默、顺从、工作、奋斗。现在我们会知道，本恩其实非常了解，举着一杯好葡萄酒晃动的生活是好的。因为，他总是能够成功地找到一个职位空缺，在其中过着相当舒服的生活。首先是在第一次世界大战期间的布鲁塞尔；其次是在汉诺威以及瓦特的朗贝格。同样的，他也能在45岁之后，在柏林的波臣（bozener）大街，喝到好的啤酒，以及一定剂量的可卡因。但是，这里面所传达的差异是，"朱庇特能做的事情，牛却不

---

① G. Benn: *Der neue Staat und die Intellektuellen.* Stutgart 1933, S. 12.
② Ebd., S. 16.

行"（quod licet Iovi, non licet bovi）。也就是说，这位大诗人所享受到的，并非人民所应得的。

在此，本恩与自由主义、与所有政治、经济层面的东西彻底分道扬镳。他与布尔什维克主义拥有了相同的敌人：资产阶级议会制、资产阶级商人、资产阶级知识分子。他们喋喋不休、他们投身商业、他们空想无数，但是他们却做得很少，他们亦不奋起反抗。因此，本恩期待着能"培育"出一种新人。

是什么需要时日，是什么必须建立？一场百年的屠戮即将开启。泰坦族的军队与方阵，从岩石中裂生而出的普罗米修斯，命运三女神将不会停止那环绕着我们的命运梭轮。一场百年灭绝已然在前，雷鸣将与海洋，火焰将与大地融为一体，白色人种的最后族裔将顽强不屈地走到一起。这里只有一点：必须培育出能够捍卫德意志的大脑。这是一个由雷电熔岩般强韧的利齿武装起来的卓绝的大脑。能够看到这一梦幻般的全新人类之人，将会为之铤而走险。在未来，我们将会看到他们充斥各方，左冲右击。这是一个战斗的民族。这些东西并不是他们从童话、从鬼怪故事、从宫廷抒情诗当中学到的，而是他们从箭头、从敌人、从思想中学到的。当来自于西方、东方、自由主义、民主主义的力量开始入侵德意志之时，欧洲就再也无法给出和平的承诺。

本恩在《新国家与知识分子》中义愤填膺地写道：在魏玛共和国，有3812种日报和4309种周刊。这对他来说"是太过深重的历史罪孽"。而新的元首在其就任之后，很快改变了这一局势。本恩一定对此感到异常兴奋，因为"所有伟大之物都诞生于奴隶制国家"，他这样说道。因此，当我们得到一个奴隶制国家，伟大之物也将就此产生。奴隶制国家到来之时，伟大也就同时到来：而这其实是一场巨大的灾难。

克劳斯·曼在流亡中曾经给本恩写过一封信，本恩很快做出了回复，也就是后来的那篇"对文学流亡者的回答"。在这封回复信函中，本恩毫不客气地指出了对方是如何在这场运动的巨大浪涛中沉浮的。为此，他提出了两个在别处也经常提及的论点：其中一个观点认为，这些流亡者只是为了获得一种在拉丁海岸的舒适生活而已，实际上他们并未真正陷入流亡的困窘，这些人被他称为共和国的逃亡者。但本恩这么说，事实上并不光彩，因为他后来肯定知道，如果这些被关在监狱中或者集中营里的流亡者，没能及时逃出去的话，最后肯定会被处死。本恩的第二个观点认为，只有那些真正在场的人，才能做出判断。这也是他后来一再强调的观点，不论是在 1945 年，还是在 1990 年：即只有那些在纳粹德国生活过的人，只有那些在东德真正生活过的人，才有资格对此发表意见。这里，就本恩而言，只有那些在 1933 年 5 月 1 日亲眼目睹过滕珀尔·霍夫广场阅兵式的人，才会知道元首的历史伟大之处究竟为何。在这封信中，本恩在纳粹的罪责上使用了"狂热"（fanatisch）这么一个独特的词汇，他用的这个词中不包含通常意义上的否定，而几乎算是一种肯定：他认为纳粹本身体现了一种"纯洁的狂热"。这封回信的末尾，本恩列举了许多大思想家的历史观点。第一个是，"有人曾经说过，世界历史并非一片幸运的土地"（费希特）；第二个是，"民众与时代之间存在着一种特定而伟大的生命关联，然而，这种时代对个体的幸福、对尽可能多的成果是毫不关心的"（布克哈特）；第三个是，"不断促使人类数量缩减的正是这么一股驱动之力，那就是促使人类去培育出一个更加强壮的种族。一个统治性的种族只能通过可怕而充满暴力的方式才能得以成长壮大。问题是：20 世纪的野蛮在哪里呢？"（尼采）。在他看来，所有这些都已经被自由主义与个人主义的时代彻底遗忘了。它在精神上亦不能成为其发展壮大的基础，同时也不能带来相应的政治后果。[①]

在此，他再次提到，左翼与右翼激进主义的共同敌人：就是"自由主义与个人主义的时代"。因此，他们也一并否弃了魏玛共和国的存在。

这里提一个事件。德国共产党与国社党曾在 1931 年共同发起过一个倡议，由钢盔党与德意志民族（Deutsch-Nationale）党来提供支持保障：那就是通过一个全民公投，将魏玛共和国的最后一块基石——普鲁士民主政府祛除殆尽。社会民主党总理奥托·布朗向全体民众呼吁，要拼死抵制这样一种"死敌之间矫揉造作的联合"。因为，一旦全民公投得以通过，这一星星之火即可燎原，如此一来，这个民主国家的民主未来就将在德意志的土地上走向

[①] G. Benn: *Der neue Staat und die Intellektuellen*. Stuttgart 1933, S. 172.

终结。到了 1931 年 8 月 9 日，大多数人都表示要支持社会民主党政府。然而，就在公投结果马上就要公开的这天晚上，德国共产党给出了一个信号，要继续推进阶级斗争：因此，他们暗杀了两个在比罗广场（Buelowplaz）巴比伦（Babylon）影院前站岗的警察。这个暗杀的执行者是一个名叫瓦尔特·乌布利希（Walter Ulbricht）的人，埃里希·米尔克（Erich Mielke）①是其中的一个帮手。通过这一无可指摘的入党申请任务的圆满完成，他们两人成了党内的大人物。1945 年后，乌布利希在东德建立起了社会主义政权，而米尔克则进入了国家安全部门工作。虽然在他们那里，社会主义并没有进展地多么顺利，不过，服务于此的国家安全工作，却还不错。

本恩也非常清楚，时代的献祭者们期待着重大事件的发生，但是他却不能将这一重大事件定义为与左翼之间的契约。在那篇关于"培育"的文章最后，本恩写道，他所期待的是一种"伟大思想"的降临：

> 我知道，他们即将到来。他们并非神灵，而是跟我们人类一样，亦正亦邪。但是他们却来自一个全新的纯粹的种族。他们必须精确瞄准，将一切规范全都撕碎，将那个我们用散石灰涂抹的墙壁，那个让我们为了一把大麦和一些面包而遭受侮辱的墙壁全都摧毁——孤军奋战！我知道，他们即将到来。我确定，这响动，就是他们的脚步，我确信，这一切需要牺牲，他们正在降落，我可以越来越近地看到他们。

然而，献祭降下，那伟大的精神却并没有来到。在 1944 年琅德斯堡兵营（landsberger kaserne）札记的"第二街区，66 号房"中，本恩以一种震惊的笔触写道："人们怎么能够把那些 1933 年篡夺权力的流氓恶棍们如此当作一回事呢？"在这份札记中，他对他们极尽嘲讽，并将其刻画得非常精准。但是，关于他自己是如何被他们带入圈套的这一点，却丝毫没有给出任何回答。

---

① H. G. Reuth：Mord and Buellowplatz. In：*Frankfurter Allgemeine Zeitung*，23. 3. 91，Wochenendbeilage.

在德国当下这个所谓的政府中,哪个人不是这样不停地纠缠于这么一个问题,过去本该会是如何,今天仍旧可能会是如何。这六个吵吵嚷嚷之人,从10多年前开始,就在同样的大堂里,对着同样的听众周期性地陈述同样的话语。这六个小丑相信,他们比百年前的人,比世界上其他的能人,都更了解这个世界。那些在这一腐朽的体系中,不断向上攀爬的竞技者们,那些为了从银行攫取钱财的骗子们,是如此的愚蠢,其实他们互相都弄不清对方手中所抓的牌——而只沦为一群在会议厅里群殴的小丑,以及坐在高椅上逞强的英雄。这根本就不是希望北方和南方能够合二为一的史陶芬们的理想,也不是骑士团们坚定不移的殖民式的理想——他们一路向东推进,只在乎成功与仪式的纯粹结局,如同原始的雨之魔法师,在夜晚的火光中为狮子亨利举行庄重的棺木仪礼。

很明显的,这里所刻画的正是当时的德国纳粹政府,而现在到了战争的第五个年头,由于战败与失算带来了无尽的昏暗——被入侵的土地,被破坏的战舰,数百万的死亡,被夷为平地的大城市。尽管如此,民众仍旧听信于元首的废话,并且信任他。这可真的是让人失望至极。那些没有被炸毁的城市仍旧相信新式的武器,以及神秘的复仇机器,乃至于极有把握的反击,都将马上来临。不论是高层还是底层,不论是将军还是炊事员。这是一种愚蠢的神秘集权,一种疏于经验的前逻辑群体,这种极为"德意志"的确信,无疑只能在这么一个人种的罪行中才能得以集中体现。[①] 人们之所以还对这一渣滓抱有期待,不得不说,像本恩或者海德格尔这样富有声誉的思想家和诗人,其实还是助力颇多的。这不仅令人失望,其实也让他们本人对自己感到失望。

我们来看看本恩自己的诗作,在其中,我们很早就能发现,他自身态度的一些线索,也就是他直到生命的最后时刻仍旧坚定不移所抱持的人生态度。正是那些他在1933年所批判的知识分子,帮助他看清后来的自己是

---

① G. Benn: Doppelleben (1950). In: *Prosa und Autobiographie.* Frankfurt a. M. 1984, S. 433 – 444.

在为纳粹说话。最迟到了 1936 年，纳粹党卫军机关杂志《黑色军团》（*Das Schwarze Korps*）也让他明白过来，自己的诗作并非真正为了艺术而作，即人们所习常的那种艺术。

1912 年，本恩在他的诗歌中增加了一种新的音色：即一个冷淡异常的药剂师，用一种人体解剖般的目光毫无胆怯地审视着自己所看到的一切丑陋、疾病、死亡、痛苦，并加以描绘。这是一种完全的冷漠，在这后面隐藏着一股浓重的感伤，这种东西只是在他后期的诗歌中才有所体现，间或还涌出一丝丝的哀婉动人。本恩也希望能够遇到另外一个世界。因此，既然现实是这样的，就像过去那样，并且总归还是这样，他就只能冷静地踏入这个相反的世界。一个医生必须要磨炼自己，他自身无法担负同情之感，因为他有太多太多的病人。因此，本恩的痛苦自始至终都是他自己的痛苦，同样的，他面对这个世界的痛苦，纯粹是对自我的同情；他从来就不知道同情别人是什么样的。因此，他渴望着另外一个与当下所知状态完全不同的世界，在这个世界中，人们必须始终洞察一切并且认真思考。下面是他早期淡漠诗篇当中的一个：

安魂曲
每张桌上都有二人：男人和女人
交叉、临近、赤裸，毫无痛苦
头盖骨敞开，胸腔亦敞开，
躯干的最后一次创造
三个大盆都满溢：从大脑到睾丸
上帝的殿堂和魔鬼的圈栏
胸腔和胸腔此刻放置于便桶的地板
大声耻笑着殉难和原罪
在棺木中长眠，纯粹的新生
男人的大腿，孩童的胸腔以及妇人的发丝
我从第二个中看到了有朝一日的复苏
让它在那儿吧，如同分娩于母亲的躯体

医生应当致力于疗救与帮助。但是，他总是束手无策地立在一旁。他清楚地看到病人的困境与痛苦，乃至躯体的衰朽。他必须为此做好准备，将自我武装起来，并最终以一种玩世不恭的态度进行着躲避。这一点在他的诗作和散文中无不得以充分体现。本恩在其生命的最后岁月中所结识的友人弗朗茨·图姆勒（Franz Tumler）曾经对我说过，在私下交往中，本恩是一个热心肠、并且富有同情心的人。因此，他的玩世不恭其实是一种伪装，同时也是一种躲避。但是，他自己所推进、所塑造的历史图景却是灾难性的：多愁善感的艺术家们对着残忍的暴君趋之若鹜，非政治化的学者却忙着为世界历史中的战争图景添砖加瓦。

目前关于本恩有两种观点。第一种观点认为，本恩之所以委身于1933年的那场非政治的狂热，因为他跟同时代的大多数人一样都是非政治的，海德格尔也是如此。就此而言，他的悲剧在于，他并没有彻底看清工业社会的复杂网络。这是他为自己所构筑出的历史模型，以此跟那些庸俗马克思主义者所构筑的加以抗衡。这是第一种观点：也就是缩小本恩的罪责。将社会简化为少数的大人物和数量庞大的小人物、农奴和奴隶。这无疑是俾斯麦时代的遗产，德国市民阶级完美的非政治化的遗产。这里面存有这样一种偏见，即认为历史是由少数大人物，在一定的条件下通过战争的形式创造的。人们最好还能为他们树立起纪念碑，然后武装起来投入战争。在这里我们看到，歌德时代之后的历史境况似乎又卷土重来。歌德的时代还要求当时的市民阶级要符合贵族阶层的价值观念：正直、忠诚、干练。然而，当市民阶层在19世纪下半叶崛起于社会中间阶层与政府机构上层之时，下面的这些东西就取代了封建的价值观：时刻准备战斗、恭敬顺从、枕戈待旦。

在本恩这里，整个的历史过程亦被缩减为一个简略图，就此而言他也是一个非历史主义的人。在他看来，不管是古希腊人还是罗马人，不管是文艺复兴时代还是拿破仑时代，所有这一切都只遵循一种法则，所有这一切对他来说都不过是一种微不足道的升降而已。他身上并没有负载任何的历史概念。留在他身上的，只是一个巨大无比的姿态，这样一个巨大的姿态可以让他在千万年里都被包裹其中。他并没有意识到，自己手中一无所有。所有的一切终归只是一个让人空手而归的运动，一个姿态而已。也就是说：所有人都不过是这么一支审美乐曲中的一个音符而已。迄今为止，这是最让人印象深刻的东西。他把审美的姿态与政治的现实混淆在了一起；他最终认为，历史就像他在尼采那里所读到的，以及在其诗作中所呈现出的那般向前推进。这是他的历史偏差。"保持沉默，即可为诗人"（Si tacuisses poeta mansisses）：

战争仍在持续
社会的分母
在千年之中沉睡
召唤：几个伟大的人物
以及那些承受巨大痛苦的人
召唤：几个沉默的时刻
在西尔斯玛利亚的风中，
伤口难以愈合
当他们已然终结
召唤：几个死去的武士
备受折磨、面色苍白，
是今日与明日的胜者
你为何要将其创造？
召唤：漫长的击打持续
毒液、伤口以及牙齿
耶稣的洗礼
在血和十字架之上
召唤：如许废墟的在致意
种族期待着安宁
就让他们沉落
不再有尽头
而后召唤：沉默与统治

> 了然，他们已经倾塌，
> 而战争仍在继续
> 就在这世界的时间之前

而后，纳粹推进到了街面之上，褐色的纵队让小市民变得狂野。他早已了然，本就该如此！在他看来，这就如同在古埃及、古希腊、古罗马一样。就此，他终于让自己以及其他人陷入了错误的泥潭：他变成了纳粹走向世界戏剧过程中，为其粉饰太平的拙劣而廉价的画匠！1944 年，当战事走向终结之时，他对纳粹的指责，其实正是他自己应该被指责之处；纳粹其实不过是时代的渣滓浮沫，这正是 1933 年那批知识分子们所认识到的，但是，当时的本恩却紧随其后，对其紧握不放。

第二个观点是：倒退，退回到母亲的子宫，退回到那最原初的土壤中，在那里，一切都是柔软且温暖的，在那里，人们不需要思考，在那里，人们无忧无虑。长大意味着痛苦。借助着毒品，本恩成功地实现了这样一种渴望：将意识彻底关闭，从而进入梦境之中。当然，纳粹同样也需要这么一种小人物，至少，可以让他们不时地参与到阅兵游行、灯光游行（Lichtdomen）以及国旗游行（Fahnenappellen）的队伍中。本恩博士和许许多多德意志民族的受教育者们一样，全都期待着，国家的狂热，以及从工业社会中的逃逸而出。只是，这种成功只维持了一小段时间，其后德国便遭遇了黑暗的终结。本恩在那时候肯定狂喜于整个国家所陷入的狂热。那时，个体消失在了群体之中，感性将理性和思想全都冲刷殆尽。工业革命似乎陷入了一种衰退之中：

> 哦，我们又回到了最最原初的状态
> 在一片温暖的沼泽中的一块小小的黏土
> 生存与死亡，孕育与诞生
> 从我们沉默的液体中降临
> 藻类的叶片或者峻峭的岩石：
> 由风儿塑造而后向下沉落

> 即便是一个蜻蜓的脑袋，鸥鸟的翅膀
> 就已然足够遥远、足够丰富①

本恩至死都没有看清，他把纳粹塑造成了历史上的英雄。因为，他自身的历史观，误入了意大利法西斯主义者埃弗拉（Julius Evola）的思想圈套。也就是说，他认同这个人的想法。本恩最终皈依了这一世界观，毫不动摇。就此而言，他已经在智识上走向了死亡。他并没有在这种世界观中得到任何的教训。1948年6月18日，他给汉斯·佩什克（Hans Paeschke）写了这么一封信：

> 一个民族的重生来自于其本能力量的投射，而非来自于历史性与规范性的照料与捆绑。但是后者却充斥在我们的公共领域之中。对于这样一个历史进程的前景，不得不说，我看到了一些东西，如果要讲出来的话，我想说，我看到的是一场巨大的灾难。在我看来，欧洲的噩梦，根本就不是走向极权主义或者是纳粹党卫军的罪行，也不是走向物质的贫乏，或者走向哥特瓦特（Gottwalds）或者莫洛托夫（Molotows），而是让他的知识分子像狗一样，向着政治概念奴颜婢膝地爬行。"政治的动物"，这一古希腊的错误概念，这一巴尔干的错误概念——是欧洲走向没落的起点，而现在它正大行其道。这个被当作第一性的政治概念，在这种类型的知识分子的俱乐部和会议中，不会再被质疑，而是被不遗余力地加以践行，并且被不假思索地加以接受。这不仅仅发生在德国，（当然，在德国的情况最为严重的，且情有可原）而是几乎发生在整个欧洲的知识分子群体之中，唯独在英国，那里的人们能听到另外一种声音。我们现在可以在一个所谓的衰退和变革的语境下，快速地看一看这个政治概念，以及它的具体内涵——比如说，民主。它似乎被视为最好的国家原则，但是就其效率而言其实是荒谬的！"表达"（Ausdruck）并不产生于全体的决议，而是产生于

---

① G. Benn: *Gedichte*. Frankfurt a. M. 1982, S. 245.

所谓的代表投票的表决结果，这种投票不过是一场发生在密闭空间中的暴力行动。或者说人道主义这个概念，总是在公共领域中披着神圣的外衣——毫无疑问，必须要承认人之为人的属性——但是，这一概念必须在高等级的文化才有实际效果。也就说，只有在这种文化之中，我们才能彼此接近。因此，这个概念根本就不切实际。比如，埃及人、赫楞人、犹卡坦人——他们在生产体系中所暴露出来的无疑是一种次等级的文化，此外，他们还表现出极为鲜明的反变革的特点。所有的原始都产生于爆炸，其后伴随着改良与调整——这是现代遗传学不可辩驳的结果之一。①

我们可以在这里看到一个不可救药的法西斯主义者在言说，他始终认为，通过"培育"就能够塑造出新的人类，他在这里其实费力地隐藏起了他对民主与人道主义的蔑视。此外，他还总是将审美与政治混淆起来。在他看来，"表达"（Ausdruck），也就是审美的产品，并不产生于全体的决议，即议会的决议。那么，它又是由什么来决定的呢？这取决于审美的自律性，这是身为艺术家的本恩始终坚持的，也就是说，强调艺术家于政治议程之外的独立性，而这也正是现代艺术得以成立的基础。"据此，他们得以幸福生活，并且从封锁的、隔绝的柏林，以及从他们那由希腊的错误观念所造就的城区、所引领的历史世界中，挣脱出来。"

因此，这并非布尔什维主义的独裁者，那个希望将西柏林毁灭的斯大林以及他的臣子们所导致的结果，而是"古希腊的谬见"所导致的结果。本恩认为，西柏林不应当再继续紧抓这个错误的民主概念不放，而应当听命于斯大林，他有可能会将封锁解除。最终，本恩变成了西式民主的敌人；他变成了东柏林人的西方代表。后来，本恩与同样是表现主义诗人的贝西尔（Johannes Becher）走得很近。本恩将政治审美化了，而贝西尔将美学政治化了。我们也可以在本雅明的身上看到这一点。他们都以其各自的方式，服务于一个极权主义体系。只是贝西尔的运气要比本恩好，他至

---

① G. Benn: *Prosa und Autobiographie*. Frankfurt a. M. 1984, S. 350–351.

少当了文化部长。但是，贝西尔在某些清醒的时刻，看清了自己所服务的这个罪恶体系。不过，他跟自己在西柏林的搭档本恩一样，用酒精和毒品抹平了这一认识。

> 只有两样东西
> 从如此众多的形式中走出
> 从我、我们以及你中诞生
> 而所有一切仍在承受痛苦
> 承受着这永恒的诘问：为了什么？
> 这是一个幼稚的问题
> 我们直到迟暮才知道，
> 这里面只有一个理由：利益
> 而非情性、渴望或者神话
> 你的决定：你必须
> 也非玫瑰、雪花或者海洋
> 一切盛开的都将凋敝
> 因此只有两样东西：空虚
> 以及这个被标记的我[1]

在这首诗中，本恩再一次强调了，伟大的人物，孤独的艺术家。他仍然坚持，他独特的诗歌艺术，只是艺术，而不是什么别的东西。他认为，诗歌并没有任何功能，如果让诗歌服务于政治的任务，这是荒谬之举。他是政治文学的敌人，却是"纯粹诗歌"的坚定拥护者。这在这首诗作中得到了充分的表达：这个被标记的我是这样一个我，我为自己言说，并且为自己所用，我对世界上的其他东西漠不关心。然而，"空虚"的本恩，却带着这么一种从诗作中而来的傲慢自大的姿态来到了街面，从诗歌当中进入了政治。

---

[1] G. Benn: *Gedichte*. Frankfurt a. M. 1982, S. 424.

第三编

不会过去的过去：走出希特勒的阴影？

戈德哈根论争

——希特勒的志愿行刑者[*]

格拉斯事件尚未平息，哈贝马斯纸条事件又浮出了水面。曾在20世纪80年代的历史学家之争中大获全胜的哈贝马斯（Habermas），不得不在二十年后的今天，为自己是否吞下了一张纸片，对簿公堂。深藏于历史缝隙中的真相假象，裹挟着过往与现实的复杂缠绕，一下子吸引住了当下民众的眼球。我们不得不再次思考：走出纽伦堡审判的德国人是否又将卷入了关于历史和罪责的漩涡？在历史罪行面前，谁应该负起责任？应该如何看待民族的历史，又应该如何面对民族的未来？

一　戈德哈根论争

自纽伦堡大审将一批纳粹领袖以违反人性罪处以极刑之后，德国人民松了一口气，充满信心地开始了新生活。他们知道，一切历史罪责都有了承担者，那就是纳粹政权。至于为何纳粹政权及其政策受到广大人民支持一事，则鲜有人认真提出探讨。长年以来，"集体责任"一词几乎是德国人民最感厌恶的字眼。不过，一位时任哈佛大学政治系副教授的美籍犹太人，丹尼尔·乔纳·戈德哈根（Daniel Jonah Goldhagen），在1996年出版了一本引发巨大争议的书，即《希特勒的志愿行刑者——普通的德国人与

---

[*] 原载于《中德学志》，北京大学出版社2012年版。

大屠杀》(*Hitler's Willing Executioners: Ordinary Germans and the Holocaust*)。这部作品恰恰从德国人民最脆弱的心理入手,雄辩地指出,大屠杀的执行者,多是普通出身的德国平民。他们乐意执行命令,且残忍度往往超出了任务所需。他们的罪行并不同于常规解释,即或者为了个人的升迁,或者迫于整个社会的压力,或者遵从国家命令的天性,而恰恰是带有清醒立场的积极介入。戈德哈根运用充分翔实的历史材料、社会统计的分析方法、对比假设的推论方式,证明了其屠杀行为的非强迫性、参与范围的广阔性、消灭犹太人的彻底性,以及不必要暴力的泛滥性。在作者看来,千千万万普通的德国人,而不仅仅是党卫军或者纳粹核心,由于反犹主义而对犹太人实施了大规模屠杀,他们的存在是当时整个德国社会的忠实缩影。

戈德哈根在书中所提出的观点,犹如星火燎原,再度引燃了西方关于"种族大屠杀"的热烈争论。该书出版不到一个月,就轰动了整个西方历史学界,激动者有之,愤恨者有之,夸赞者有之,批判者有之……一时之间,盛况空前。美国舆论对其赞赏有加,《时代周刊》和《新闻周刊》同时发表多篇关于此书的评论,而《纽约时报》则毫不吝惜地称之为"一本珍贵的、可以称之为里程碑的新著作"。英国著名德裔历史学家诺贝特·埃利亚斯(Norbert Elias)在其作品《德国人》(*The Germans*)中称"他的发行者无疑将此作品视为历史研究的一个重大突破"[①]。哈佛大学历史学家霍夫曼(S. Hoffmann.)也评论道,"戈德哈根在该书撰写之时,表现了一种非凡而罕见的道德热情"[②]。正是因为如此,戈德哈根凭借这部作品获得了美国政治学会设立的加布里埃尔-阿尔蒙德奖金。

然而,这对德国来说,却不啻一枚重型炮弹。上到历史学专家,下至普通民众,无一不为其令人惊悚的结论震出一身冷汗。对于专业历史学家来说,戈德哈根的著作的结论,无异于重申关于大屠杀的"故意

[①] Norbert Elias: *the Germans*, Edited by Michael Schroter, Columbia University Press, 1996, p. 10.

[②] 参见[美] J. Adler《普通德国人与大屠杀》,力文译,《现代外国哲学社会科学文摘》1996年第7期。

主义"① 观点。切萨拉尼（D. Csarani）评论道："在这本书出版之前，故意主义基本上已经退却了，但是现在他有凶猛地席卷而来。"② 不仅如此，知名研究者 K. Zwiet 攻击此书为毫无功用的垃圾，而 80 岁高龄的世界大屠杀研究专家耶胡达·鲍尔（Y. Bauer）更是引用了《旧约·箴言》"让其他人都赞美你吧，却不是你自己"③ 暗暗讽刺戈德哈根。部分评论家的第一反应是"美国人想做什么？他们是否想要重演纽伦堡审判？美国人是否以为德国五十年的民主就没有一丝影响力？戈德哈根的著作值得进行某些适当的学术争论，但是，他决不能挑起对德国人民族性格的另一场论争"④。虽然戈德哈根在行文过程中一再谨慎地声称，反犹主义只是德国人的一种文化模式，并不是一种固有的特征。但是对于这些德国评论家来说，此种差别并不是明显的。德国反犹太主义研究者 J. 黑尔（J. Heil）不无愤慨地指出，"戈德哈根始终认为大屠杀是德国历史发展的必然产物。他认为谋杀犹太人并非基于具体的条件和德国的政策目标，而是根源于德国人的性格，他的这个观点，就是想要把德国拉入全民族罪恶的圈套"⑤。该书在美国畅销书之首的醒目大标题——杀人之国，普通恶魔！！显然也激怒了最普通的德国民众。专栏作家乌尔利希（V. Ulich）在自由主义周刊《时代》上，指出美国人对戈德哈根著作的热情，实际表明了其对一个重新统一了的德国的不安。为此，作者随后来访德国，并与《明镜周刊》的发行人鲁道夫·奥格斯丁（RudolfAugstein）进行了公开辩论，最后又在四个大城市的电视台与各方面的专家进行了讨论。全德上下为此掀起了一

---

① 关于大屠杀，历史学界分为两派，一派叫作"故意主义"（intentionalist），一派是"功能主义"（functionalist）。前者认为纳粹从最一开始就计划歼灭犹太人；后者认为对犹太人的歼灭决策，尤其是最后决策（The Final Solution），是在种种外部因素所迫下决定的。"故意主义"观点在 20 世纪 70 年代一度占据统治地位，但以英国研究大屠杀的主要权威 D. Csarani 为代表的"功能主义"观点是目前解释大屠杀的主流。

② 参见［美］J. Adler《普通德国人与大屠杀》，力文译，《现代外国哲学社会科学文摘》1996 年第 7 期。

③ Norbert Elias: *the Germans*, Edited by Michael Schroter, Columbia University Press, 1996, p. 11.

④ 参见［美］P. Glotz《仇恨没有专利》，明傅译，《现代外国哲学社会科学文摘》1996 年第 7 期。

⑤ 同上。

场名为"Goldhagen-Debatte"的大争论①。

二 反犹主义历史溯源

既然作者有力地揭示了大屠杀执行者的普遍性,那么深入挖掘其背后的历史根源则十分必要。在本书的第一章,作者从历史思想语境出发,为我们展示了普通德国民众参与大屠杀的最深刻原因——即贯穿于整个欧洲历史之中的反犹主义。但是,他在此并没有对其历史渊源与发展做出进一步的解释,而仅仅用了很小的篇幅作了一个简要的概括。笔者将对此做进一步的论证,因为深入考察反犹主义的历史形成与发展是分析大屠杀的一个根本前提。

正如作者所说,反犹主义并非希特勒时代的特有产物,却是早已扎根于欧洲基督徒心中的文化模式。公元1—2世纪,原先属于犹太教下层支派的基督教,脱离犹太教成为一个独立的宗教之后,基督教和犹太教之间就开始了旷日持久的教派纷争。当基督教自身发展成为一个日益强大的宗教之后,其在教义神迹等方面与原始的犹太教传统产生了重大分歧。基督教徒尤其强调的一点是,犹太教经典《旧约》作为犹太人与上帝订立的约定在此时已经失效,为了与犹太教徒进行区分,他们认定自己与上帝之间已经订立了新的约定。为此,基督教徒运用了使徒传教的方式,发展出了一整套丰富生动的神迹故事,并且最终衍生出了一系列严整的教义观念,建构起了坚实的基督教的意涵。从此两个本属一源的宗教之间,形成了极端对立的关系。② 从这个意义上来说,反犹主义最初的根源在于基督教传统与犹太教传统在神学上的冲突对立。伴随着"米兰赦令"的颁发,凭借着基督徒坚韧的信仰,基督教不断发展壮大,最终彻底征服了罗马帝国,从此同西方文化开始了长达数个世纪的逐步融合,并逐渐成为欧洲人不自觉

---

① Vgl. Küntzel, Matthias u. a. : *Goldhagen und die deutsche Linke*. Berlin, 1997, S. 17; Michael Schneider, *Die "Goldhagen-Debatte": ein Historikerstreit in der Mediengesellschaft*, Bonn, 1997, S. 25.

② [以色列] 阿巴·埃班:《犹太史》,阎瑞松译,中国社会科学出版社1986年版,第14—15页。

的心理定式。同时，耶稣受难的基督教基础学说也为基督徒埋下了仇恨犹太人的种子，并借助宗教思想的传播产生了难以估量的社会文化影响。在基督教文化传统的建构中，基督的神迹与教义不仅成了神学经典，更加成了西方社会世代相传的文化典籍，从而在文化的传播中不断坚固反犹主义的思想传统。犹大之吻、基督受难、基督复活等故事通过周而复始的文化活动、节日庆典得到不断的强化和演化。这种对于犹太人根深蒂固的仇恨，便逐渐开始从宗教范围衍生到一切的文化领域，使得没有成年的儿童自小就接受了这样的文化传统。在思想观念以及民族文化的综合情境中，犹太人几乎已经成为邪恶的代名词，成了同魔鬼签订了协议的异类。因此犹太人必须为基督的死亡负责的思想就成了基督教世界，以及每一个基督徒心中不可动摇的信念。因此，反犹主义作为一种深刻的思想传统经过世世代代西方普通民众的继承和发展，逐步成为欧洲基督徒社会的一种内在的思想文化模式。

  作者指出大屠杀并不是一夜之间就发生的，笔者以为这正是此书的深刻之处。在大屠杀发生之前的历史上，反犹主义的浪潮从未间断过。早在罗马时代，统治者们便开始运用武力对犹太教进行严酷的镇压和无情的宗教诬蔑；而在基督教兴起之后，此种压迫更是愈演愈烈，当时的基督教以强迫犹太人改宗、剥夺犹太人的宗教信仰权利作为反犹主义的一种具体形式。而对犹太人的侮辱和毁谤则在一次又一次的自然灾难、社会骚动中得到了强化。早在中世纪，就有强制犹太人佩戴具有耻辱意味的黄色徽章的规定，我们在此可以找到纳粹时期犹太人被强迫佩戴"戴维之星"的历史原型。当时的犹太人不仅在严苛的社会生活环境中处处碰壁，在某些极端情况下，更有许多犹太人丧生于异端裁判的烈火之中。虽则18世纪的启蒙运动给犹太人的境遇带来了短暂的改善，但反犹主义这一根深蒂固的毒瘤依旧持续不断地向前发展。19世纪开始的对犹太人有组织有策略的经济制裁、人格侮辱、自由限制等迫害，都是20世纪三四十年代纳粹时代种族策略的先声。正如罗马天主教历史学家费兰尼（Michael Flannery）在其撰写的《犹太人的痛苦》（*The Anguish of the Jews*）一书中所说：

反犹主义是人类历史上最长和最深远的仇恨。有什么仇恨能持续23个世纪？这种历史现象实在令人大惑不解。这种绵延不断的仇恨和压迫是怎样来的？有谁应当为此负上责任？①

由此可见，反犹主义才是隐藏在第三帝国屠杀犹太人背后的真正元凶，希特勒的残暴与阴暗之处，正在于他巧妙地借助了民众内心的反犹主义之声，并运用了更加彻底残忍的手段，借此来推进其"纯洁"德意志，攫取霸权的政治意图。

三 宗教与世俗的根结

通过以上的历史回溯，我们不难发现，就空间角度而言，反犹主义并非一种仅仅存在于德国的思想文化模式，而是一种贯穿于整个欧洲基督教世界的普遍现象。那么为何独独在德国，反犹主义的势头如此猛烈，并最终走向了种族灭绝的残酷路径呢？反犹主义又是如何在血腥屠戮中展开自身的合法意义呢？哈贝马斯就此指出：

恶，不是一种单纯的侵犯行为，而是凶手自以为具有正当性的侵犯行为，这是作者着力想要呈现的思想。恶就是颠倒的善。②

为了更好地揭示大屠杀的内在机制，戈德哈根在行文过程中，不遗余力地书写了20世纪30年代以及更早之前的人们的心理状态、社会舆论以及对犹太人逐步升级的歧视、侮辱、孤立、封锁……这所有的一切都以反犹主义作为最深刻的思想根源，并为大屠杀的真正展开埋下了富有意味的

---

① Edward H. Flannery: *The Anguish of the Jews——Twenty-Three Centuries of Antisemitism*, Paulist Press, 2004, p. 110.

② Habermas: "vom Öffentlichen Gebrauch der Historie: Das offizielle Selbstverständnis der Bundesrepublik bricht auf", *Die Zeit*, 7.11.1986.

伏笔。德国民众在此过程中，一心一意，充满热情，并且坚信自己的行为完全具有正当性，甚至是一种纯粹的善。他们认定犹太人的存在是德国所有罪恶的根源，因为犹太人不信仰他们的宗教，因为犹太人有自己的圣经，并且把基督钉死在十字架上。他们深信犹太人是狡诈、卑鄙的，是隐藏在社会机体中的阴谋者，犹太人不劳动依靠剥削德国人而致富，犹太人不服兵役，却在背后搞破坏……传统和现实的种种不幸都是犹太人一手造成的。他们的逻辑很简单，犹太人是有罪的，是国家的毒瘤，所以要把他们彻底驱除干净。所以，他们不自觉地配合起希特勒的反犹政策，先把犹太人从社会领域中孤立起来，驱逐出去，取消他们所有的正当权利，当将其社会性完全消灭之后，犹太人就自然成了非人，成了纯粹宗教意义上的魔鬼。人同魔鬼是不同的，所以他们要消灭魔鬼是自然的。很快的，在丧失了社会人格之后，犹太人也逐渐丧失了作为生理自然人的资格。在德国民众眼中，既然犹太人不是人，那么他们就不值得生存，也就谈不上任何的人道主义，因为人道主义是针对人这个称谓而讲的。所以退化为非人的犹太人就可以被任意殴打，残害致死，乃至最终的种族灭绝。在此意义上，德国上上下下男女团结一致，体现出了前所未有的狂热。这是一种集体的狂热，是民族的狂热合并症，在他们的臆想当中，当犹太人消失的时候，也就是他们的国家重新振奋的时候。此时此刻，这个拥有高度文明的国家，杀红了双眼，深深陷入了历史阴暗的泥潭。对他们来说，屠杀拥有一种正义的前提——纯洁宗教、纯洁国家、拯救民族，因此，历史赋予他们的是光荣而神圣的任务。

因此，每一个行刑者都是兴高采烈的，他们如同驰骋在中世纪的宗教骑士，自然而然地执行着一项又一项残酷的任务。他们在残酷无情的毁灭和破坏中，释放了所有的原始兽性和本能，之后依旧能够回到他们作为人的国度，继续享受着温情脉脉的文明生活。他们踏出淌着血水的集中营，充满自豪地在家人和邻里中吹嘘、回忆，甚至还可以如常地听音乐、上剧场、参与各种社会活动，并且还会因为非犹太人的死亡，伤心落泪。这些普通的德国人，在正常的生活领域中还是过着文明人的生活，并且对自己的文明和文化如此自豪，却只对犹太人冷酷无情。跟随着作者的笔端潜入当时的历史,我们不能不为作者的洞见深为动容。因为,通过这样一种比对的历史视角,作者带领我们跃出了普通史实叙述的藩篱,深刻地触及到了人性内在的相对性以及迷妄性。

正如作者所言,当反犹的意识成为一种民众的普遍意识之时,人权、平等、理性的力量都将变得无比脆弱。但是,该书的结尾,赫然出现了一份闪光的文件。这就是瓦尔特·霍赫斯塔特(WalterHofstadter)①发给前线官兵的一封信。因其明确彻底的反对灭绝种族政策立场,这份文件成为"二战"历史,甚至是世界历史上一份极为罕见的光辉文件:

>……现代人,依然没有克服寻找"替罪羊"的倾向,因此在搜寻各种各样的罪责人——犹太人,共济会成员和超国家的力量。谁授权我们把罪责完全加在犹太人身上?一个基督徒是不能够成为一名反犹主义者的,也不能成为所谓的温和的反犹主义者……②

作者在此只是将其视为宗教界的一名反纳粹的战士,并没有就此进行更深入的挖掘。但是,这一小段话,却不啻一团微小却闪亮的理性火焰,秘密地在被德国占领的法兰西的遥远角落发出微弱的闪光。经由它,我们可以看到,反犹主义背后除了宗教分歧之外的另外一个重要而根本原因——那就是世俗生活中的欧洲人为了转移受挫之感,寻找"替罪羊"的心态。活在基督教世界中的犹太人因其生存环境的天然压力,以勤劳、节俭以及少许的狡诈,在各个领域都创造出了丰硕的成果。他们中的大多数都是商业上的富人。故此,没有得到机会和相应资源的非犹太人,就倾向于将自己在社会上的各种受挫感加诸犹太人身上,这种不平衡的嫁祸心理,借助于神学之手并在其深藏的文化机制中得到了充分的表达。正是出于此种缘故,大屠杀之前,德国民众在面临恶劣的生活状况之时,又一次

---

① 1944年夏,瓦尔特·霍赫斯塔特在法国当地医院担任牧师,是教会反纳粹主义种族屠杀的一个杰出者。

② [美]丹尼尔·乔纳·戈德哈根:《希特勒的志愿行刑者——德国的普通民众和大屠杀》,贾宗谊译,新华出版社1998年版,第250—251页。

习惯性地陷入了对犹太人罪恶的联想，认定他们就是一切祸患的根源。这种深层的心理的转嫁模式，是在个体陷入无能的情况之下发生的。作为受挫的非犹太人，他们必须寻找一个精神上的替罪羊，才能够从现实的压力中挣脱出来，所以他们下意识地以执行国家安全政策为由，残酷地屠杀犹太人。可以说在反犹主义背后，交织着宗教和世俗的双重复杂原因，这一点是我们在辨析大屠杀罪行时必须牢记于心的。

四 历史反思

因此，在对反犹主义以及种族大屠杀进行思考的同时，我们应当超越历史和文化的角度，试图从人类自身的视角出发，考察人类生活中的这种普遍的文化心理构成。因为，在"二战"之后的多个时期，反犹主义的呼声并未真正停止过，它以多种不同的形式活跃在人类世界的舞台之上，当遭受经济危机、文化危机以及政治危机之时，许多反犹论调又死灰复燃，这不能不让我们对人类的本性进行深刻的反思，究竟是一种什么因素在主宰着人类不停地寻找自身的替罪羊呢？

> ……现在我们已经懂了，它是一个惧怕者，他惧怕的不是犹太人，而是他自己。他的良心、自由、本能、责任，他恐惧孤独、变迁、社会和世界，除了犹太人之外，他惧怕一切……犹太人不过是一个借口，到了世界的其他地方，犹太人就会变成黑人，或者黄种人，犹太人的存在不过是将他们忧惧的胚芽及早掐断，它使得自己相信，自己的地位在这个世界上，一直都被人占据，世界在等待他，而他由于传统之名，有权利去占领它。①

萨特（Jean-Paul Sartre）在这段话中，深刻地阐明了这一论点——反

---

① [法]萨特：《反犹太主义者的画像》，载[美]考夫曼编著《存在主义》，陈鼓应等译，商务印书馆1994年版，第239页。

犹太主义是对人类命运的恐惧。中世纪的宗教裁判所，把巫师当作人类苦难的根源，而20世纪的德国，把犹太人当作躲避自身灾难的借口。两者在精神源流上的惊人相似，返照出了人性本身的缺陷。如此看来，人类不能再逃避了，而应该正视自己的历史文化构成，应该正视种族的多样化和文化的多样性，这是我们面对历史的应然选择。

毫无疑问，犹太人所遭受的种族大屠杀，将始终烙印于西方现代性之上，成为人类20世纪集体创伤的独有承担。通过如上论述，我们必须思考的是，在认知上辨析出人类苦难的存在和根源之时，我们是否还将就此担负起一些重大的责任呢？对此，哈贝马斯有着自身坚定的立场：

> 作为共和国的公民，我们一旦要寻求意义上的相互尊重，以及他人与自我的相互认同，都必须以民族历史作为一个重要的背景条件，民族传统和民族心态已经成为我们人格的一个部分。……历史是有公用的，任何一个个体都带有前历史的记忆，都带有前共同体的、前道德的理解，任何个体都无法不对自己的民族担负起责任。[1]

德国人深为自己优良的传统自豪，他们拥有发达的文化资源，深厚的哲学背景，并且始终认为自身的传统是可以对抗现代拜金主义、物质主义以及合理化的东西。但是，在这个传统之中，是否也深深藏匿着理性与人性所达不到的角落，是否也生长着有害的杂草呢？假如活着的每一代人在思维方式、感受方式、表达方式、感知方式上都通过文化与过去的每一代人的生活方式紧密联系的话，批判自身的传统就将是一个痛苦的历程，直面民族自身的历史也将是一个残酷的过程。因此，在经过了一轮又一轮的批判，跨越了历史的重重泥潭之后，重新回头来审视这一段历史，思索集体责任的归属，是非常必要并且意义深刻的。因为他们必须弄清楚自身所背负的沉重的文化遗产，以便明确共同的责任，明确哪些传统在什么样的

---

[1] Habermas: "vom Öffentlichen Gebrauch der Historie: Das offizielle Selbstverständnis der Bundersrepublik bricht auf", *Die Zeit*, 7. 11. 1986.

条件下还可以继续发扬下去或者需要加以修正，虽然这些传统在过去的时代的确发挥了重大的作用。这是一种集体的责任意识，只有驱除对于自身传统的天真信任，凭借不带任何道德误解的伦理政治的视角，才能够产生一种正确对待历史的方式。

客观抑或人性

——关于《帝国的毁灭》[*]

引言:"我首先就觉得希特勒不是脸谱化的狂魔或者小丑,对于纳粹暴行,德国负有道义和政治责任来铭记这段历史,永不遗忘,绝不允许历史悲剧重演。我们不能改变历史,但是可以从我们历史上最羞耻的一页中学到很多东西。"

——德国前总理施罗德

一

1945年4月20日的柏林,血腥与绝望在流弹的缝隙中流淌,惨叫与呼号在空袭后的废墟上回荡,死亡犹如压阵的乌云,正悄悄布满柏林的上空。而地堡中的希特勒,正颤抖着右手,不时地向毫无希望的军官们发出歇斯底里的咆哮。——2004年9月,德国电影《帝国的毁灭》将镜头对准了希特勒和他的第三帝国灭亡前最后的十二天。

该片根据历史学家约阿希姆·费斯特(Joachim Fest)的《希特勒的末日》和希特勒最后的女秘书特劳德尔·荣格(Traudl Junge)的回忆录《直到最后时刻》创作改编而成。影片从多角度刻画了柏林被攻陷前的最后十二天里,希特勒、他的将军们、他的随从以及柏林普通市民的生

---

[*] 原载于《中德学志》,北京大学出版社2012年版。

活状态。这座濒临灭亡的城市中，时时刻刻都在上演着生死离别的悲剧，每一次轰炸，都在血水和泪光中留下残骸与尸体。可令人无法理解的是，在这废墟与地堡里却充溢着超乎寻常的高昂士气。死守柏林的军人与民众在战斗中负隅顽抗，并且随时准备付出生命，迫近的危机感引发了帝国最后的热情。然而，随着局势的急转直下，希特勒的倾颓覆灭，一切谎言逐步走向了崩溃，刹那间，一种自杀性的漠视生命的气氛开始四处散逸，整个城市的人间之帷悄然关闭，末日的符咒如同暗夜鸦群……

凭借着沉重而严肃的历史视角，该片在德国收获了 3000 万欧元的骄人票房，一举摘取了德国顶级电影荣誉奖之一的巴伐利亚电影观众奖，同时也跻身当年奥斯卡最佳外语片的提名奖之列。该片编剧伯恩·艾钦格（Bernd Eichinger）深信，《帝国的毁灭》对许多仍旧沉浸在"二战"伤害中的德国人来说将是一次情感的释放，借此将治愈留在他们心底的战争创伤。但是，伴随着这一情感的宣泄，来自各界的赞誉与批评也排山倒海而来：争论的焦点在于影片中所塑造的希特勒形象——他并不完全是一个杀人狂魔，却显得苍老而绝望，面临着众叛亲离的绝境，也会流泪，也会亲吻爱人的嘴唇，也喜欢吃巧克力蛋糕……希特勒竟然也可以这样演绎吗？人们激愤着，思考着——究竟应该如何来对待历史的真相？对于像希特勒这样的战争狂魔，是否可以赋予他如此人性的刻画？在激烈的交锋中，人们仿佛可以看见那深深掩埋于"二战"烟云中的潘多拉魔盒，竟又缓缓开启，征兆着人类历史深处的某种奇异的循环。

二

来自德国国内的声音最为响亮，柏林人民剧院在影片公映当天打出的巨幅标语："南非有钻石，科威特石油立国，德国呢？德国有自己的过去。当然，它有点臭。但除此之外，它有个不错的生意，那就是希特勒好卖！"吸引了数万民众的眼球；《汉堡周刊》为该片专门制作的长达 17 页的专题报道几乎人手传阅；德国历史学家第四十五届大会上为该片举行的专题辩论更是引来人头攒动；① 德国评论家弗兰克·希尔马赫（Frank Schirrmacher）在其评论文章《对希特勒的再发掘》中说道"这是一部成功的影片，它第一次，不再用一个魔鬼的视角来阐释德国历史上的这个人物"。② 但是，德国历史学家戈洛曼却不无愤慨地批评道，"这么一个杀人狂，怎能有这样的情调呢？这些都不是历史关键，他们与纳粹和大屠杀毫无关联"。当时的君特·格拉斯（Junter Grass）也义愤填膺地指出，"省略历史情境的再现历史，是让人难以接受的，它意味着某种倾向性与不真实"。更有学者担忧影片的出现，意味着德国民族主义和新纳粹势力的抬头："它到底是什么呢，从安全方面来考虑，这可能是反拨纳粹罪行的一种秘密表达？"③ 相对而言，《明镜》周刊的观点则较为客观。该刊的一篇评论认为，这部电影对德国史学界的"二战"历史观不会产生影响。德国目前的政体建立在对纳粹体制完全否定的基础上，所以德国政府对"二战"的反思是非常彻底的。④ 与之相邻的法国，亦对此片产生了相当的反响，不仅影院场场爆满，其新闻媒体更是持续高烧，对影片得失功过的评论烧伤了法国人浪漫的心肠。英国的《观察者》（Observer）报曾在文化版头条打出黑底红字的醒目标题——德国人要原谅希特勒吗？⑤ 不过美国《综艺报》却认为这部电影无疑将因其冷静客观和人文主义的表现手法引发有价值的讨论。

面对来自国内外的各种声音，该片导演奥利弗·西斯贝格（Oliver Hirschbiegel）公开发表了自己的见解，他说："我的电影非常有争议。作为电影人，我们向当年的受害者展示的不是一个魔鬼，而是一个人。我很为这部电影自豪。"其编剧伯恩·艾钦格（Bernd Eichinger）也立刻表示，"如

---

① Ian Kershaws: Rezension von , Der Untergang, *Feuilleton der Frankfurter Allgemeinen Zeitung* vom Freitag, 17. September 2004.

② Frank Schirrmacher : Die zweite Erfindung Hitlers: Der Untergang "Von *der Süddeutsche Zeitung*, 15. 9. 2004.

③ Stefan Reinecke : Das ist Hitler , vom *TAZ*, 14. 9. 2004, S. 3.

④ Harald Martenstein: Tod eines Bürstenbartträgers——Hitler und die Deutschen: Nach der Dämonisierung und Verdrängung folgt die Entzauberung, *Spiegel*, 9. 13. 2004.

⑤ Alex Smith : How Hitler spent his last days: A new German film on Hitler's death, *The Observer*, March 27, 2004.

果说这部电影有价值的话，那就是它不带有任何价值判断"[①]。

然而，此"客观"立场一出，立即引来了众多媒体对20世纪80年代中期的那场历史学家之争的重新开掘。当年深陷论争两大阵营的历史学家、知识分子们再次跳将出来各占城楼，刹那之间，唇枪舌剑，好不热闹。当下判断与历史回溯把德国上上下下搅了个遍。可能在德国历史上，还从来没有一部影片能够像它这样，以如此深厚的历史记忆作为背景资源，也没有哪一部电影能把如此多的德国人重新拉回历史的车辙，重新来审视历史、面对自身。说起来，这大概真是历史的悖论，希特勒在他最后的岁月中以某种诡异的方式毫无声息地消失了，却竟然奇怪地在他后人的记忆中长存，过去了几代人之后，在这些人或者那些人的头脑中，依然栩栩如生地活着，甚至随着时间的推移反而变得更加清晰可见。对于德国人来说，怎样面对希特勒几乎就成了怎样面对德国历史，怎样开创德国未来的代名词。

当年，历史学家之争的右派主将恩斯特·诺尔特（Ernst Nolte）在《法兰克福汇报》投下一枚重弹，迅速引燃了一场波及甚广的大争论。他在这篇题为"不愿消逝的过往"的文章中提到，对于德国公众来说，纳粹的过去一直都没有真正消逝过，纳粹在历史上的污渍于今显得愈加强大且有生机。但是，这带给他们的并非民族的前景，却以充满恐怖的图景成了强加在公众头上的一把利剑。对于相当一部分德国人来说，甩掉历史包袱的确成了他们渴望新生的动力。来自美国北卡大学的学者康拉德·贾劳施（Konrad H. Jarausch）在他的一篇重要论文中，深刻指出了此种思潮背后的社会经济动因，他认为，诺尔特是第一个公开呼吁停止对纳粹进行全球范围谴责的专业历史学家，这样一种吁求有着深厚的社会背景：由于经济上的繁荣、政治上的稳定以及联邦德国的声誉在国际上的提升，已经让很多德国人厌倦了对自我的控诉，并且战后出生的新一代德国人也已经不再认为自己对历史是有责任的。但是，哈贝马斯马上以《历史的公用》一文，

[①] Harald Martenstein: Tod eines Bürstenbartträgers——Hitler und die Deutschen: Nach der Dämonisierung und Verdrängung folgt die Entzauberung, *Spiegel*, 9. 13. 2004.

公开发表了对诺尔特的批判，他说想要把大屠杀的历史一笔抹杀是危险的，德国人怎么能够不带任何罪责地重新陈述历史呢？① 他的普遍道德历史观，得到了另外一批历史学家的鼎力支持。在他们看来，历史永远不该忘记，希特勒所犯下的滔天罪行，需要整个民族每一个成员的深刻反思。民众对历史承担着不可推卸的责任。虽然美国学者吉奥夫·伊雷（Geoff Eley）不无打趣地说，"实际上，诺尔特是一个有点奇怪的家伙，但是社会哲学家哈贝马斯则更多的是一个马克思主义知识分子，而并非一个严肃意义上的经过训练的历史学家"。② 尽管如此，哈贝马斯依然在此次大交锋中，以道德捍卫者的形象占到了上风。

可以说，试图卸下民族背上的重负，重新开始民族的发展，代表了当时很多德国人的心声；而秉持历史公用，强调民族责任的吁求在战后德国的发展中始终占据着主流地位。这一次又一次的争论，不论是专业的还是民间的，无不表明了德国对于自身历史的深入思考。就在历史学家之争后的第十八个年头，《帝国的毁灭》带着全新的视角跃上德国历史的舞台，并迅速在德国乃至整个欧洲引发了强烈反响。德国民众在影片中看到的这个希特勒同以往的历史书写有着很大的区别，导演的用意旨在将其塑造成一个有着普通人情感和弱点的老人。这样的塑造是否具有历史正当性，而又是否反映了德国民众当下的历史诉求呢？所有的疑虑或者赞誉，不仅鼓荡起了对过往这场论争的再次回忆，更反映了他们在精神内涵上与先前这段历史思潮割不断的延续性。

三

但是，使我们惊讶的问题是，为什么希特勒这个早已被纽伦堡审判抛入罪恶深渊的狂魔，竟会在不同的历史语境下不断地被搬入各种题材的历

---

① Habermas："vom Öffentlichen Gebrauch der Historie：Das offizielle Selbstverständnis der Bundersrepublik bricht auf"，*Die Zeit*，7.11.1986.

② Geoff Eley："Nazism, Politics and the Image of the Past：Thoughts on the West German Historikerstreit 1986–87"，in：*Past and Present*，121（1988），pp. 171–208.

史叙述中呢？这个沉重的话题为何一直在德国的历史学界乃至整个社会中产生如此巨大的影响呢？他的身上究竟有怎样的魔力？影片对于希特勒的塑造是否反映了历史的真相？究竟是谁出了问题，是导演本人的心血来潮呢，还是德国民众确实已经厌恶了不停的忏悔和反思呢？也许我们能够从学者理查德·伊万（Richard J. Evans）的这段阐释中得到一些启发：

> 希特勒身上无法驱除的污点对于德国历史学家以及普通德国民众来说，就是一种愤怒的源泉，同时也是他们挑战自我的方式。他们希望在一种历史认同的基础上，呼唤一种更新的自信。对他们来说德国的历史导向了希特勒，同时也要超越希特勒。①

如果说，历史学家之争可视为联邦德国在民主后的第一次集体的理论思考，戈德哈根在20世纪90年代的著作《希特勒的志愿行刑者：德国的普通民众和大屠杀》是后续的争论，那么针对本部影片而发的，可算是与其二者遥遥呼应的第三次大潮。这样一个持续不断并且推陈出新的历史过程，完整而全面地展示了德国对于自身民族历史的深度反思，以及试图为当下处境所作的某种精神性的建设和展望。本影片原书作者，德国著名的历史学家和出版商约阿斯姆·费斯特（Joachim Fest），虽然已经离开人世，但是其研究希特勒的独到视角，不仅不能被排除在对该片的探讨之外，更应该是解读它的一个关键所在。

20世纪80年代，作为《法兰克福汇报》发行人的费斯特，由于诺尔特的文章，被卷入了历史学家之争的行列，但是他本人对于这场论争的态度始终是鲜明的：他不仅不完全认同诺尔特的激进立场，也反对哈贝马斯的普遍道德观点。可以说，在整个的论争过程中，他始终保持着严谨审慎的思考态度，保持着个人成熟深刻的思想见解。早在撰写《希特勒》一书之时，他就以生动的笔触描写了希特勒的一生与"二战"的恐怖。他在书

---

① Richard J. Evans: Review: The new Nationalism and the Old History: perspective on the west german Historikerstreit, *Journal of Modern History*, December 1987, pp. 761–797.

中认为，希特勒是一个有着极强破坏欲的人，其个性和政治手段对纳粹党的发迹起到了至关重要的作用。这种从人性角度刻画希特勒的全新方式，与一些作家只喜欢探寻希特勒是否还活着的秘密，产生了强烈反差，也因此为他赢得了广泛赞誉。在 2002 年，他又写出了《帝国崩溃：希特勒与第三帝国的灭亡》（*Der Untergang：Hitler Und Das Ende Des Dritten Reiches：Eine Historische Skizze*）。这部著作，为本影片奠定了坚实的基础，不仅是其"二战"研究的集大成之作，更是其希特勒研究的顶峰之作。在书写过程中，他放弃了简单的善恶对立的评价方法，完全从史实出发，向读者展示了希特勒灭亡之前的种种人性的表达，种种复杂的内在勾连。在他看来，希特勒并不是一个被妖魔化的纳粹领袖，却是一个拥有普通人的理想、追求、恐惧等人性特征的人。

  他说得很清楚，对希特勒的全面反映，将是德国走出自身阴影的一个重大历史事件。费希特眼中的希特勒，与历史学家腓特烈·梅尼克的那句名言"他与其是德国的一场浩劫，毋宁说是德国历史发展的一种必然产物"。有着某种惊人的共通之处。在费斯特看来，要分析希特勒这个人物，必须要从他取得政权的社会背景出发，要重视历史的某种内在的必然性。他并不认为希特勒的上台仅是大萧条产生的经济恐慌的直接后果，相反，他提出，希特勒的成功，有着更加深刻的历史根源并且与德国"一战"后的世纪末情绪息息相关。

  首先，费斯特认为，只要用心去审视德国的历史，就不难在中世纪的皇帝们身上，在腓特烈大帝身上，在铁血的俾斯麦身上，看见潜在的希特勒的影像。他不仅是普鲁士和俾斯麦帝国的合法继承者，也是德国历史的完结者。正是这种意识形态的承续性使得他的崛起成为可能。人们在他那里看到了德国一以贯之的高傲文化概念，以及充溢其中的民族自豪感。可以说，这是一种前期极权主义的蛰伏形态。① 当然，这个国家的政治机构本有的先天不足，也使得德国人更加容易为具有超凡能力的领袖人物所蛊

---

① ［德］约阿斯姆·费斯特：《帝国崩溃：希特勒与第三帝国的灭亡》，陈晓春译，上海三联书店 2005 年版，第 35—39 页。

惑；其次，经历了1918年秋天的那场失败之后，大批还沉迷在1870—1871年美梦中的德国人，忽然发现，他们原来信奉的那些准则已经完全崩溃了，国家内部除了持续的混乱之外，就是大规模的失业。那充满报复恶意的凡尔赛条约、231条款，不仅让德国人背上了似乎永远也偿还不清的物质重负，更导致了战胜国施加于其上的心理失衡。此时，一种愤怒的民众团体形成了，他们在期待着一个领袖和引路人的出现。紧随其后的全国性通货膨胀，世界范围的经济危机，大大激发了这种愤怒的心情。所有的责任，都被推诸已经四面楚歌的魏玛共和国。就在此时，希特勒利用了这一情绪和20世纪30年代持续上涨的愤恨，在全国各地强化这一危机，同时竭尽全力去向民众们展示驱除危机后的美好世界。经受着痛苦折磨的德国民众，忽然看到了这么一个敢于重新开始的德意志横空出世，无不为之欣喜若狂，长久以来的顾虑在希特勒激情的演说中被一扫而空。这就是希特勒取得政权时的随附现象，它让德国人摆脱了所谓的民主、法治和"西方价值"之后，在某种意义上回归了自己。正是由于这个国家的特殊历史发展，才最终促成了希特勒的成功。因此，如果不能从这个民族的文化历史背景入手，不从其所遭受的心理创伤入手，根本无从考察希特勒上台并且最终取得政权的原因。当然，也就不可能真正地找出，当时人们陷入对希特勒狂热崇拜并且忠实追随的根本原因。

在费斯特看来，希特勒确实是历史上一种前所未有的现象。他的一生不仅造成了人类历史上骇人听闻的惨剧，也赢得了数以万计民众疯狂的崇拜。在战争期间，确实没有任何一个国家产生过凭借演说才能与他一比高下的人，也没有任何一个国家产生过拥有如此组织能力和战术天赋的人。但是，同样的，也没有任何一个国度，产生过像他一样极端和激进的人。希特勒从来没有把选举他上台的任何一个选民的生命放在心上，相反的，他却带着一种史无前例的以自我为中心的想法，把国家的安危和自己的一生等同起来。对此，费斯特犀利地指出，他根本不具备任何文明的思想：

因为，所有的世界强国，从罗马帝国到德意志民族的神圣罗马帝国，从拿破仑的法兰西到大不列颠帝国，尽管相互之间有着千差万别,但是他们都宣称自己的目标是为了人类的和平进步与自由。即便是斯大林的铁腕政策,尽管破绽百出,也还是用未来的承诺装裱门面。但,独独希特勒并不是这样。在占领和扩张领土的过程中,在对犹太人的残酷屠杀中,他放弃了所有理想性的掩饰,也根本从来没有认识到有必要对他的统治来进行粉饰。①

在希特勒的一生中,始终催促他前进的,是强者有生存权利的史前文化的行为准则。他对任何宗教和人性都进行了幸灾乐祸的攻击。这一赤裸裸的史前法则,是历史上从未有过的,因为没有一个统治者能够离开所有的文明如此之远。

费斯特的分析,尤以其鞭辟入里的历史剖析、丰富翔实的历史材料以及罕见独到的视角见长。他对希特勒掌握权柄的历史溯源、社会思潮有着深刻的见解。同时,他更以拉近历史距离,全面聚焦希特勒的人性视角,颠覆性地改变了以往的历史书写方式,为希特勒的研究乃至整个纳粹党史的研究做出了重大贡献。伴随着本部影片的火热上映,关于希特勒的不休争论又将人们的关注点重新拉回到了这个历史学家的身上。人们跟随着他,再一次追问:随着希特勒的崛起流失的是什么东西,他的存在给德国历史带来了什么,他的死又使得哪些东西不可挽回,哪些东西重新获得?

四

这部耗资 1500 万欧元的巨制,不仅在某种意义上呈现了历史思潮的反响,也生动传达了费斯特本人的历史哲学思想——那就是还历史人物一个空间,给他一个陈述自我的平台。让德国人自己来面对历史,自己来对本民族加于己身的历史责任进行反思和确定。

---

① [德]约阿斯姆·费斯特:《帝国崩溃:希特勒与第三帝国的灭亡》,陈晓春译,上海三联书店 2005 年版,第 185—187 页。

其实，任何一个民族要认识自身都不是一件容易的事，尤其当它要面对一段耻辱与羞愧的往事之时，沉重的压力与心理负担更是考验其民族意志的试金石。一味地漠视乃至回避，同积极地面对与承担相比，无疑是一种怯懦的表现。在战后的漫长历史阶段，德国人不断为自己的历史罪恶寻找着答案。最初人们直接将责任推给"希特勒"，当时的历史毫无例外地将其不断妖魔化、单一化为一个非人的形象，因为这是证明德意志普通民众无辜的最好方式。慢慢地，人们又将矛头对准了纳粹党或极端右翼分子，认为他们才是战争狂、屠杀者。此后，德国人又经历了无数次痛苦的自省和反思，他们逐渐承认，尽管有抵抗运动，尽管普通人并不能阻挡屠犹的发生，整个民族仍然应该在希特勒问题上承担应有的责任。可以说，贯穿德国战后史的这一系列不间断的历史探寻，确实给德国人带来了思想和意识上的重大提升。

《帝国的毁灭》这部影片的出现，在很大程度上代表了德国人在新的世纪对于民族历史问题的深刻理解。它的震撼之处在于超越了一般战争片的说教意味，直接将历史的聚光灯照在了隐匿于历史帷幕之后的那个被抛置于历史荒野上的希特勒。通过对其颇为客观而全面的塑造，传达出了德国人痛苦的自省，这自省中没有掺杂一丝的虚饰和隐瞒，却要让世人真正了解那场由其所导致的 600 万犹太人被杀、各国共计 5000 万人罹难的悲剧。德国人此时明白了，过分的扭曲和夸大那段罪恶历史事实上并不正确，它不能代表一份真诚的反省态度。只有真正客观冷静地反思再现，才是富有勇气的行为。于是，他们敢于用清醒的艺术形式来检讨自己的过去，来重新看待这一段历史。他们用自己的双手揭下了钉在希特勒身上的历史标签，他们不再需要这么一个替罪羊来承担自身的历史责任了。影片中，有一段空袭过后的片刻宁静。

被轰炸得焦干的土地上，有一朵残存的美丽的水仙花，傲然挺立在鲜血和死亡之上。一个在战争中成长起来的孩子，于血水和火光的交织里领悟到了人生最残忍的意义。片尾处他紧紧握住她的手，一头金发在风中微微颤动，这是生命的颜色，虽则残忍，却真的是生命的光泽。两个人没有说一句话，但是他们的手却握得更紧了。危难拉近了彼此的距离，祖国的陷落，城市的沦亡是他们共同的背负。他从废弃的桥下拉起了一辆自行车。她带着他穿越有阳光的树林，一抹亮色投射在他们沉重的脸上，家园和故土在一步一步地重新到来。[①]

这是影片给出的结局。妇女和儿童的脆弱生命给德国坚硬的大地带来了最后的生机。承担责任需要的不仅仅是一份勇气，同样需要一份来自内心的诚实。历史不能够被遗忘，但是也应该以一种更加成熟的态度来面对自己国家的历史，只有将民族历史文化中的一些毒素和一些变异的基因摘除之后，辅以积极审慎的反思态度，民族的发展才能有一个充满希望的广阔空间。

[①] 参见影片《帝国的毁灭》片尾，具体画面由笔者从片中描绘总结而成。

没有外在的声音来唤醒我的心
——最低限度的道德[*]

"没有外在的声音来唤醒我的心"。这是一句很残酷的话,来自德国"二战"后纽伦堡审判中艾希曼(Eishmann)的自我辩护。我们都知道,艾希曼是犹太人大屠杀中"最终方案"得以执行的主要负责人。他在战后曾一度逃往阿根廷,只是最后还是被押上了审判席。那是一场引发全球关注的大审判。在审判席上,艾希曼为自己辩护说,"在纳粹时期,我不过就是一个执行希特勒所下达命令的军官。我的所作所为是任何一个忠于职守的军人所应当做的。除此之外,在当时的境遇中,人人如此,并没有任何外在的声音来唤醒我的良心。因此,不可能由我一人来承担这一巨大的罪责"。这样的辩护之词,在现在听来,不免荒谬。因为,艾希曼并不是一个未成年人,当时的他,亦有足够的智慧与能力去承担自己的行为引发的道德责任与法律后果。然而,当这一切发生在一个强力意志凌驾于一切的年代中,艾希曼的申辩就不再显得如同字面上那般无力。我们今天回过头来看,不论是在德国本土还是在整个世界范围内,关于纳粹罪责的讨论,始终没有止息。身在美国的阿伦特(Hannah Arendt)在1963年出版的《艾希曼在耶路撒冷——关于艾希曼审判的报告》中,直接论及了"平庸之恶"的概念。而发生在1980年代的德国历史学家之争,更是兵扎两营,深刻而持续地讨论了"二战"历史遗产的问题。1996年一个犹太裔美

---

[*] 原载于《学习时报》2014年5月26日第9版。

国学者丹尼尔·戈德哈根在他的那本《希特勒的志愿行刑者：普通的德国人与大屠杀》中，则是详细论证了屠杀行为的非强迫性、参与范围的广阔性、消灭犹太人的彻底性，以及不必要暴力的泛滥性；重新又将千千万万的普通德国人拉回了那个历史论争的漩涡。人们开始追问，当一个民族的多数人全都被卷入一场无以逃脱的罪行之时，对于身在其中的个体来说，是否真的需要这么一个良心被唤醒的时刻？

其实，这个问题，可以被简化为一组对比关系，那就是个体与群体之间的关系。在人类的历史上，每当群体或者国家向个体施压的时候，渺小的个体在巨大的压力之下，往往会倾向于凭借以往的生存惯性来指导自己的行为，而难以做出独立、正确的判断。这正是纳粹大屠杀中的艾希曼，以及形形色色的种族大屠杀中沉默的大多数所共同描绘出的人类群像。这种力量对比中所存留的个人"正义"似乎成了逃避罪责的最好理由。甚至还有一些像日本这样的国家，不仅未曾对这一"正义"进行些许的反思，甚至还将这道长长的历史阴影拉到了现代，进而将昔日卫护天皇荣耀的兵将祭拜在了神所。有谁能够想象一个曾经被所谓的"荣耀""忠诚""使命"所召唤的民族，依旧在当下延续那种极端状况下的疯狂、盲从和非理性呢？

如果不曾反思历史，个体的清明将永坠迷狂的深渊。幸而，人类的历史并不缺乏独立的思考。德国哲学家卡尔·雅斯贝尔斯（Karl Theodor Jaspers）就曾在《德国罪过问题》中，疾声高呼："我们全都有责任，对不义行为，当时的我们为什么不到大街上去大声呐喊呢？"确实如此，雅斯贝尔斯的深刻之处，不仅仅在于对"二战"德国历史的批判性审视，更在于用这样一种呼喊，向每一个历史的亲历者发出了人性层面的拷问。在一场民族性的黑暗被揭开幕布之时，光是审判几个艾希曼是远远不够的，只有每一个人都在自己的内心，对自我进行一场深刻的审判之后，这个民族所罹患的精神与肉体的疾病，才有被治愈的可能。虽然在那场浩劫中，并非每一个人都向纳粹投出了赞成的一票，但是，他们在彼此的缄默不语、乃至于照章办事的机械性行为中，都已经站到了纳粹的一边。而当历史的车轮将罪恶碾平，战争的烈焰在这片土地上逐渐止息的时候，大多数人重新又躲入了人群，希望将这段不堪的往事从记忆中彻底抹去。没有哪一个人主动站出来说，我要承担起自己的责任来。因为他们永远都有更高一层的理由——例如，政治的压迫、盲目的信仰、集体的决定等。不过我们需要牢记的是，如果每一个人都不承担责任，每一个人都是清白无辜的话，那么，那些在灾难中真正遭受迫害、真正清白无辜的人，恐怕就要永远地沉没于历史遗忘的冰海，再也无人记起了。

当然，这也并不是说，每一个人都是那场罪行的犯人，这罪恶的印记如同原罪，将随着人类的繁衍代代相传。重提这段历史，重新思考和追问这一问题的真正要旨在于，我们必须在经历罪行与磨难之后，重新设定一个最低限度的道德与责任的防线。那就是，对于人类历史上已经发生的劫难，我们有责任去铭记、去思考，并时刻在心中防范类似罪恶的再度发生。一个没有记忆的民族，其实也就没有未来。一个没有记忆的人类，同样也没有资格拥抱未来的曙光。当年，俄罗斯作家索尔仁尼琴，在历经数度流放之后，仍旧于困苦与禁锢之中，坚持完成了此后震惊世界的巨著《古拉格群岛》。当时的许多人不解其意，只是善意地劝导他，"就让一切过去的都过去吧，如果你总是牢记过去，你会失去自己的一只眼睛的"。但索尔仁尼琴却义正词严地回答道："你这么说，是因为你忘掉了这句谚语的后半句，如果你忘记过去的话，你就将失去两只眼睛。"这样的一番回答，虽则平实却足以震撼心灵。对于俄罗斯这一苦难而深刻的民族来说，夹在东西方之间的颠沛历史，促使着它不断寻找自身的发展道路。在这条道路上所发生的一切，都在重新塑造乃至改变着这个民族的航向。在这次的索契冬奥会上，我们之所以对它的开幕式如此印象深刻，是因为，我们发现，这一民族向整个世界贡献了如此众多的思考者。这些思考者最大的特点就在于，从来没有在哪一刻，忘记自己民族的身份与民族的历史。这一历史，并不总是欢跃明快的，在这一历史上同样也曾有过屠戮血水。只是你选择以一种怎样的方式来对待历史。遗忘与遮掩，无法抹平民族的伤痕，唯有记忆与追问才能为其提供痊愈的良药。正视历史，给了我们重新审视自身蒙昧与惯性的机会。也许在这种正视中，我们可以谅解罪行，可以止息哀恸。但是，我们却不能忘却这样一句曾发生在罪行审判台上的辩护词:"没有外在的声音来唤醒我的心。"它提醒着我们,人类可能坠落的深渊。也许我们今后最该防范的不是希特勒或者艾希曼的重生,而是产生他们的土壤——我们身处的这个随时随刻都能被非理性乃至暴力所驱动的人类群体。人类诞生伊始,万物皆显得冷漠无情,为了避免伤害,人类为自己安置了种种距离,隔绝冲突。然而,自然界无边的黑暗与孤独,又不断驱使着人类抱团取暖。这团结与距离构成了人类生存的双重面相。一方面渴望团结的体温;另一方面又恐惧切近的伤害。从本质上来说,人需要孤独持存的自己,但又需要彼此相依的群体。随着人类社会的不断演进,孤独的个体,愈加显得脆弱不堪,一不小心就会在坚硬的社会现实中被击得粉碎。从此,人类过上了群体的生活。然而,当社会机体之中不断酝酿生成、进而积聚爆发的权力逻辑,终于跃出温情脉脉的地表之时,群体内部的稳定结构就被打破。桀骜不驯的权力,开始依据自身运行的轨道,寻求掌控群体灵魂的方式。我们会在人类历史上无数次的群体运动中,看到比肩接踵的嘈杂以及急剧密集的触碰,所释放出的超越人类生存所需要的热能与力量。甚至,某种赤裸裸的动物性特征,也将在此种狂热中被引爆。随后,我们所能想象或者无法想象到的疯狂、盲从乃至破坏就将在历史的舞台上轮番上演。对此,我们并不陌生。

只是,这样的时刻之所以能够成为我们无法摆脱的记忆,并不在于它所带来的毁灭性的破坏,而在于它所彰显乃至验证的人类最本质的价值存在。面对黑暗、暴力和恐惧的时刻,你做出了怎样的选择?淹没于群体,确实能够化解个体的渺小与脆弱,而一旦群体的狂暴撕裂了人类起码的正义之时,掩藏在群体狂暴之涛中的个体,究竟应该做出怎样的选择?出让自己的价值判断、屈从于群体的共振,不啻放弃人之为人的基础——独立、自主与尊严。而一旦放弃了这一切,人类将无从窥见希望的曙光。我们总是特别容易说,大多数人都是这样的,我们的日常生活也不总会遇到极端状况的抉择,只是大家都忽略了一个点,那就是,日常总是以某种不经考量的方式,熟悉着我们的生活,麻木着我们的思考。一个不再存有陌生感的时代,使得人人都放弃了独立的思考。苏格拉底说,"未经省察的生活,是不值得过的生活"。人类在历史长河的辛苦跋涉,逐渐剪除了日常生活的陌生化，尤其是在当下这一时代中，有谁再去追问，再去反思？只是，再度念及艾希曼的辩护之词，身心不免为之一震。如果，个体丧失了内在的追索与反思的能力，单单只信靠外界的声音，那么，这发展进步的成果，不过就是把人再度圈养起来而已。只是，人不再是被圈养在自然之中，而是被圈养在了更高级的人类社会群体的牢笼之中。自由何谓？因而，面对黑暗、狂暴与恐惧之时，最为可怕的不是转身逃脱，而是，不加思考的普遍沉默与盲从。在反思停止的地方，便是人类生命力枯竭之处。

做历史责任的承担者

——德国"二战"后的历史反思*

在德国，希特勒以及纳粹罪行已然成了一道绕不过去的历史三峡，任何与此相关的话语建构都会引发德意志民族深刻的自我审视。2012年，一部名为《他又回来了》（*Er ist wieder da*）的小说，以虚构的笔法描绘了希特勒在2011年夏天的苏醒，再度引发了德国上下的舆论狂潮。这段时间以来，日本首相安倍晋三的一系列言论，因其对历史的漠然无视，又一次揭开了亚洲民众心中那道深深的历史伤痕。在如何面对历史问题、如何承担历史重负、如何反思历史罪行等问题之上，德国无疑为日本树立了一个值得学习的榜样。

纽伦堡审判并没有终结德意志民族的历史重负，这段不堪的历史在战后德国的不同时代语境中，仍旧被不断地搬入各种题材的历史叙述之中。关于希特勒与纳粹党人的沉重话题，始终没有消失于历史滚滚向前的车轮之下。这里面有德国政治家的历史承担感、有知识分子的历史责任感、更有普通民众的历史反思感。诚如德国前总理施罗德（Schroder）所言："对于纳粹暴行，德国负有道义和政治责任来铭记这段历史，永不遗忘，绝不允许历史悲剧重演。我们不能改变历史，但是可以从我们历史上最羞耻的一页中学到很多东西。"

当然，对这段历史的反思与负荷并非一个简单的过程，在这其中充满

---

* 原载于《中国党政干部论坛》2013年第7期。

了论争与曲折，甚至触及到了德意志民族心灵史上的残酷厮杀。希特勒身上无法驱除的污点对于德国历史学家以及普通德国民众来说，如同一眼愤怒的源泉，同时也是他们挑战自我的方式。那么，在新的时代语境中，德国究竟如何才能走出希特勒的阴影，重塑民族认同，重归世界舞台？这一系列问题，正是20世纪80年代中期，发生于德国的一场"历史学家之争"的关键议题。这是两德统一之前，联邦德国知识分子对历史责任问题的一次极为重要的集体理论思考。它为德国的重新出发与崛起，奠定了坚实的思想基础。

当时，来自德国左右两大阵营的历史学家、知识分子占据不同舆论高地，就"如何看待民族的历史，如何面对民族的未来？"这一宏阔的历史主题展开了激烈的争论。来自德国右翼阵营的历史学家恩斯特·诺尔特（Ernst Nolte）是这场论争的导火索。他在文章中秉持道德上的"不介入"原则，否定了大屠杀的独特性，将纳粹罪行普遍化，并试图将注意力从第三帝国转移到其他国家的罪行之上。这一历史修正主义的言论并非一种孤立现象。对于一部分德国人来说，甩掉历史包袱的确是他们渴求新生的动力。诚如德国学者康拉德·贾劳斯奇（Konrad H. Jarausch）所言：这一思潮背后的深层原因，"在于经济上的繁荣、政治上的稳定以及联邦德国的声誉在国际上的提升，已经让很多德国人厌倦了对自我的控诉，并且战后出生的新一代德国人也已经不再认为自己对历史是有责任的"。

但是，在以哈贝马斯为首的左派知识分子看来，历史却永远不该被忘记，希特勒所犯下的滔天罪行，需要整个民族每一个成员的深刻反思，民众对历史承担着不可推卸的历史责任。因此，他在《历史的公用》一文中指出："作为共和国的公民，我们一旦要寻求意义上的相互尊重，以及他人与自我的相互认同，都必须以民族历史作为一个重要的背景条件，民族传统和民族心态已经成为我们人格的一个部分。……历史是有公用的，任何一个个体都带有前历史的记忆，都带有前共同体的、前道德的理解，任何个体都无法不对自己的民族担负起责任。"确实，寻找历史责任的承担者，一直是德国战后历史追索的主题。最初人们直接将责任推给了"希特勒"。故而当时的历史叙事毫无例外地将其妖魔化为一个非人的形象，以此证明德国普通民众的无辜。慢慢地，人们将矛头对准了纳粹党或极端右翼分子，认为他们才是战争狂、屠杀者。此后，德国人又经历了无数次痛苦的自省和反思，才逐渐承认，尽管有抵抗运动，尽管普通人并不能阻挡屠犹的发生，但整个民族仍然应该在希特勒问题上承担应有的责任。可以说，贯穿德国战后史的这一系列不间断的历史探寻，对德国人而言，是一场从肉体到心灵再到灵魂的艰难探索。正是在深刻领会这段历史追索意义的基础上，以哈贝马斯为代表的左翼知识分子才能如此雄辩地为德国人民指出未来发展的道路——正视过往、承担责任。其震撼人心之处，在于它超越了一般的道德说教，而直接将历史的聚光灯照在了德国人痛苦自省的内心之旅。就像勃朗特（Willy Brandt）总统在华沙犹太人死难者纪念碑前的下跪，这种自省中没有掺杂任何一丝的虚饰和隐瞒，却是要让世人真正了解那场 600 万犹太人被杀、各国共计 5000 万人罹难的悲剧。令人欣慰的是，这场论争的最终结果，也的确是左翼阵营的胜利。

我们知道，活着的每一代人在思维方式、感受方式、表达方式，感知方式上都通过文化与过去的每一代人紧密联系。因而，批判自身的传统会是一个十分痛苦的历程，直面民族自身的历史也会是一个极端残酷的过程。但是，德国人在历经一轮又一轮的批判，跨越了历史的重重泥潭之后，却还能够选择不断地审视这一段历史，重新思索集体责任的归属，这确实需要莫大的勇气和责任。从另一个方面来看，这种反思与自省，对于德意志民族的再度崛起与发展来讲，却有着深刻和不可替代的意义。因为他们必须弄清自身所背负的沉重的文化遗产，以便明确共同的责任，明确哪些传统在什么样的条件下还可以继续发扬下去或者需要加以修正。只有驱除对于自身传统的天真信任，凭借不带任何道德误解的伦理政治的视角，才能够产生一种正确对待历史的方式。因此，当我们站在当下，重新回望发生在 20 世纪 80 年代的德国土地上的这场"历史学家之争"之时，可以更为清楚地看到德意志民族在历史问题上曾有过的痛苦挣扎，从而更加明确历史的责任感和使命感。

毫无疑问，犹太人所遭受的种族大屠杀，将始终烙印于西方现代性之上，成为人类 20 世纪集体创伤的独有承担。然而法西斯罪行，不仅是德国一国的历史沉荷,这一罪行所引发的第二次世界大战,是对人类文明的沉重打击,也是钉在全世界爱好和平的人民心中的一道无法磨灭的耻辱柱。当我们能够在认知上辨析出人类苦难的存在和根源之时,我们是否应当清醒地意识到所需要担负的历史责任呢?德国以一种源自生命深处的诚实——承担责任需要的不仅仅是一份勇气,同样需要一份来自内心的诚实——彻底反思了"二战"罪行的历史,而有一些国家却始终没有真正面对历史,承担责任;相反的,却一再纵容右翼极端势力对世界和平的践踏。当然,任何一个民族要认识自身都不是一件容易的事,尤其当它要面对一段耻辱与羞愧的往事之时,沉重的压力与心理负担更是考验其民族意志的试金石。一味地漠视乃至回避,同积极地面对与承担相比,无疑是一种怯懦的表现。因此,我们要始终铭记,历史不能够被遗忘,只有将民族历史文化中的一些毒素和变异的基因摘除之后,辅以积极审慎的反思态度,民族的发展才能拥有一个充满希望的广阔空间。

历史学家之争与德国的历史建构

"历史学家之争",指的是发生在西德1986—1987年哈贝马斯与新保守主义者们——恩斯特·诺尔特(Ernst Nolte)、安德烈亚斯·希尔格鲁伯(Andreas Hillgruber)、克劳斯·希尔德布兰特(Klaus Hildebrand)、米夏埃尔·斯徒尔默(Michael Stürmer)、约阿希姆·费斯特(Joachim Fest)之间的论争。自20世纪70年代关于德意志帝国的政治在第一次世界大战中的"战争目的讨论"发生之后,再也没有哪个历史议题,会像发生在过去这几年间的这场关于纳粹屠杀犹太人罪行独特性问题的讨论这般,引发如此巨大的社会关注。该如何为数百万犹太人被屠杀这一事实进行历史定位?——这究竟是一件能够在历史中找到对应的罪行,是在别的历史时期,在别的国度也曾经发生过的类似罪行?还是说,这是一项具有独特性、不可比较的罪行?这场论争自哈贝马斯针对希尔格鲁伯以及诺尔特的批判发端,随着一系列历史学家发表的文章,这场论战拉开了彼此相对的阵营,新的文章不断涌现,而对这一问题的思索与探讨也随之不断加深。

从时间的连续性角度来看,这并非一个孤立的历史事件。相反这场学术争论实际上是思想史中更遥远的一些思潮的复活和延续。这涉及反犹主义思潮,涉及大屠杀,同时更重要的是涉及德国人如何面对历史的问题,以及进一步的自我身份认同。从空间的角度来看,"历史学家之争"也并非是西德内部的一次学术争论,相反的它是整个欧洲范围内的问题。挑起"历史学家之争"的右翼阵营代表人物首先是诺尔特,他于1986年6月6日在《法兰克福汇报》(*Frankfurter Allgemeine Zeitung*)上发表了文章:

《不愿过去的过去》。他认为大屠杀并不是独一无二的，布尔什维克的暴力革命是希特勒的榜样。希特勒的国家社会主义思想体系针对的是俄国布尔什维克，而第三帝国的战争是防卫犹太人的威胁。不难看出，诺尔特想把注意力从第三帝国转移到其他国家的罪行上，他采取极端右翼的观点为第三帝国的罪行开脱，认为纳粹与布尔什维克以及其他亚洲国家（比如柬埔寨）的行为是一样的。希尔格鲁伯在"历史学家之争"中一直秉持减轻德国罪名的思想。他认为希特勒的罪责是不确定的，世界上狂热的反犹者有许多。当然，希尔格鲁伯等德国右翼知识分子试图否认德国侵略苏联的事实，并将纳粹发动的战争描述为防卫战争，甚至认为斯大林与希特勒一样是"二战"的发动者的论调，是令人无法接受的。希尔德布兰特与诺尔特在观点上颇有相近之处。他坚持防御战争理论，并质疑到底是希特勒还是斯大林发动了战争。他比较了希特勒和斯大林的外交政策，认为希特勒的攻击是为了避免一种可能的威胁，完全出于防御的动机。希尔德布兰特拒绝为纳粹行为负责，他冷漠地谈论大屠杀，对犹太人几乎没有同情。与其站在同一阵营的德国历史学家汉斯·莫森（Hans Mommsen）认为，"最后解决"是第三帝国决定过程复杂结构的衍生物。就连德国前总理科尔等人也从地缘政治出发为德国辩护，认为德国特殊的历史命运来自他欧洲中心的地缘政治。虽然修正主义的思潮由来已久，并且在"历史学家之争"中得到了充分的暴露。但是在这场论争中，真正占据上风的还是左翼知识分子。他们在一系列的论争中，高举道德之旗，获得了广大的支持。其中的代表人物就是哈贝马斯。他于1986年7月11日在《时代》（*Die Zeit*）上发表了一篇名为《一种清除弊端的方式》（*Eine Art Schadensabwickelung. Die apolegetischen Tendenzen in der deutschen Zeitaeschinchtsschreibung*）的文章。他在文章中批判诺尔特将纳粹罪行相对化的观点，他认为纳粹用现代工业化的方式对一个种族进行整体性、毁灭性的大屠杀，而这种罪行又发生在了属于欧洲文明国家的德国，因此大屠杀的独特性是无疑的，德国必须直面过去而不是将其掩盖。除了诺尔特之外，哈贝马斯还批评了其他修正主义者。例如，他批评希尔格鲁伯的文章满是陈词滥调，揭露他用历史重建被毁灭的欧洲中心的企图。针对斯徒尔默建立统一德国历史形象，即运用地缘政治学说宣扬德国是欧洲文化的中心，力图重建这一文化中心的建议，哈贝马斯也表示了自己的反对立场。在辩论中，哈贝马斯指出，修正主义者们依托保守主义和民族主义的传统哲学思想基础，力图重建过去并选择合适历史形象的幻想是错误的，唯一能让德国与西方一致的是宪法爱国主义。那些试图回到传统国家意识形态的种种论调，将毫无疑问地破坏德国与西方建立联系的唯一可信赖的基础。

第四编

审美与实践的两翼：通往未来之路

成长，一项未完成的设计[*]

在西方启蒙运动时期，成长从其现实意义中抽离出来，成为时代的象征。她象征着一个时代同另一个时代的决裂，一代人同另一代人的断裂。成长在生理上的转瞬即逝，恰恰为文学叙事中那无限躁动、充满活力的成长，提供了广阔的空间，从而引领了现代性的充分表达。因此，成长小说有着特殊的欧洲启蒙运动的思想背景，同时也由于与现代性的紧密联系，塑造了其深邃的思想内涵。

一 现代性与成长小说的发生

成长小说按照德语的正确表述是"Bildungsroman"。从词源上讲，先有名词 Bild（塑像），后有名词 Bildung（塑造、教育、教养）。"Bildung"一词在 18 世纪中期以后的虔敬主义运动中被用以表述人与自然力量、人与人之间的相互作用，强调内在的塑造，注重精神、心灵的内化作用。启蒙运动在此基础上，把其"塑造"之意拓展到理性的"教育、修养"[①]层面。此后，德国哲学家威廉·狄尔泰（Wilhelm Dilthey）在《体验与诗》(*Experience and Poetry*) 中对成长小说进行了较为详细的说明，促使"成长小说"一词成为公认的文学术语。

---

[*] 原载于《哲思与诗情》，清华大学出版社 2017 年版。
[①] 参见谷裕《试论诺瓦利斯小说的宗教特征》，《外国文学评论》2001 年第 2 期。

现代性是一个关涉西方现代社会的整体性问题，是对近代以来随着宗教改革、工业革命、启蒙运动而出现的现代社会的一种描述。这样庞杂的理论体系不可能在如此有限的篇幅中得到详尽阐释，因此，本书所择取的是一个与成长小说息息相关的角度——即意识与思维变迁的模式。在此意义上，现代性可被视为一种不同于传统习惯的理论思维，一个由不成熟到成熟、由不完备到完备的理论建构。马泰·卡林内斯库（Matei Calinescu）曾在其《现代性的五副面孔》一书中指出：

> 现代性被知觉为是一个从黑暗中挣脱出来的时代，一个觉醒与启蒙的时代，它展示了光辉灿烂的未来，人们因此有意识地参与了未来的创造。[①]

这是一种时间与历史意识的现代性概念，具体表现为线性发展的时间观念与目的论的历史观，因而又被称为"启蒙现代性"或"历史现代性"。其标志是人的觉醒。从总体上看，它延续了现代思想史早期的卓越传统：进步的信念、坚信科学技术造福人类的可能性、对时间的关注、崇拜理性、限于抽象的人道主义体系内的自由理想还有实用主义取向，以及对行动和成功的崇拜等。所有这一切都在不同程度上指明了一个崭新时代的到来，并且由于其所确立的核心价值观而充满活力。

我们知道，在维兰德和歌德的小说出现之前，德语小说的发展实际上经历的是一个非常缓慢的过程。虽然在17世纪的德国文学中，已经产生了像格里美尔斯豪森（Grimmelshausen）的《痴儿西木传》这样的杰作，但从总体而言，德语小说在整个社会文化系统中的地位依旧十分低下，不能跟传统的诗歌、戏剧相提并论。是启蒙运动将其从一个并不醒目的文体带入了文学殿堂，并且成为一个表达内在感受、外在世界以及人与社会关系的文体。

[①] ［美］马泰·卡林内斯库：《现代性的五副面孔》，顾爱彬、李瑞华译，商务印书馆2003年版，第45页。

在社会层面上，德语小说之所以能够在18世纪末得到长足的发展，主要是由于德国社会和人文思想的发展变化。首先是市民社会的进一步发展使得文学走出宫廷，成为表达市民生活和思想意识的手段；普及德国整个新教地区的启蒙运动，使得文化、教育和教养的观念深入到普通民众的心中。在这样的历史思想语境中，有教养市民的大量出现，报刊的大量涌现，使得小说成了一种最受欢迎的文体。读者数量的激增，以及他们教养程度的提升，也就使得独立的写作成为一门职业，从而促进了小说的发展。此时的德语小说第一次超过了诗歌和戏剧，成为最为发达的文学体裁，并且在理论和文学实践上都趋于完善。伴随着欧洲工业化的巨大社会和文化变革，德语小说中的一个新的艺术形式——"成长小说"也便得以迅速崛起，并且成为表达现代意识的特殊文本[1]。

在精神层面上，启蒙时期的德国与欧洲其他国家一样，逐步迈入了一个较之中世纪而言完全不同的时代，感受到了现代性精神的强光照耀，从而散发出与以往完全不同的精神气质。在中世纪，神和宗教统治着一切，人和人性受到严格的限制和束缚。一方面，人处于被动、消极和蒙昧的状态，在精神上完全是神的奴隶；另一方面，人又可以心安理得地接受神的荫庇和指引，像牧人怀中的羔羊似的懵懵懂懂，无忧无虑。整个世界似乎都已经由神全权做了安排，是非善恶也自有神来裁决赏罚，人只需听天由命就是。而到了启蒙时代，由于世俗化进程的加快、同一的神的秩序丧失，外部世界逐渐变得难以把握，人在自由解放和理性觉醒的同时，也感受到了迷茫与无措。如何认识自己，如何处理自己与外部世界的关系，以及如何获取人生的价值与意义等问题都重新摆在了每一个人的面前。要解决这些问题，人不能再像中世纪的学者那样去求神，去钻研和注释《圣经》，而必须依靠自身，必须增长自己的聪明才智，丰富自己的知识阅历，锻炼自己的性格品质。因此，就有了接受教育和提高修养的要求。这一要

---

[1] 参见谷裕《现代市民史诗——十九世纪德语小说研究》，上海书店出版社2007年版，第42—73页。

求推动了一种崭新的文学形式的生发——这就是充分表达教育成长观念的"成长小说"。从一开始，成长小说就以其启蒙时代特有的乐观精神，开启了一段寻找自我价值，获取社会意识的梦想之旅。在当时的成长小说作家眼中，人自身仍然是一面镜子，通过个人可以反映一个完整的世界。因此他们试图通过成长小说的形式，囊括个人思想精神和外在世界的互动关系，借此再次把握世界。这种理想和现实、主观和客观的平衡，正体现了启蒙思想家们在日益多元的世界中重新把握世界、把握自我的重要尝试。其后两三百年间，此类小说在德国层出不穷，长盛不衰，形成了德语小说一道独特的风景线，并且其影响迅速波及整个欧洲，共同塑造了西方小说史上的一座丰碑。

如上所述，现代性的生发不仅带来了经济、社会、政治多层面的巨大变革，同时也形成了思想和文化领域的巨大变迁。成长小说作为德语小说的一种重要形式，一方面承接了德国古典美学以及启蒙的同一性传统，同时也延续了德国浪漫主义文学中理想主义的因素。在青春成长的主题叙述中，个体精神与社会思想之间的激烈碰撞得以展现，中产阶级对文化话语权的渴望得以传达，更重要的是，通过其文本实践，成长小说对传统的崇高叙事以及贵族和教会的长期控制，构成了巨大的颠覆和挑战。这一充满鲜明时代特色的小说文体在 18 世纪的德国乃至欧洲形成了蔚为壮观的气势。其文本内部滚滚向前的时间性以及小说主人公不断前进的身心特质，也就使得现代性的前瞻性得以充分的表达，进而彰显了欧洲启蒙运动向现代工业社会转化的过程。

二 现代性的分裂与成长小说的变迁

传统成长小说总是以一个年轻人作为中心并贯穿始终，以他生命的一个阶段作为表现舞台，描绘其生命历程中的各种遭遇。为了突出主人公成长的曲折性，作者往往会采用跌宕起伏的叙事结构，采取内心独白、精神分析以及第一人称的叙述方式，描绘其不断获取进步的过程，并最终以融入社会或带有希望的积极乐观情绪作为结局①。至此达成个人与社会的调和，实现一种自主和社会化的成长模式，从而形成一个封闭单向的循环。这在某种程度上与黑格尔的《精神现象学》的发展和成长的逻辑相合，为我们揭示了现代性的核心观念，即前进和成长的目的在于不断地扬弃和提高，从而实现一个绝对的理性。因此，传统成长小说不仅是欧洲启蒙运动向现代工业社会转化的产物，也是作为典型的启蒙思想和现代性话语的文学产物而存在的。但是，如果我们深入思考现代性本身的发展流变，一定会发现，在这一思想背景下，作为启蒙文学产物的成长小说本身，也会随着现代性所引发的文学潮流交替，而发生巨大的变迁。

我们知道，成长小说的主人公由少年走入成年，不仅承受着来自社会与心理的双重压力，还要不断破除天真的幻想，努力向着成熟和理性进发，直至具备了明确的自我意识，达成了与社会规范的统一，并最终实现自我的价值。这一过程恰恰对应了现代性话语体系中线性的时间观念，体现了现代性的核心价值，即理性。现代性与西方理性主义的联系不是偶然的，而是内在和必然的。所谓的现代性在社会、人格或文化上皆表现出"理性化"（Rationalization）的倾向。在社会方面，理性化体现为资本主义经济和现代国家体制以及架构于两者之上的立法精神；在人格方面，理性化体现为新教伦理的人生取向，以工作为天职，冷静规划的人生态度；在文化方面，体现为宗教生活的世俗化，工具理性压倒一切，取代了"知识（科学）、实践（道德）和情感（审美）的合理分化"②。虽然现代性意味着理性的确立以及人类文明的巨大进步，但是同时也带来了许多问题，诸如虚无主义、存在的遗忘、主体的死亡等。因此，现代性从一开始就要求并且包含着对自身的反思。在19世纪上半叶，这一反思形成了一股巨大的能量使得现代性自身产生了分裂，并导致两种现代性之间的紧张。"一种是此前所论述的以前进观、理性、文明化历史作为标志的启蒙现代性；另

---

① Franco Moretti, *The Way of the World, The Bildungsroman in European Culture*. New Edition. New York：Verso, 2000, p. 67.
② ［德］哈贝马斯：《现代性的哲学话语》，曹卫东译，译林出版社2005年版，第26页。

一种是作为审美概念的现代性,即审美现代性或文化现代性。"① 正如鲍曼所言:

> 现代性的历史就是社会存在与其文化之间紧张的历史。现代存在迫使它的文化站在自己的对立面。这种不和谐恰恰是现代性所需要的和谐。②

现代科学的发展使文艺复兴以来以人为中心的观念受到极大的冲击,原来以为可以凭借理性精神认知世界、改造世界、走向永恒未来的坚定信念被颠覆,人类因之坠入了无边的黑暗。审美现代性不仅对古典主义的永恒规范和束缚做出了坚定的反叛,而且以非理性对抗理性,对大工业文明时代人的物化、异化提出了强烈的反驳。

> 产生非连续性的时间意义,它是与传统的断裂,对新奇事物的感觉以及对生命之短暂的敏锐感觉,通过它,我们感知现实生活的短暂性和偶然性。③

作为一种现代性体验,审美现代性凭借着过渡、短暂、偶然等非理性化的心灵状态以及现代化的体验,发起了对以理性为内核的启蒙现代性的对抗。具体而言,审美现代性与启蒙现代性构成了现代性的矛盾与张力,这种分裂造成的创伤,表征了现代性之真实性的印记。由此,现代性坚决否定了恒定常量的特性,转而指向传统的热情,变成了吞噬的大漩涡。在这个意义上,"现代性是与自我敌对的神话;神话的万古长新此刻变成了打破一切时间连续性的大灾难"④。审美现代性一方面是为了捍卫文化领域

---

① [美] 马泰·卡林内斯库:《现代性的五副面孔》,顾爱彬、李瑞华译,商务印书馆2003年版。
② Zygmunt Bauman, *Modernity and Ambivalence*, Cambridge: Polity, 1991, p. 10.
③ [英] 费瑟斯通:《消费文化和后现代主义》,刘精明译,译林出版社2000年版,第6页。
④ [美] 马泰·卡林内斯库:《现代性的五副面孔》,顾爱彬、李瑞华译,商务印书馆2003年版,第48—49页。

的自律,确保文化审美在现代化过程中的地位和功能;另一方面则是为了实现现代化的总体性。从这个意义来看,审美现代性既具有基础意义,又具有总体意义,而这正是文化现代性之所以能够显示出巨大的优越性并越来越受到重视的原因所在。

正是因为如此,随着现代性的分裂以及现代主义思潮的崛起,传统成长小说势必要随之发生一定的变化,具体到19世纪末20世纪初的思想语境,一种昭示着新时代发展要求的新型成长小说形式,将要吸纳现代主义小说的特色,对其自身特质以及文本形式进行必要的变革,从而迈入崭新的时代。

三 现代性与"晚期成长小说"

如上所述,现代性本身的分裂是成长小说文体发生变化的精神内核,而从社会变更的层面来看,市民社会的发展则可被视为成长小说变迁的时代因素。我们知道,达成人与社会、感性和理性、个性发展和社会约束之间的和谐发展,是传统成长小说的最高目标。因此,在其小说模式中,包括社会与个人矛盾在内的各种对抗性力量最终都能够在文学虚构中得以调和、平衡和统一。与之相应的,他们大都能在一种和解的氛围中结束,即便这种和解包含了不同程度的妥协。但是,到了19世纪与20世纪之交,整个欧洲的社会结构趋于复杂,黑格尔时代的整体性以及统一性开始被世俗化的多元世界所取代,主观理想和客观现实之间的激烈矛盾使得成长小说再也无力把握那份平衡。争取个人自由和维护社会秩序,也就是人本身所具有的两种属性之间,产生了巨大的张力,展现人的自然情感,争取个性自由发展的愿望日益强烈起来,市民社会的秩序和伦理道德规范被视为某种压抑个人情感、阻挡个性发展的因素。因此,随着市民社会新的发展,作为反映其精神内核的成长小说自然也将随之产生相应的变化。

对此,墨罗蒂(Franco Moretti)提出,成长教育小说在19世纪与20世纪之交,开始了与现代主义小说合潮的趋势。他将此种与传统成长小说相区别的、发生了变化的成长小说称为"晚期成长教育小说"①。此类成长小说彻底否定了个人在社会化的过程中单向度的通往成熟完满的路径，青春在这些作品中已不再成为社会、历史向前发展的文学象征，小说不再刻意强调社会规约的机制和功能，而更加重视个体主观的复杂性。除此之外，晚期成长小说的出现和现代主义小说之间存在着某种关系，但这种关系却不是连续、渐进的线形演变，而是一种形式上的断裂。这种断裂与现代性自身的分裂有着紧密的联系。传统成长小说以目的论和观念论统摄整个作品，而晚期成长小说则以碎裂的回忆、美好的自然、丰富的传统、本真的自我以及一系列的日常和存在的方式消解了统一的目的性。其价值就在于它超越了成长小说的固有认识论结构，而将成长看成是一个流动的过程，一个永远不会终结的过程。依照晚期成长小说的特点，成长的最终价值不是像歌德、狄更斯所说的那样，仅仅在成长和教育的过程中建构意义体系，而是在成长的经历中不断汲取力量。可以说，这是成长小说文学观念的一个重大转变。

在西方思想传统中，未来、现在以及过去这三个时间段落是稳定、静止，有边界的板块，将来是现在的目标，过去是现在的消失，未来意味着进步，过去意味着落后，三者彼此隔绝、独立、排列成一个相继的直线，而现代性在时间的维度上也呈现为一个单向发展的线条。成长小说作为现代性思潮的典型产物，在其文本内部也鲜明地贯穿着这样一条单维发展的路线。晚期成长小说的特殊之处在于，它不再遵循成长小说的固有模式，自觉地充当这一线性时间的中间环节，而是努力将当下作为基点，来观照过去和未来。在这里，当下成了人的本真存在和对时间的源初印象，将来和过去在两个方向上交会于现在，现在成了一个动态的传递，成了过去的习惯和未来的可能之间的相互作用。因此，"过去不再是抽身而退的过去，而是一种回忆的当下化；未来也不再是传统的期望和计划的未来，却是一

---

① Franco Moretti, *The Way of the World*, *The Bildungsroman in European Culture*. New Edition. New York: Verso, 2000, p. 145.

种勾连着过去和当下的复合体"。① 可以说,晚期成长小说是对成长小说传统模式的巨大颠覆,彰显了其自身内部的张力与矛盾,让读者能够在一个不曾完结的时空中,不断回望传统的浪漫基调、审视现实的复杂存在,判断未来的不定预期,等等。这样一种丰富和巨大的包容性开启了成长小说全新的发展路径。在晚期成长小说作品中,主人公并不必须获取最终的人生意义,而只需要在无限的开放与选择性中去接近内心的成熟与精神的满足。可以说,晚期成长小说正是以其未完结的成长特质,构成了与传统成长小说之间最大的差异,同时也提示着将要来临的现代主义小说的大潮。

除此之外,晚期成长小说中所体现出的对启蒙现代性的反思,恰恰突出了其来自于德国现代化传统中对于审美现代性的特殊青睐。在现代性的产生、发展和分裂中,德国始终坚持着一种审美现代性的特征,用文化、传统和审美来对抗科学技术的进步和工商业的发展,对抗现代化进程中带来的种种社会问题。正是现代性本身所包含的这种内部自反性,以及启蒙现代性与审美现代性内在的张力与矛盾,使得成长小说在19世纪末20世纪初逐步突破成长小说的传统路数,得以向着现代主义小说的大潮进发。因此,作为此种现代性话语分裂产物的晚期成长小说,一方面继承了德国现代性传统中富有活力的文化遗产;另一方面在叙事策略上也打破了成长小说的固有情节模式和叙述结构,从而表达了其对启蒙现代性的批判。可以说,启蒙现代性和审美现代性之间的张力和矛盾是塑造成长小说后续发展模式的重要原因,也是晚期成长小说作为一种富有超越性的变体在成长小说发展史上的价值所在。

从幼稚到成熟的人生旅程和心路历程,往往对一个人的一生起着决定性的影响。个体的成长历程蕴含着人类丰富的秘密,人类对人自身及人所生活的这个世界的认识总有局限性,反映到文学领域,就是现代成长小说对主题的开掘一直处于一种"在途中"的状态。所以,随着社会时代的变

---

① Rolf Selbmann: *Gottfrid Keller-Romane und Erzählungen*, Berlin: Erich Schmidt Verlag, 2001, S. 124.

迁，成长小说相应地具备了自我修整、自我完善和自我更新的能力。因此，它并不会失去其绵延几百年的战斗阵地，也不会走向艺术生命的衰竭。正如其所刻画的中心人物一样，它也在自身"成长"的道路上，一边受伤，一边长大，并一步步迈向"成熟"。

一个对美好世界的乌托邦展示

——布洛赫的美学思想[*]

布洛赫（Ernst Bloch）的早期代表作《乌托邦精神》以一章名为"陈旧的罐子"为始。在这一章中，他由一个摆放在侧的陈旧饮用器皿引发了沉思，究竟艺术对我们的自我照面（Selbstbegegnung）意味着什么？这个罐子并不仅仅是简单的日常用品，在更精确的注视下，它可被视为一个乌托邦的载体；它可以使得那些我们通常遗忘的，也就是我们自身的那一部分，变得更加丰富和更具有当下性。因此，我们需要这些物件，通过他们，那些具有超越性的东西重新变得可感，那些本来不清晰的象征重获生机，通过他们，一种"尚未的存在"（Noch-Nicht-Geworden）变得熠熠生辉。这些艺术作品使得我们能够看见"一条洒满阳光的大道，在终点处开启着一扇门"，这条道路就是通往超越世界的门槛。

阿多诺（Theodor Wiesengrund Adorno）在他的文章《手柄，水罐以及早期经验》（*Henkel, Krug und frühe Erfahrung*）中提及了这层关系。他总结道：

> 关键是，只有当水罐用它的物件语言诉说，并意欲重新隐藏意义之时，人们才能知道他们本该知道的东西……这个秘密与人们通常所

---

[*] 本篇为德国布洛赫研究中心主任克劳斯·库菲尔德（KlausKufeld）2008年6月于北京所作学术报告，原题为"Ernst Blochs Ästhetik, Künste als utopischer Vorschein einer besseren Welt, am Beispiel von Malerei und Dichtung"，原载于《哲思与诗情》，清华大学出版社2017年版。

知道的以及物品通常所呈现的截然不同,因为永恒性:正是指那些呈现一次却永不相同的东西。

布洛赫将这一复杂的美学经验有意识地应用于一个陈旧的罐子。在他的老师西美尔看来,布洛赫所做的是将一个简单的水罐视为美学的密码。在"自我照面"(Die Selbstbegegnung)这一章节之后,阿多诺如此解释道:

> 布洛赫的水罐就是自我。精确而直接。其模糊的形式,正是自我想成为却又不能成为的。

日常生活中的小事(kleinen Dinge)通常具有存在的重大意义,他们能够迅捷地激励我们看到自我存在的奥秘。在他们之中隐秘地闪耀着一种乌托邦的光芒,他们通常可被称为"聚合乌托邦元素的棱镜"。对布洛赫而言,每件艺术作品以及每种哲学都是一面"乌托邦的窗口",在这一窗口中,风景正洞悉可见。

因而,文章开头的"水罐"可以被视为一个乌托邦的隐喻,承载着哲学家艺术见解和美学观念的重大意义。而这不仅可用于诗歌,同样也适用于所有的艺术品,包括建筑与绘画在内。

一 开放的体系和艺术理论

布洛赫,就其哲学体系而言,深受康德、莱布尼茨、谢林、黑格尔和马克思的影响,同时也形成了自己独特的风格。他没有建立封闭的谱系学系统,没有建立学派(Schule),没有建立单向封闭的认识论,也没有如阿多诺那样建立起自己的美学理论。布洛赫的"体系"(System)就是"开放性"(Offenheit)。他的艺术"理论"(Theorie)就鲜明地体现出了这一特点。其一,他的思想始终强调世界的未完成性和通往未完成也就是未来的运动过程;其二,在他的作品中,那些传统的观念秩序从来没有占据主导地位，诸如逻辑、认识论、伦理等——这些观念在20世纪以及今天的分量变得越来越轻。

具体而言：在布洛赫的哲学中，艺术究竟意味着什么，他是如何定义艺术的？这一问题只能在与布洛赫的主要观点发生关联时才能变得明晰。布洛赫的主题是"尚未"。在他看来，人类和整个世界都处在一个尚未的状态中。因为，"只有过程才是真正的；这是当下、尚未经历的过去以及最为重要的未来这三者之间的中介调节"。当一切都在世界进程中向前延伸之时，唯有在艺术作品中，"尚未"得到了某种意义的实现。意即，他们彰显了某种属于最后之胜利的"前兆"。在艺术作品中，一个更美好世界的乌托邦意味得到了呈现。意即，艺术作为一种前表象，彰显了面向未来的品质，在席勒的诗歌《艺术家》（*Die Künstler*）中我们可以清晰地看到这点："我们在此处所感觉到的美好，终将以真理的姿态向我们走来。"

就此而言，艺术其实远远高于一种表象（Schein）。但是，直至19世纪它还依旧被哲学视为一种表象。比如黑格尔就将艺术理解为表象，"在其中，艺术映照出了真理性的现实"。这一观点虽然指出了艺术与真理性之间的关联，却仍旧将艺术囿于镜子般映照的表象世界中。因此，布洛赫反其道而行，认为艺术超越了外在的表象，并在终极意义上不断排挤着有限性和终结性，对于排挤、驱逐以及过程性的强调，是布洛赫思想的一个典型特征。在他看来，艺术作品内部充满着空白与透明，并且不断开启着亟待填空的未知空间。故而，艺术是作为一种前表象而存在的。它不仅仅反映了世界的过程，同时也意味着这一过程所具有的前瞻性目标。它提前掌握了某种讯息，意即开始了一段预示未来的旅程。

由此，它也表明了艺术作品的魅力正在于对社会现实的激活作用。我们不能满足于现状，我们必须使这辆象征着更美好生活的列车向着自由欢快地驰骋，因此，我们必须不断为之努力。布洛赫指出："要达成这一点，我们必须学会希望。"因为，艺术活动的意图——他们是成功和实现的最终显现——那些尚未在人类迄今为止的实践中得以实现的，一直在不断激励着人们的思想。布洛赫运用了下面几个例子为我们勾画出了乌托邦的基本特征：德拉克洛瓦（Delacroix）的绘画《自由引导人民》（*Die Freiheit führt das Volk*)、席勒的戏剧《威廉·退尔》(*Wilhelm Tell*),以及贝多芬的歌剧《费德里奥》(*Fidelio*)。在他所举的这些例子中,那些活跃的因素,并不仅仅指艺术作品中对社会产生重要影响的角色,还包括那些激动人心的希望的力量。当现代艺术的诸流派——尤其是在欧洲和美国——普遍采用去政治化和反讽的表现形式之后,他们也就彻底地失去了批判性和政治性了。

总体而言,布洛赫艺术理论的基本要点包括:
- 艺术是对一个更美好世界的前表象
- 艺术并不存在于在场物
- 艺术拥有预见性
- 艺术激活了(观察者、读者以及听众)
- 艺术并非描绘,乃是深造
- 艺术家是再次表现的动机

这一艺术理论(Kunsttheorie)自然会引起人们的批判性反思。例如,并不是每一个艺术作品都能够提供这些深刻的质素,这一点布洛赫自己也非常清楚。

二 布洛赫艺术理论之凡例

在对布洛赫的哲学,尤其是艺术理论的基本特征有了一定了解之后,我们可以通过绘画和诗歌当中的一些具体事例来进一步了解布洛赫的艺术理论。要言之,布洛赫的哲学,以及他的美学理论,充分地体现出了一种百科全书式的思想气质。

(一) 绘画

绘画,也就是我们现在称为图画艺术的艺术形态,向布洛赫展示了一种"希望的图景"(Wunschlandschaften)(如在《希望的原理》一书中所言)。布洛赫曾多次引用一个著名的表现主义画家弗兰茨·马克(Franz Marc)的话。马克说,画作应该是我们的情感在另外一个地方的独特流露，而布洛赫则将这一表达进行了更深层次的解读。他认为，画作作为人类心灵故乡的前表象，"是异在之处所呈现的此在之完满"。

因此，他在对一个简单的水罐进行观察之时，所看到的是这一简单物件中流溢出来的乌托邦的前表象。我们也可以此来对歌德的一幅画作——《理念图景》(Ideallandschaft) 进行解读。这是歌德在西西里居住时所绘制的作品。其中描绘了一座郊野中的庙宇，与之相伴的是一轮冉冉升起的丽日。画作的题词是，"在丽日中的无限神秘"。这种景致与其所提示的内在之丰富与超越性正是对布洛赫艺术观念的完美诠释。画作之中，自然的神秘未被尽述，云雾缭绕以及充满神奇魅力的景象都深隐在万丈光芒的丽日之后。同丽日一起升起的是复苏的力量，一种内在的智慧法则。在这里，所有富有生机的东西都找到了自我表达的隐秘方式。这一理念景象展示了这样一种存在，在晨间，却不仅仅是在晨间，它展示了世界脉搏的中心——希腊。不过，在那里的，并不仅仅是希腊。

就像布洛赫充满象征意味的阐释，这幅图对他来说，并非被描绘而是被书写出来的。在《希望原理》(Prinzip Hoffnung) 中布洛赫详尽阐释了荷兰画家伦勃朗的画作——在明暗光线的交界处，"希望的透视之光"(Perspektivenlicht der Hoffnung) 翩然而至：

> 这一光线描绘了现实世界之黑暗中的真实，或者是一种本不存在的来自光明世界的真实。

在布洛赫的《希望原理》中，还有另外一段关于绘画的阐述。这次他所论及的是卡斯帕·大卫·弗里德里希（Caspar David Friedrich）的画《海边的僧侣》(Mönch am Meer)。这幅画作由于其惊人的比例震惊了当时的公众（1810年）。画面上，是一个身形微小的僧侣矗立于一个海岸的沙丘之上，注视着黑色汹涌的大海。在其之上是一片巨大可怖的天空，占据着这幅画作的4/5。诗人克莱斯特（Heinrich von Kleist）为此写作了一首诗章。于是布洛赫将其作为自己写作《克莱斯特的理念图景》这一章节的动机，他写道：

这些永无止境的黑暗中的孤独者们在此驻足⋯他们从人群中走出，走向这片大海，而后又从海边走回到了沙丘，最终变成了那个微小的僧侣。他的背影与沙丘融为了一体。这是一幅奇特的图像，在一个属于出离者的世界边缘，奇迹般地诞生了一个希望的图景……在一个不同寻常的夜晚，或者是在一片来自耶路撒冷的云层之下。对于这个乌托邦而言，这幅景象确实体现了一个精确的空间指示，就在这幅画卷的前表象之中。

就布洛赫而言，这就是乌托邦的希望图景（utopische Wunschlandschaften），其所在的地点（Topos）充满了乌托邦的地点感（orthaft）。这一巨大失衡的比例不仅没有给自然带来威胁，相反的，却带来了一股勃勃生机。这一景象通过其不可预见性唤醒了一种期待、一种渴望，而最终带领人不断向上攀升。当然，提到耶路撒冷这个词，对于像布洛赫这样一个犹太人而言，是一种之于信仰层面的表达。如果说，在伦勃朗的画作中，乌托邦诞生于明暗交界的光线之中，那么，在这幅画中，乌托邦则显现于廓大的不可预知的空间比例之中。

（二）诗歌（Dichtung）

最使布洛赫着迷的就是那些焦躁不安的形象，尤其是唐璜（Don Juan）、堂吉诃德（Don Quichote）和浮士德（Doktor Faust）。他在这些人物中找寻着。在世俗享受中他找到了唐璜；在乌托邦的救赎中他找到了堂吉诃德；在充满热望的探索中他找到了浮士德。

可以说，这种乌托邦冲动的最鲜明呈现当属歌德笔下的人物——浮士德。浮士德的生命是一场独一无二的试验。永不满足的欲望清晰刻画出了这一找寻过程的恒久驱动力。歌德塑造的这一浮士德形象脱胎于久远的民间传说，却为其赋予了当时的世界观与时代的新意。这一得到崭新诠释的人物形象立即穿越时空变得栩栩如生。他树立了一种原型——即现代人的原型，他们受到不可抑止的冲动的驱策，不断地上路以实现自己的目标。

由此开启了漫长的成长或者旅行的生涯。在这一旅程中，他们曾在一瞬之间瞥见了渴望的目标，于是喃喃自语道："停一停吧，你是如此的美丽。"对此，布洛赫写道：

> 歌德在浮士德投下赌注的目标中，早已明晰地洞见了人类终极价值的问题。这一点在当下显得极具现实意义。浮士德们所窥到的瞬间即是存在的谜语。每一刻如同这一刻一般，映照出了人生有限中的无限。就瞥见目标的这一刻而言，整体存在的形而上学（die metaphysische Leittafel für volle Existenz）昭然可见。

尽管这一渴望难以停歇，但是它既不在可怜的葛丽卿（Gretchen）或者海伦娜（Helena）那里，也不在第二部分的许多场景中，同时也并不在金钱的领域以及皇宫的权力中。正是因为如此，歌德的戏剧才能成为布洛赫阐释乌托邦渴望的一个最好的诗歌例子。布洛赫指出：

> 尽管此前所有关于此的经验教训早已足够，当是，当浮士德跨越边界，并最终被拯救于危亡之时，他就变成了一个纯粹的超越者（Grenzüberschreiter）。因此，他才得以被高高树立为人类乌托邦理想的光辉典型，他的名字始终代表着优异和值得学习的典范。

第二个能够代表布洛赫艺术见解的诗歌例子与歌德的作品完全不同，它并非戏剧，也不是重大的历史事件，而只是一个从民众中来的短小的、纯粹的故事。如果浮士德是乌托邦人群的最好范例，那么这个民间故事，则被布洛赫视为"世间最美好的故事"（die schönste Geschichte der Welt）。它是由约翰·黑贝尔（Johann Peter Hebel）所做的《未曾料想的相遇》（*Unverhofftes Wiedersehen*）。

简短的情节：在瑞典法伦的矿山中有一个年轻的矿工遇难了，他被整整埋了50年，直到人们发现了他的尸体。他的尸体由于硫酸亚铁的作用得以完好保留。当年对他忠贞不贰的未婚妻，在多年之后已经变成了一个苍老的妇人，而遇难的矿工依旧是那样的年轻美好。她要将其收殓入葬，人们看到，这个旧时的新娘陪伴着这个旧时的新郎一同走进了墓地。当她踏进坟墓，并再次回望时说："大地归还的，我却不能再度拥有。"

为什么布洛赫认为这是一个最美的故事？不仅仅是因为黑贝尔的叙事功夫了得，能够让我们读到一个如此清晰流畅的故事。更重要的是，布洛赫认为，作者将矿工被埋葬的五十年，如此残酷地加以延伸拉长。至此，一个关于人类生死命运的生命事件被圆满感知，而一个孤独的个体也得以突破时间的界限，在荒蛮的天地间得以永生。可以说，这种历史时间中的当下元素以及叙事时间中的历史元素所产生的时空交错感，使得布洛赫深为沉迷：

> 他再也不能从矿山中回来了，她为他哭泣不已并且永远都无法忘记他。与此同时，里斯本由于一场地震被毁于一旦，这个七百多年的王国于瞬间倾颓，女王玛莉亚·特蕾莎（Maria Theresia）死去了，美洲自由了，法国大革命爆发了。拿破仑占领了普鲁士……当法伦的矿工们挖开一个穴口之时，他们同时也挖出了一个年轻人的尸首，一段人类历史命运的线索……

政治事件仅仅是偶发和次要的，与之相对的是，普通民众在安静劳作中的规律和持久，这种惊人的持久性在一个普通老妇人的忠贞中达到了顶点。这种忠贞在作者黑贝尔看来，正如布洛赫所强调的那样，是战胜时间的前形式。时间消失了，跟随着它，死亡也消逝了。对此，布洛赫写道：

> 在这里，时间的老人返回了自身的时间（Hier kommt dem erzählten Alter der Zeit selber ihre Zeit），这意味着，时间突然间消失了。一个严肃的、充满希望的、带着超凡静穆的结尾，在此时变成了非结尾（Nicht-Ende）。

艺术作品——在这里是一首诗——对布洛赫来说，也是在非结尾中的希望所在之地。在康德之后，布洛赫将不朽运用于各种先决条件，并且宣扬一种希望的理念，即死亡并不意味着完全的终结……

布洛赫并没有只抓住古典诗歌进行阐述，而同时也抓住了同时代文学作品的当下性问题进行阐发。《论文学创作的当下》（*über Gegenwart in der Dichtung*）这篇文章就提供了一个很好的例子。文章之初，布洛赫就强调了从当下取材创作的困难，因为艺术的获取需要距离，并且作家需要就种种社会现实加以有学识的判断分析。据此，布洛赫对古典小说家进行了重新排序——以司汤达、福楼拜为始到狄更斯、陀思妥耶夫斯基、托尔斯泰、高特弗利特·凯勒、穆齐尔，一直到托马斯·曼这个"市民社会的著名小说家"为止。布洛赫在这个排序中，所关注的依旧是充满未来感的过去（zukunftshaltige Vergangenheit），在他看来，这是一个无法逃避的文化遗产。因此，艺术家们的任务就是，要在当下时代重新思考这一文化命题。布洛赫在分析托马斯·曼的小说《浮士德博士》（*Doktor Faustus*）时，就对其中复杂交织的时间线索，尤其是过去与未来之间的线索大加赞赏。布洛赫在文中指出：

> ……在这本迟到的令人惊讶的托马斯·曼的小说中，虽则采用的是一种间接的笔法，却如同使用了当代小说那种直接的笔法一般，精确地描绘出了过渡时期无家可归者的状貌。他们成了社会向上攀升的决定性力量——在安娜·西格斯（Anna Seghers）的大型艺术作品中也是如此——无家可归者的另外一面：在夜晚与白日的迷蒙之间，那点象征着未来的微明将不再遥远。

对布洛赫而言，当现代小说能够"对各种各样的状况做出复杂的呈现与反映"之时，亦能触到乌托邦的前表象。在这里，我们看到，这位哲学家所宣称的一切，业已在《时代的遗产》（*Erbschaft dieser Zeit*）（1935年）一书中，被现代作家·詹姆斯·乔伊斯（James Joyce）亲密地提及过。

三　今日之布洛赫美学（Blochs Ästhetik heute）

布洛赫的美学不仅仅——如前所述的——体现在他的那些已经完成的作品中。他更多的美学思想成就保存在其后人，尤其是他的学生博格哈特·施密特（Burghart Schmidt）和格尔特·于定（Gert Ueding）身上。当然这还包括吉拉尔·劳拉特（Gérard Raulet），如果要说明他的重要性，则主要体现在他重新出版了《布洛赫美学》，这为此后研究的顺利进行提供了重要的条件。同样值得关注的是布洛赫全集的出版以及布洛赫研究的拓展等一系列令人期待的事项。随着布洛赫研究中心的建立，这一系列问题将逐一得以落实和推进。布洛赫的乌托邦思想以及美学理论与我们时代当下的实用性主张形成了一个对峙的局面：全球化、世界秩序、种族与宗教问题。我们认为，在艺术宣称自为自律之时，布洛赫的乌托邦将不再遥远。

总体而言，我们对于布洛赫的美学可以从两个方面进行解读：其一，这是一种建立在希望基础上的哲学，"在原则上，它要求乌托邦在所有生活领域中进行探索"。由此，希望并非只是一种情感性的存留，而是一种承载艺术，一种指向未来与创造性的期待；同时，它也是一种超越时空序列的，真正关切人类命运的理论建构；其二，就具体的乌托邦思想，以及任何一种向着人类存在的未来性而发的思想而言，布洛赫的美学思想必定在其中占据重要地位。

实现人的全面自由发展

——科学社会主义的价值追求[*]

19世纪三四十年代,伴随着欧洲资本主义大工业的发展,无产阶级与资产阶级之间的斗争开始日益尖锐。在这样一个风起云涌的时代中,马克思、恩格斯精心研究德国古典哲学,吸收了黑格尔辩证法与费尔巴哈(Feuerbach)唯物主义的基本内核,扬弃了其唯心论和形而上学,将唯物论和辩证法有机结合起来,开创了一种全新的世界观与方法论——这就是历史唯物主义与辩证唯物主义;与此同时,他们改造了英国古典政治经济学,吸收了亚当·斯密(Adam Smith)、大卫·李嘉图(David Ricardo)劳动价值理论中的积极成果,创立了科学的劳动价值论,并在此基础上进一步发展出了剩余价值论;除此之外,他们还研究了此前的乌托邦社会主义思想,吸收了法国圣西门(Claude-Hehride Rouvroy)、傅立叶(Fourier)以及英国欧文(Robert Dwen)的乌托邦社会主义学说,对资本主义社会进行了更加深入、系统、全面的批判。1848年,他们二人合作的《共产党宣言》问世。这部天才般的作品,以一种历史预言般的语调,宣告了科学社会主义的横空出世,同时也宣告着彻底的历史唯物主义与深刻的唯物辩证法的理论实现。除此之外,这部作品也以犀利的历史眼光,详细论述了无产阶级在推动历史进步中所承担的光荣而伟大的历史使命。最为重要的是,这份纲领性的文献,为科学社会主义价值追求的实现,划定了历史维

---

[*] 原载于《宁波市委党校学报》2017年第1期。

度、奠定了思想基础并提供了现实路径。

一 科学社会主义是价值理性与科学理性的辩证统一

在科学社会主义诞生之前，乌托邦社会主义者已然看到了资本主义社会的一系列文明弊端，看到了其合理性的匮乏与无法超越的伦理困境，揭示了以"羊吃人"为代表的血淋淋的剥削与压迫。但是，他们却无法正确认识资本主义社会的本质——社会化大生产与生产资料私有制之间的根本矛盾，无法看到其对人所造成的全面而深刻的异化，因而无力开出疗救的良方，只能将这一系列批判诉诸为一种"道德义愤"。正如马克思所说："道义上的愤怒，无论多么入情入理，经济科学总不能把它看作证据，而只能看作象征"[①]。从这个角度上来说，将"道德义愤"转化成革命实践的，恰恰是科学社会主义的诞生所带来的历史成果。从人类发展历史的长河来看，这样一种突破性的成就，使得社会主义终于能够从漫长的乌托邦想象，落实为可以通过具体的历史实践、革命实践、斗争实践而达成的历史目标。在对资本主义社会的异化现象进行价值批判，对资本主义社会所固有的矛盾进行科学分析的基础上，科学社会主义运用唯物史观和剩余价值理论，创立、发展并实现了一种实践唯物主义的建构。在这一理论体系的指导下，无产阶级不再仅仅依靠理论来解释世界，而是能够真正地运用这一革命性的纲领去打破旧世界，创造新世界，以此促成人的全面自由发展，以及在真正意义上实现整个人类的自由解放。

从最深层次的意义上来看，科学社会主义是马克思、恩格斯通过对人类政治、经济、文化、社会等各个不同层面的历史进行梳理、总结与把握之后所创立的关于人类自由解放的理论体系。在这其中，渗透着一种浓厚的对于人类被奴役、被压迫、被剥削的历史命运的深刻反思。正是因为如此，这一理论体系不仅为我们揭示了资本主义社会内部无法克服的本质性矛盾，提出了资本主义社会终将被共产主义社会所取代的历史发展方向；

[①] 《马克思恩格斯选集》第3卷，人民出版社1995年版，第492页。

与此同时，它也从西方文艺复兴运动中汲取了人本主义的价值资源、从启蒙运动中获取了理性主义的思想传统，对人、人的社会劳动、人的本质性存在，展开了持续而深入的思考。最终，它通过历史唯物主义与剩余价值理论，为我们展示了人的全面自由发展、全面自由解放的价值追求。由此可见，科学社会主义不仅仅是一种符合科学理性的理论建构，更是一种贯穿了价值理性精神的理论创见。换言之，它不仅符合历史的必然性、规律性，也符合历史的应然性、主体性，充分肯定了作为历史主体性力量的人以及人的价值、道德与理想在历史进步过程中所应该发挥的作用。但是，正如方爱东教授在《社会主义的价值学视域：原则与启示》一文中所指出的，由于种种原因，长期以来，我们的研究更多地把目光集中在了科学社会主义在具体的革命与现实实践中的理论指导意义；往往忽视了它在价值、理想、道德、规范等层面的丰富内涵，甚至完全淡化了它对于人心的感染、整合与鼓舞的作用，从而在世界社会主义运动中遭遇到了历史性的困境。实际上，"大到社会主义制度，小到各种各样的社会主义运动，科学社会主义与人的全面自由发展、人的全面自由解放，都有着无法脱离的紧密关系。科学社会主义为这一历史性的跨越提供了最为根本的价值规范与实现途径"。[①]就此而言，除了要坚定不移地贯彻与推进科学社会主义在科学理性层面的具体实践，我们还必须将长久以来被遮蔽的科学社会主义的价值理性的范畴从历史中解放出来。只有这样，我们才能在真正意义上理解科学社会主义的深刻内涵，并且在其价值理念的引领下，进一步推进中国当下的社会主义核心价值观与价值体系的建设。

二 人的全面自由发展：科学社会主义的价值追求

前文已经提及，人的全面自由发展与全面自由解放，是一种包孕在科学社会主义理论体系中最为深刻的价值追求。那么，如何来理解这样一种

[①] 许华：《社会主义核心价值与基本价值——马克思恩格斯社会主义价值理论探究》，《当代世界与社会主义》2007年第6期。

建基于历史考量、现实反思的价值理念呢？对此，我们可以通过两个不同的角度来进行具体阐发。从一个方面来看，共产主义社会的实现，以及在这样一种理想性的社会形态中，人的全面自由发展与全面自由解放，必须要在物质生活、精神生活极大丰富的条件下才能真正得以实现。共产主义社会与此前任何一种社会形态相比，都更强调人在真正意义上的解放。这种解放不仅体现在物质生活层面，也体现在精神生活层面。但是，精神层面的自由解放，绝对不是一个空中楼阁，而是首先要求人能够从各种剥削、强制、压迫性的自然关系、生产关系、社会关系中解放出来。在此基础上，人才能真正成为具有自主性、自觉性、自为性的精神自由的人。对此，马克思曾经这样说道："共产主义是私有财产即人的自我异化的积极扬弃，是人和自然界之间、人和人之间的矛盾的真正解决。"[1] 只有从这时起，贯穿于人类历史中的生存斗争才能得以停止，人在一定意义上才能摆脱自然对人的控制，摆脱私有财产对人的异化，进入真正的人的生存境遇，开始自觉地创造真正属于人的历史；从另一个方面来看，共产主义社会的实现，以及在这一理想社会形态中，人的全面自由发展与全面自由解放，是一个面向未来敞开的、充满希望的、未完结的状态。它并非一个一蹴而就的过程，而是一个需要不断对抗压迫、不断对抗剥削的充满动量的过程。用德国马克思主义思想家恩斯特·布洛赫的话来说，这是一个趋向"尚未"、给人以憧憬的未完成的当下。正是由于其未完成性，就使得我们必须在不间断的努力奋斗中，去实现这一历史性的价值理想。关于这一点，马克斯·韦伯（Max Weber）曾经在他的《宗教社会学》中有过如此表述："只有在具体的现实存在与未来的理想信念之间不断保持张力，才可能让人类朝着自己的理想，充分发挥想象力，创造力，从而最大限度地改造当下。"[2] 总体而言，科学社会主义所追求的是整个人类的根本利益，是一个在社会各个领域都体现人的自由和全面发展的价值原则。但它并非仅仅只是一个空洞的、不切实际的幻想，而是一个建立在唯物史观以及剩

---

[1] 《马克思恩格斯全集》第 42 卷，人民出版社 1979 年版，第 120 页。
[2] 方爱东：《社会主义的价值学视域：原则与启示》，《当代世界与社会主义》2008 年第 2 期。

余价值理论基础之上的思想建构。

（一）历史唯物主义为科学社会主义的价值追求奠定了理论基础

列宁（Lenin）曾说："在马克思的科学思想中，最富有成果的历史创见，就是历史唯物主义。"① 确实如此，历史唯物主义不仅包含着马克思对于整个人类社会的历史性思考，更包含着他对人类社会总体发展规律的深刻洞察，以及他对于人作为推进历史发展进步的主体性地位的强调。当然，我们不仅需要从历史发展规律的角度来认识历史唯物主义，也要从价值规范的角度来重新审视历史唯物主义。为什么这么说呢？因为，已经有越来越多的研究者指出："通过对历史唯物主义的深层次解读，人们就会发现，在这其中蕴含着非常鲜明的价值取向——这就是一种以人为本，以人的全面自由发展为取向的价值追求。在这其中，人是作为大写的具有主体性地位的历史性存在而被凸显出来的。"② 可以说，除了超越以往各种理论之上的对于人类历史的准确认识与把握之外，历史唯物主义是对于人之价值、人之主体性地位的全面高扬。也就是说，在对人类历史发展规律的科学把握之中，人也通过不间断的历史实践，完成着自我更新与自我完善。那么，究竟如何来具体理解唯物史观中的价值取向呢？

其一，人的自由全面发展必须依靠切实的物质基础，依靠生产力的发展。回顾此前人类历史的发展进程，我们会发现，每一次生产力水平的提高，都会带动整个社会的发展进步。而当社会总体发展水平逐步提高之时，社会中的个体也将随之得以提升与发展。从这一点来看，人与社会的发展之间，其实蕴含着一种辩证统一的内在关系。当然，生产力水平的提高，离不开人的劳动、探索与实践。同样的，人的发展也并非一个凌空蹈虚的过程，它始终无法摆脱政治、经济、文化、社会等层面的发展前提。在《黑格尔法哲学批判》中，马克思曾经说过这么一段话。他说："正像国家一样，我们不能从一种纯粹形式的角度去考量法。意即，我们不能用

---

① 《列宁选集》第2卷，人民出版社1995年版，第311页。
② 陈新夏：《唯物史观与人的发展理论》，《哲学研究》2004年第2期。

一般的人类精神的发展形式来考察法，而应该从其所根源的物质生活关系，或者说这种物质生活关系的总和去理解。在黑格尔那里，他遵循了18世纪英国与法国的先例，将其称为市民社会。就此而言，若要考察法，便是要深入到当时的市民社会的政治经济生活当中。"① 由此，马克思超越了德国古典唯心主义哲学的最后樊篱，发现了人类社会的本质并不在于高深玄妙的精神王国，而在于其物质基础。因此，只有在物质生活条件不断提升，尤其是在社会生产力水平极大提高的基础上，长久以来备受压迫的无产阶级才能得以充分地培育与发展。如此一来，过去时代中，资产阶级借以打败封建制度的各种历史性力量，才能被掌握在无产阶级的手中。凭借着这一力量，无产阶级才能承担起推翻资产阶级，建立共产主义社会的历史重任。除此之外，随着社会生产力水平的提高及其所带来的物质生活产品的极大丰富，人的全面自由发展才拥有了实现的前提与基础。因为产品的丰富不仅意味着社会的发展进步，同时也意味着人的自由与解放。虽然资本主义社会创造了惊人的财富，但是，囿于私有制的根本属性，丰富的社会产品与资源无法惠及最普通的劳动者，造成了无产阶级的贫困与受剥削。而当一切的生产、产品、物质、资源全都极大丰富之时，当一切的渠道面向每一个普通的劳动者完全开放之时，"各尽所能，按需分配"② 才有了真正成为现实的可能。也只有到了那个时候，人们才能真正得以享有无拘无束的经济自由、政治自由以及人在本质意义上的自由与全面发展。

其二，人的自由全面发展的实现，还需要生产力之外的第二个向度，这就是充分完善与发展的社会关系。当人类作为智慧生命开启历史征程之时，他还只是一种个体的存在。为了应对自然界的种种危险与威胁，个体的人结成了多种多样的共同体形式。这些社会共同体形式，跟随着生产力发展水平的变化，而不断发生着变迁与更迭。当生产力发展到一个更高水平之后，旧有的生产关系就要被新的生产关系所替代。这是马克思历史唯物主义对人类社会发展进程的总体描绘。当然，在实现了社会化之后，人

---

① 《马克思恩格斯选集》第2卷，人民出版社1995年版，第82页。
② 《马克思恩格斯选集》第3卷，人民出版社1995年版，第305—306页。

在获得共同体力量的同时，也陷入了新的社会关系的束缚。想要获取真正意义上的人的自由解放与全面发展，就必须再度挣脱各种社会关系的锁链。在马克思那里，这样一个再度挣脱的过程，需要经历一个极为漫长的历史过程。在西方 18 世纪以来的"市民社会"中，一种介于国家与私人生产之间的极为繁荣的市场得以发育完善，充沛涌流的商品流通，使得封建时代"人与人之间"的依赖关系，被"物与人之间"的消费关系所取代。如此一来，人就从一种受制于固定人群的附属品，变成了能够操控商品生产消费的"个体的人"。马克思认为，这样一种将人从"人与人之间的依赖"解放出来，过渡到"人的相对独立"的发展进程，创造了资本主义时代灿烂繁荣的工业文明。不过，尽管如此，由于资本主义社会根深蒂固的私有制，它所承诺的人在生产与交换领域的市场自由、经济自由，并没有带来人的真正自由。这是因为，资本主义社会的广大人民所获得的，只是一种基于市场层面、物质层面的形式上的自由。由于资产阶级仍旧掌握着生产资料，也因此仍旧掌握着压迫和剥削的武器。因而，在市场自由交换的遮蔽之下，人们"自由地"成为资本主义生产链条中的一个零件，屈服于分工体系，完全变成了各种资本形式、经济形式的现代奴隶；并在此意义上，由于虚假的"自由"而丧失了真正的自由。对此，马克思提出，必须要在更高的社会生产力的基础上，打破雇佣制度，进一步丰富人的社会生产关系，让人在获得"市场解放"的同时，进一步获得社会解放和经济解放。只有这样，人才能依据自身的需求与能力，真正拓展自身的疆界，实现人的自由全面发展。正如马克思所说，只有当人充分地意识到自身一度被束缚起来的力量，并且借助完善的社会生产关系，将其充分地加以完成和实现之时，我们才能说，"人类开启了自身解放的历程"[1]。

结合上述两个方面的分析，我们说，通过生产力与生产关系辩证统一的历史发展线索，马克思所创设的历史唯物主义以充满前瞻性的视野，揭示了人类社会不同形态的变迁以及人在这种变迁中所经历的多种发展形态。简言之，从原始社会到资本主义社会，虽则表征了人类的文明进步，

---

[1] 《马克思恩格斯全集》第 1 卷，人民出版社 1956 年版，第 443 页。

却并不意味着文明的终点。因为，资本主义社会并未实现人与自然、人与社会之间的和谐统一，只有到了共产主义社会，当"每个人的自由发展成为一切人自由发展的条件"① 之时，真正意义上的人的自由解放才能得以实现。也就是说，人在经历了人对人的依赖、人对物的依赖之后，将会进入到一个自由而全面发展的阶段。这样一个社会发展变迁的历史进程，同时也是一个人从自然界、社会关系、物的束缚中不断得以解放的发展进程，以及"个人向完成的个人的发展以及一切自发性的消除"② 的价值理想得以实现的进程。所以，对生产力与生产关系之间的辩证关系的理解，不仅是把握人类历史发展规律的钥匙，同时也是把握人的自由解放得以实现的关键所在。就此而言，历史唯物主义为人的自由全面发展、自由全面解放之价值追求，奠定了坚实的理论基础。

（二）剩余价值理论为科学社会主义的价值追求提供了实践路径

除了对于人类社会发展进程的揭示之外，马克思还通过劳动价值理论与剩余价值理论，深刻剖析了资本主义社会中主客关系的颠倒所造成的"劳动的异化"和"人的异化"。由此，他彻底否定了资本主义的生产方式和价值合理性，提出扬弃和超越这一社会形态的必然要求，确立了科学社会主义的价值理想——促进无产阶级的解放、全人类的解放，以实现人性的复归与人的自由全面发展。

其一，消除劳动异化与人的异化，由此实现人的自由解放。关于人的异化，马克思在其理论体系中有过多层面、多角度的深入阐发。以《关于费尔巴哈的提纲》为例，马克思在其中探讨了意识形态领域的异化问题。他指出，在费尔巴哈那里，"哲学只是一种思想性的理论表达，即便它得到了合理性的论证，但究其本质而言，它不过是通过另外一种形式来对人的本质进行异化的表达。从这个角度而言，我们也应当对哲学进行批判"③。从这段话中，我们可以看出马克思对费尔巴哈的赞赏之情。他认

---

① 《马克思恩格斯选集》第 1 卷，人民出版社 1995 年版，第 294 页。
② 《马克思恩格斯全集》第 3 卷，人民出版社 1960 年版，第 77 页。
③ ［德］马克思：《1844 年经济学—哲学手稿》，人民出版社 1979 年版，第 111 页。

为，费尔巴哈已经看到了人类社会种种意识形态话语（包括哲学）之中所存在的异化。但是，他又接着指出，人的本质的异化，不仅仅体现在意识形态领域，还体现在物质经济领域。因此，他认为费尔巴哈并没有进一步挖掘到，这些意识形态所造成的人性异化的现实根基。在资本主义时代，这一现实根基就是资本主义市民社会的经济生活。因而，光是从哲学批判的范畴揭示人的意识形态领域的异化还不够，还必须通过一种政治经济学的批判眼光，才能洞察到经济生活对于人的内在异化。在他看来，近代以来的西方古典经济学，将市民社会视为人类摆脱部落、家庭束缚的崭新共同体，着力强调自由竞争的天然合法性，甚至将劳动分工视为符合人类天性的本质特征。但是，这样一种现代性的神话无疑将劳动者束缚于不断细化的分工体系，从而丧失了其自我创造、自我确证以及自我完成的本质维度；此外，它还将劳动束缚于庞大的商品交换市场，使其成为一种抽象的价值符码，甚至变成一种商品拜物教、货币拜物教的信仰。因此，在资本主义的生产方式中，劳动不再是个人自由自觉的活动，不再是人的本质力量的体现，而变成了一种纯粹的挣钱活动。同样的，劳动者也不再是一个自由自觉的个体存在，而变成了只顾挣钱的动物。这样一来，外在于劳动以及劳动者的货币体系就彻底统治了人，使人为了获得货币所带来的幸福，永恒地受困于异化劳动与人之异化的巴别塔之下。从根本上来说，造成这一双重异化的根由正是资本主义的生产体系、交换体系以及货币资本体系。这些高度抽象客观的体系性奴役，使得所有的劳动产品全都丧失了感性、具体、活动着的个性，也就使得劳动者彻底丧失了活泼泼的自由个性，丧失了自我创造、发展和完成的自由，只能无意义地漂浮在虚无的货币海洋之中。

通过政治经济学领域的批判，马克思深刻展示了资本主义社会中的劳动异化和人的异化。在他看来，解决这一异化状况的根本途径，就是要彻底终结以剥削与压迫为主要特点的资本主义分工体系，进而彻底推翻资本主义制度。只有这样，才能将人从各种各样的受压迫、受奴役的状态中解放出来，并且"作为一个完整的人，占有自己全面的本质"[1]。也就是说，

---

[1] 《马克思恩格斯全集》第42卷，人民出版社1979年版，第123页。

让劳动真正成为人的本质力量的外在化，成为展示自己、发展自己、完成自己的真正的"历史"。

其二、消除资本主义社会对人的剥削，由此实现人的自由解放。除了对劳动与人的异化进行分析之外，马克思还通过对劳动价值论与剩余价值论的深入分析，为我们揭示出了资本家对工人进行剥削的隐秘手段。他指出，资本主义社会虽然造就了物质领域的快速发展，却仍旧无法摆脱剥削与压迫的本质。通过剩余价值的榨取，资本家占有了社会绝大部分的财富。而工人却只能依靠既定的工资，长久地受制于制度性的压迫。可以说，"资本来到世间，从头到脚，每个毛孔都滴着血和肮脏的东西"[1]。它每一次的发展和进步都是通过对内的残酷剥削以及对外的残酷掠夺来实现的，是"用血和火的文字载入人类编年史的"[2]。

可以说，在资本主义社会中，广大的无产者以自身的劳动创造出了大量的精神财富与物质财富。但是，由于资产阶级掌握着生产资料的所有权，这就使得他们借助各种手段对工人阶级进行了无情的剥削和压迫。即便资本家通过提高工资、缩短劳动时间等方式尽力缓解二者之间的社会矛盾，延缓经济危机的爆发。但是，资产阶级仍旧侵占了绝大部分的劳动成果。此外，工人所获工资与资本家利润之间的巨大差距，仍旧决定了工人阶级永恒的受剥削的本质地位。因此，剩余价值理论一方面揭示了资本家进行剥削的内在秘密；另一方面也从本质上揭示了资本主义社会的非公平性与非正义性。对此，马克思提出，为了彻底消灭剥削，实现工人阶级的解放，进而实现人的彻底解放，就必须要将全世界被剥削、被压迫的工人阶级联合起来。通过这种超越国界的广泛联合，无产阶级的力量才能得以发展壮大，并最终承担起推翻资本主义社会的历史重任。也就是说，只有在基于生产与剥削基础上的人类社会的生存斗争彻底终结之时，人才能真正地脱离各种异己、抽象的力量，真正成为自然界与社会生活的主人。到那时，"资产阶级的灭亡和无产阶级的胜利是同样不可避免的"[3]。

---

[1]《马克思恩格斯全集》第44卷，人民出版社1979年版，第871页。
[2]《马克思恩格斯全集》第23卷，人民出版社1973年版，第783页。
[3]《马克思恩格斯选集》第1卷，人民出版社1995年版，第284页。

如上所述，通过对资本家剥削工人的剩余价值所进行的分析，科学社会主义集中传达了以生产资料公有制取代私有制，以社会公平正义取代剥削与压迫的价值理想——对私有财产，即人的自我异化的积极扬弃。只有如此，人才能在经济上和政治上全都变成自由人。劳动才能从谋生的手段，转变为人类的本质自由活动。当劳动的异化与人的异化得以消除之后，人的全面自由发展与人的全面自由解放才有了实现的可能。

三 科学社会主义价值追求的现实启发

总的来说，与乌托邦社会主义对资本主义社会所进行的"道德义愤"不同，科学社会主义所提出的价值理想，始终深刻关注社会历史发展中的现实问题，始终将人在本质意义上的解放视为奋斗目标。在对人类社会发展的客观规律进行科学分析的基础上，科学社会主义为人的全面自由解放与全面自由发展，开辟出了一条充满实践意义的奋斗路径。在此意义上，它实现了科学理性与价值理性在历史中的辩证统一。在世界社会主义运动走向低潮的当下，如何重塑社会主义制度的吸引力与感召力，已经成了每一个理论工作者的共同追求。我们应该充满自信地看到，在种种制度性话语、制度性建构的背后，其实有着某种更为深刻的意义支撑着社会主义的本质性表达——这就是科学社会主义的价值追求。它所要求实现的，不是单个国家、单个民族的自由与解放，而是全世界人民的自由与解放，是人作为一种历史存在物的全面发展。正是因为如此，它才能超越此前任何一种社会理论，而成为最具影响力、最能鼓舞人心的理想信念。只有在真正意义上理解了人类所遭受的苦难，所承受的不公，才能从根本上理解科学社会主义的价值追求。

今天的中国，已经迈入了新一轮深化改革的进程。各种各样的社会矛盾、社会问题在社会转型发展的过程中不断凸显出来，尤其是在文化价值领域之中，如何重建文化认同、价值认同已经成了极为迫切的问题。除此之外，来自世界不同政治体制的对话压力也在日益加深。重新认识科学社会主义内在的价值追求，对于我们这样一个担负着民族振兴、文化使命、理想追求的政党而言,就显得更为急迫和重要了。因此,我们必须通过扎实的理论研究,将科学社会主义的价值理想从形形色色的政治运动式、机械僵化式的语言中解放出来,重新焕发其生命力,不断提升其对话能力。与此同时,我们也要让它成为社会主义核心价值体系建设的重要理论资源,成为激励与凝聚广大民众之认同与共识的核心资源。

从根本上来说,我们之所以在各种道路之中选择了社会主义,是因为它所承诺的对于压迫与剥削的彻底消除,对于人的自由全面发展、自由全面解放的实现。只有在这样一种价值理想的引领下,"公平正义、以人为本的社会制度建构,才真正得以实现"[1]。但是,正像文章开篇所提到的,科学社会主义是一个面向未来开放的、充满动量的历史性过程,是一个超越资本主义社会,开启人之为人的历史进程的起点。因此,社会主义的本质意义不在于僵化的理论建构,而在于对不公、剥削与压迫的不断扬弃,以及在此过程中的不断更新、不断发展。

---

[1] 韩震:《"民主、公正、和谐"体现了社会主义的核心价值追求——兼论社会主义核心价值观的凝练及其原则》,《红旗文稿》2012年第6期。

真理存于世俗之中

——克拉考尔的唯物主义转向*

魏玛共和国是一个建立在德国唯心主义思想废墟之上，又缝合进了现代资本主义发展的特殊产物，其间思潮纷纭、动荡不安。原有的信仰大厦已经倾覆，而新的价值体系却尚未得以建立，民众变成了一群在"意义真空"里的流浪者。与同时代的知识分子一样，克拉考尔也经历了这个漂泊无根的时代。突破现代性困境，重新寻求意义，成了贯穿其思考与写作的关键主题。在他的现代性批判理论形成与发展的过程中，有一个重要转变不容忽视，这就是发生在1925年前后，克拉考尔的唯物主义转向，即从一个文化弥赛亚主义者转变为一个文化唯物主义者。这一理论转向背后不仅有他对魏玛现实政治经济状况的考察，更有他对马克思相关著作，尤其是青年马克思作品的深入阅读。作为德国当时最活跃的知识分子，梳理克拉考尔现代性批判理论的演变过程，能够为我们深入解析魏玛时期德国复杂的思想文化生态提供有益参照。

一 对"意义充盈"时代的乡愁

"一战"前夕，与当时绝大部分德国青年一样，克拉考尔真切感受到了德意志民族僵硬冷漠的思想传统，对人所产生的钳制与压迫。精神上的

---

* 原载于《世界哲学》2016年第7期。

无所皈依，更是让克拉考尔陷入了痛苦。他在日记里这样写道：

> 毫无希望，生活让我疲惫不堪，渺小不堪，这无止境的寂寞与空虚！①

因此，对于即将到来的战争，他怀着某种渴望，期待战争能够冲破时代精神的藩篱，重新焕发民族已近衰竭的生命力。这一点，使他与天主教神学家舍勒（Max Scheler）有了交集。1916 年，舍勒在法兰克福进行了一场演说，题目是"德国仇恨的起源"（*Die Ursachen des Deutschenhasses*）。克拉考尔在听完演说之后，深受感动，将自己的作品《论战争体验》（*Vom Erleben des Kriegs*）寄给舍勒。舍勒则很快对此做出了回应：

> 非常感谢你的来信和你发表在《德意志年鉴》上的这篇文章。我非常赞同你的观点——在那对祖国的荣誉感之下的，是许多空虚的心灵。②。

1917 年，舍勒再次来到法兰克福，并与克拉考尔在巴塞尔火车站会面，二人亦师亦友的关系得以确立。1917 年 5 月，克拉考尔在《新德国》（*Das neue Deutschland*）上，发表了一篇专门评述舍勒的文章。在其中，克拉考尔提道：

> 战争之于他的真正意义，在于通过某种方式进行唤醒和告诫，告诉那些民众，他们在不断走向堕落和瓦解，不断走向一种伦理上的坍塌和灾难。③

---

① Ingrid Belke/ Irina Renz, *Siegfried Kracauer 1889 - 1966*, Marbach am Neckar: Deutsche Schillergesellschaft, 1988, S. 18.
② Ebd., S. 27.
③ Siegfried Kracauer, Max Scheler. Krieg und Aufbau, in: *Das neue Deutschland* Jg. 5（1916/17），H16 vom 15.5.1917, S. 443.

可以说，此时的克拉考尔与舍勒对战争的立场是一致的。在他看来，德国乃至整个欧洲都深陷于意义空虚的困境，"当下，人们已经完全丧失了对于真理的体验与追求"。① 战争或许是一剂疗救之方，能够帮助人们挣脱这个麻木、抽象、毫无生命力的虚假世界，重新回到那个"意义充盈"的时代。他的这种略带悲观主义色彩的乌托邦怀想，不仅是对人类精神完满时代的乡愁，亦是对当时德国社会文化的批判性反思。

不过，战争并没有带来克拉考尔所企盼的意义，失败的阴影始终笼罩在先天孱弱、后天动荡的魏玛共和国之上。找寻新的精神突破口，成了克拉考尔更加热切的渴求。恰在此时，克拉考尔结识了马丁·布伯（Matin Buber）与弗兰茨·罗森茨威格（Franz Rosenzweig），在他们的引介下进入了以纳米亚·诺贝尔（Nehemia A. Nobel）为核心的犹太宗教哲学家的小圈子。这个被称为"德国犹太教中唯一的真正哲学家"②的诺贝尔，精通犹太教义与德国唯心主义哲学，并以其非凡的演说天赋，吸引了一大批犹太青年思想家。其中包括马克思·舍勒、恩斯特·布洛赫、列奥·洛文塔尔、马丁·布伯、弗兰茨·罗森茨威格、艾利希·弗洛姆，当然也包括克拉考尔。纵观历史，弥赛亚主义是流离失所的犹太人应对苦难，得以救赎并维护尊严的坚韧信仰。而在诺贝尔这里，他一方面无法摆脱信仰中弥赛亚主义的影响；另一方面又无法卸下早已灌注于其精神血脉的德国哲学。因此，他所给出的时代救赎之方，不是纯粹的弥赛亚信仰，而是一种混合了犹太教义与德意志哲学传统的普遍的文化弥赛亚主义情怀。在其背后，不仅体现了德国战败阴影在宗教哲学领域的反响，也体现了人们对于重建精神信仰的迫切渴求。在诺贝尔的影响下，克拉考尔的思想中也出现了弥赛亚救世主义的倾向：要这片意义散佚的真空之中，重新建立起一座高耸云霄的"锡安之城"，由此带领人们返归意义充沛之故乡。从某种意义上来说，克拉考尔早期较为模糊的现代性乡愁，此时变成了更加抽象的，对

---

① Ingrid Belke/ Irina Renz, *Siegfried Kracauer 1889 – 1966*, Marbach am Neckar: Deutsche Schillergesellschaft, 1988, S. 18.

② Alexsander Altmann, Theology in Twentieth-Century German Jewry, in: *Leo Baeck Institut Year Book* (1956) 1 (1), p. 211.

于总体性、同一性之现代弥赛亚主义的寻求。

二　克拉考尔的唯物主义转向

　　1921年，克拉考尔开始了在《法兰克福报》的编辑工作，这是当时最具影响力的一份报纸，被称为"一个德国的缩影"。这一平台不仅让克拉考尔与当时的思想文化界建立了广泛联系，更给了他充分考察德国战后复杂现实状况的机会。学校改革问题、工厂工会的建立问题、公共机构职能问题……都成了克拉考尔思考关注的具体领域。1924年，本罗·莱芬贝格（Benno Reifenberg）接替鲁道夫·格克（Rudolf Geck）成为报纸副刊部主任。莱芬贝格非常看重克拉考尔，让他全面负责社会文化领域的相关报道。这个时期，恰逢德国接受道威斯计划援助，政治、经济、文化、社会等各个层面都出现了短暂的复苏，成了魏玛共和国难得的"黄金时代"。面对已经发生巨大变化的德国社会经济状况，以及被美国文化工业产品深刻改变的德国思想文化状况，克拉考尔的思想开始发生转变。他在一篇文章中写道：

　　　　近来，我与这样一种看法保持一致，即我们当下的经济基础决定了社会的基本形式。由于资本主义经济基础的存在，决定了当下社会从政治到艺术，从法律到道德的基本面相。这并不是说，社会的面相是从其内部产生的，而是说，整体的社会境况决定了个体的存在状况。如此一来，如果谁想重新在现实复苏一种神学主张的话，就必须努力去改变当下的主流经济形势，甚或说主流社会形势。这是必须要做的第一步……就此而言，可以说，我们当下的状况并不适合神学的继续存在，我们不得不将其搁置一旁。[①]

---

　　① Siegfried Kracauer, Zwei Arten der Mitteilung, *Kracauer-Nachlass*, Marbach am Neckar: Deutsches Literaturarchiv, S. 3.

从这段引文中不难看出,马克思主义物质决定意识的理论对克拉考尔的影响,以及克拉考尔自身对原有的救赎性宗教哲学思想的背离。具体而言,克拉考尔这一思想的转变,体现在两个方面。其一,他与诺贝尔宗教哲学圈子之间的关系走向分裂,对于"意义充盈"时代的弥赛亚式乡愁,开始从他身上消退;其二,他对马克思著作,尤其是青年马克思作品的深入阅读,使其形成了一套独具特色的唯物主义历史观念与资本主义理性批判理论。

(一) 走出原乡——对弥赛亚主义宗教哲学圈子的批判

虽然克拉考尔与舍勒之间有着长年的友谊,但是对其著作《论人之永恒》(*Vom Ewigen im Menschen*)的批判,却拉开了他与诺贝尔圈子之间决裂的序幕。克拉考尔在题为《天主教与相对主义——评马克思·舍勒〈论人之永恒〉》[①]的文章中指出,舍勒在书中所构建的"自然神学"(natürliche Theologie)[②],虽则意指超越现存宗教,赋予普通个体以自然方式获取信仰的可能,但其实质不过是——

> 为当下那些无法忍受信仰真空的知识分子而设置的新宗教……这批人充满了失去上帝的绝望与恐惧,他们挣扎着尽快找到通往宗教信仰的门户,不放过任何一个可以提供庇护的场所。不过,他们所能得到的并非信仰本身,而只是"去信仰的意念"。[③]

在克拉考尔看来,舍勒的"自然神学",虽然竭尽全力想要为流离失所的人们重新构建意义之塔,但他却没有看清,在衰朽的宗教肉身中已经无法找到任何时代真实意义的影子。和其他复苏宗教的尝试一样,

---

① Siegfried Kracauer, Katholizismus und Relativismus: Zu Max Schelers Werk *Vom Ewigen im Menschen*, in: *Das Ornament der Masse. Essays*, Frankfurt a. M.: Suhrkamp Verlag, 1977, S. 187.
② Ebd..
③ Ebd., S. 195.

"自然神学"也无法改变魏玛时代空虚的本质，反而会让人陷入相对主义的泥潭，无时无刻地飘荡在这种信仰与那种信仰、这种文化与那种文化之间。克拉考尔这篇文章，已经可以看出他对弥赛亚式宗教哲学的背离。不过，他与诺贝尔圈子之间关系的进一步紧张，却始于他与布洛赫之间的论争。

引发他们二人矛盾的导火索，是布洛赫1921年完成的《作为革命神学家的托马斯·闵采尔》（*Thomas Münzer als Theology der Revolution*）。布洛赫本人非常喜欢这部作品，并且将其视为《乌托邦精神》的延续与具体实现。可以说，布洛赫笔下的闵采尔，体现出了浓厚的弥赛亚主义精神。在他的革命性宗教理论中，也寄托着布洛赫对乌托邦实现的希望。不过，克拉考尔对这部作品的评价并不高。在他1922年8月27日写就的评论文章《先知》（*Prophetentum*）中，克拉考尔指出：

> 布洛赫在这本书中所描绘的不过是一个假冒的千年王国。这种借用了共产主义与革命语汇包装出来的革命弥赛亚主义，非但无以描绘历史的真实，更无法带来真正的救赎……①

针对克拉考尔的批评，布洛赫随即在9月1日给克拉考尔写了一封长信，并且向《法兰克福报》寄去了一篇辩驳文。遗憾的是，这篇文章没有得以发表。就此，克拉考尔和布洛赫之间友谊破裂，二人关系中断了近三年之久。在克拉考尔写给洛文塔尔的一封信中，我们可以更加清楚地看出他此时的思想立场：

> 我完全不相信这种形式的弥赛亚主义。这虽则是我过去十分渴盼的东西，但是我现在却并不相信。因为，从根本上来说，弥赛亚主义是不现实的，它仅仅只是一种让人驯服于它的理念形式。在这个意

---

① 这篇文章最初发表于1922年8月27日的《法兰克福报》，转引自Ingrid Belke/ Irina Renz, *Siegfried Kracauer 1889 – 1966*, Marbach am Neckar: Deutsche Schillergesellschaft, 1988, S. 38。

上，它与德国唯心主义哲学如出一辙。我对这种新形式的宗教人（homines religiosi）抱着极端的仇恨。①

可以说，克拉考尔已经非常清楚地意识到，魏玛时代的各种弥赛亚主义思想，不论是舍勒的"自然神学"，还是布洛赫的革命神学，都无法帮助人们打通去往真理的桥梁，失落的意义无法在纯粹的理念之中得以实现。对现实与世俗的关注，是促使克拉考尔思想转向的一个重要原因。这一点，在他对马丁·布伯（Martin Buber）和弗兰茨·罗森茨威格（Franz Rosenzweig）《旧约·圣经》翻译的批判中，有具体展现。这一事件也是导致克拉考尔与诺贝尔圈子彻底决裂的重要事件。

1926年，马丁·布伯和弗兰茨·罗森茨威格合作完成的《旧约·圣经》第一卷②由兰勃特·施奈德出版社（Lambert Schneider）出版。这一译本有一种相当奇怪的风格。一方面，全文古雅优美，充满了希伯来语独有的韵律和节奏；而另一方面，又显得不合当下，佶屈聱牙，深奥难懂。克拉考尔在1926年4月27—28号的《法兰克福报》上发表了一篇名为《德语圣经·论马丁·布伯和罗森茨威格的翻译》③的批判文章。在其中，克拉考尔指出，圣经翻译与其他文本的翻译不同。《圣经》的内容并不会因使用日常语言而失去其原初的意义。而马丁·布伯和罗森茨威格的翻译却反其道而行，宣称要恢复经典的纯洁性及其所包含的真理。因此，他们在对旧约进行翻译之时，所使用的并非当今的德语，而是"一种充满了神话气息的新浪漫主义的言说方式"。④ 然而，克拉考尔认为，在这种语言形式中所能找到的只是虚无的美，而非任何真理之存在——意即"在这种无法

---

① Siegfried Kracauer, Brief an Bloch vom 16. 12. 1921, 转引自 Ingrid Belke/ Irina Renz, *Siegfried Kracauer 1889 – 1966*, Marbach am Neckar: Deutsche Schillergesellschaft, 1988, S. 36.
② 《旧约·圣经》第一卷即律法书（Torah），又称为《摩西五经》，包括：《创世记》《出埃及记》《利未记》《民数记》《申命记》。弗兰茨·罗森茨威格只与马丁·布伯合作翻译完成此卷后便因病去世，后马丁·布伯独自工作至1962年才结束《旧约》全部内容的翻译。
③ Siegfried Kracauer, Die Bibel auf Deutsch. Zur übersetzung von Martin Buber und Franz Rosenzweig, in: *Das Ornament der Masse. Essays*, Frankfurt a. M.: Suhrkamp Verlag, 1977, S. 173.
④ Ebd. , S. 174.

流传的言辞中，真理无以显现"。对他来说，经济和社会关系决定了当今社会的精神结构。历史上最自信的文化走向衰亡的原因，正在于他们的社会经济基础受到了侵蚀。因此，面对当下已经发生改变的社会经济状况，语言的形式与格律也应当随之发生变化，要去积极地反映当下的物质存在。而这一版本的圣经，却由于语言的不合当下性，导致了它对现实与真理的背离："在他们的翻译中，圣经文本远离了现实领域，却被引到了神圣的献祭台上，从而抛弃了它本应揭示的真理。"① 在克拉考尔看来，他们二人的圣经译本所存在的问题，并不仅仅在于语言文字，而更在于对现实的否定与对"宗教复兴"的倡导：

> 对圣经所进行的这种经典化翻译与当下的宗教复兴运动紧密相关。我们不应该将这个译本理解为一种文学产品，而应该理解为这个宗教小圈子的见证与产物。②

在克拉考尔看来，这种宗教复兴运动非但无法表达真理，甚至可能会带来新的时代问题：

> 在这种（马丁·布伯和罗森茨威格）宗教以及精神领域中的徘徊会让人们回避构建新的社会秩序的任务……当他们想要去往现实之时，恰恰忽视了真正实存的外部世界；当他们以为自己正在获取真理之时，却根本不知道如何获取真理。因为，当下获取真理的唯一道路只存在于世俗之中。③

无疑，这段文字清晰地展示了克拉考尔在思想上所发生的变化——他已经摆脱了对于乌托邦或者抽象的弥赛亚救世主义的感伤"乡愁"，转而

---

① Siegfried Kracauer, Die Bibel auf Deutsch. Zur übersetzung von Martin Buber und Franz Rosenzweig, in: *Das Ornament der Masse. Essays*, Frankfurt a. M.: Suhrkamp Verlag, 1977, S. 177.
② Ebd., S. 185.
③ Ebd., S. 176.

对具体现实的物质世界产生了浓厚的理论兴趣。

（二）进入现实——克拉考尔的唯物主义转向

如前所述，在对魏玛时代形形色色的弥赛亚救世主义与宗教复兴主义的批判中，克拉考尔揭穿了其本末倒置的乌托邦建构（意即失去了与具体现实生活的关联），同时也指明了通往意义的正确道路——真理蕴含在世俗之中。正像托马斯·列文在克拉考尔的重要作品《大众装饰》（*Das Ornament der Masse*）英译本的导言中提到的，克拉考尔将研究的重点，转移到"一个个十分乏味、贫瘠但是又充满潜能、富有启示意味的日常生活领域[①]"。当然，这样一个唯物主义转向发生的深层次原因，是他对马克思主义理论的吸收和借鉴。在克拉考尔看来，马克思主义理论与此前德国唯心主义理论的差别在于，它以物质存在作为思考的前提基础。资本主义的物质存在决定了魏玛时代不论是政治、文化还是艺术等各个层面的基本面貌。如果想要深入考察现代性的病症，就必须考察其形成的基础，也就是资本主义的物质存在。正是在这个意义上，克拉考尔抛弃了此前偏向于形而上层面的哲学思考与文化弥赛亚主义的追求，转而将目光投向了现实的物质世界。

此前德语与英语学界的学者常常认为，克拉考尔所发生的唯物主义转向，是在布洛赫的影响下产生的。他们认为克拉考尔与布洛赫一样，对马克思主义怀抱着一种浪漫的反资本主义的革命乌托邦的期望。[②] 而实际上，正像上文所提及的，早在布洛赫《作为革命神学家的托马斯·闵采尔》一书发表的1921年，克拉考尔就对其革命弥赛亚主义的立场进行了批判，从而导致二人友谊的破裂。直至1926年9月，本雅明将克拉考尔批判布伯和罗森茨威格的文章《德语圣经》转交给布洛赫之时，他们两人中断三年多

[①] Thomas Y. Levin, the introduction, in: Siegfried Kracauer, *The Mass Ornament, Weimar Essays*. ed. and trans. Thomas Y. Levin, Cambridge: Harvard University Press 1995, p. 14.

[②] Eckhardt Köhn, Die Konkretionen des Intellekts. Zum Verhältnis von gesellschaftlicher Erfahrung und literarischer Darstellung in Kracauers Romanen, in: *Siegfried Kracauer. Text und Kritik*, 68, 1980, S. 48.

的关系才逐渐得以恢复①。因此，克拉考尔对马克思主义思想的理论兴趣，并没有多少布洛赫色彩，更多的是在对魏玛现代化进程的批判性考察中逐渐生发的。在他的重要作品《大众装饰》中，克拉考尔第一次明确阐释了他在马克思主义影响下，所形成的唯物主义历史哲学观念与资本主义抽象理性批判理论。"去神话化"（Entmythologisierung）是贯穿其历史观念与现代性批判理论的核心概念。

从克拉考尔的历史哲学观来看，人类历史从"微弱而遥远的理性"中借力，用以对抗"统摄神话世界"②的自然力，从而展开一个"去神话化"的进程。在这个历史过程中，人与自然之间的神话关系被一一破除，借由理性不断向前推进，真理最终得以实现：

> 随着真理的诞生，历史进程就变成了一个"去神话化"的过程。它所推进的，就是对自然重新侵占之领地的拆解与收复。在此，法国启蒙运动就是一个很好的例子，它彰显了理性与那侵占了宗教与政治领域的神话迷悟之间的激烈对抗。这样一场战争还在持续进行着，随着历史的演进，自然将会被不断剥去魔力的外衣，亦将不断向理性屈服。③

在这段文字中，我们可以看出，克拉考尔"去神话化"的命题与马克思历史唯物主义之间的关系。正如马克思运用唯物史观对人类社会的发展所进行的解析一样，克拉考尔运用理性的"去神话化"，重新梳理了人类历史的进程。同马克思一样，克拉考尔认为，神学或者各种类型的宗教形而上学对世界的把握，从根本上来说，是对自然力的尊崇与征服。当理性拆解了人与自然之间的关系，也就是马克思意义上的自然力被实际支配之后，这些神学话语也就失去了当下性。原本隐含在神学话语中的"那种不

---

① Ernst Bloch, *Briefe* (1903–1975), Band1, Frankfurt a. M.：Suhrkamp Verlag, 1985, S. 274.
② Siegfried Kracauer, Das Ornament der Masse, in：*Das Ornament der Masse. Essays*, Frankfurt a. M.：Suhrkamp Verlag, 1977, S. 55.
③ Ebd..

依赖任何外在条件而存在的真理性内容"①,只有通过持续不断、向前推进的"去神话化"进程,才能剥离其抽象性的外衣,展现世界的真实意义,意即在历史的向前发展中,获取马克思意义上的人的解放。

克拉考尔运用"去神话化"概念,不仅阐明了"理性"与"自然"之间的关系,描绘了人类历史的进程;更揭示出了资本主义时代在其中所处的位置,并对其展开了批判性解读。

一方面,克拉考尔认为魏玛共和国所处的"资本主义时代"是"一个通往祛魅的必经阶段"②。资产阶级革命实现了"去神话化"进程中的历史性突破。它粉碎了"这样、那样的神话联系"③,将人从自然条件的束缚中解放出来。如此一来,"自然"就失去了原本通过各种神话建构起来的权力。自然力所掌控的范围也就日渐缩小,其所对应的社会关系亦开始不断萎缩。因此,克拉考尔认为,通过这样的方式,资本主义时代能够为"理性的进入"④ 创造空间。

另一方面,克拉考尔也非常清楚,这一历史进步的"理性空间"内部充满矛盾的张力。在他看来,资本主义体系的合理性(Rationalität)虽然代表了理性(Vernuft)的一个部分,因为它毕竟战胜了"自然力的统一"⑤。但是,它却可能将历史的发展重新带入神话的风险之中。这是因为,以合理性(Rationalität)为特征的资本主义理性(Ratio)并非理性(Vernuft)本身,而只是一种"工具性的存在"⑥——意即工具理性——这种理性用一种"错误的抽象性"取代了神话"错误的具体性"⑦。如此

---

① Siegfried Kracauer, Brief an Bloch vom 27. 5. 1926,转引自 Inka Mülder Bach: *Siegfried Kracauer-Grenzgänger zwischen Theorie und Literatur. Seine frühen Schriften* 1913 – 1933, Stuttgart u. a. : Metzler 1985, S. 58.

② Siegfried Kracauer, Das Ornament der Masse, in: *Das Ornament der Masse. Essays*, Frankfurt a. M. : Suhrkamp Verlag, 1977, S. 56.

③ Ebd. .

④ Ebd. .

⑤ Ebd. .

⑥ Siegfried Kracauer, Das Ornament der Masse, in: *Das Ornament der Masse. Essays*, Frankfurt a. M. : Suhrkamp Verlag, 1977, S. 57.

⑦ Ebd. .

一来，在资本主义体系中，与具体的人以及人之活动相关的社会关系，变成了种种用以比较、计算、交换的抽象数量关系。在这种抽象化背后是已经枯萎的真正的理性认识。对抽象数量关系与形式主义的崇拜，将导致现代新型神话的出现。正像克拉考尔在《大众装饰》中所言：

> 抽象性，其实就是一种僵化的理性。对抽象普遍性意义的屈服，并没有给予理性真正属于理性的东西。因为这种普遍意义没有考虑到经验性的因素……我们所看到的只是理性的空洞形式，这也见证着一种向神话世界的倒退……只有克服了这些抽象性的障碍，我们才能找到与具体情况相适应的个体的理性洞见①

因此，对资本主义的批判，必须抓住其本质缺陷，意即对抽象性的批判。只有这样，才不会堕入工具化的抽象理性所带来的"再度神话化"的泥潭，理性才能获取继续向前发展的动力。当然，克拉考尔理性批判的独到之处，在于他能够从那些毫不起眼的大众文化的"表面现象"（Oberflächenäuβerungen）中，破译资本主义抽象性的密码。以魏玛时代最为风行的歌舞剧团体"踢乐女孩"（Tillergirls）为例，克拉考尔在他们所构成的整齐划一的舞蹈图式中，看到了与资本主义生产链条同一的抽象性原则。在他看来，这些文化"表面现象"背后的抽象理性原则，与神话世界中统治民众的神秘理念一样，都忽视了人之为人的主体性，只是将人变成宏大主题中的一个组成部件：

> 塑造大众装饰的理性（Ratio）非常强大，它不仅能够召集大众，还能够将构成装饰的大众的生命印记全都抹去。很难在大众中找到活生生的人。②

---

① Siegfried Kracauer, Das Ornament der Masse, in: *Das Ornament der Masse. Essays*, Frankfurt a. M.: Suhrkamp Verlag, 1977, S. 57.
② Ebd., S. 60.

可以说，克拉考尔看穿了资本主义理性的虚假，看到了其后堕落为工具以及生产碎片存在的人类。他深知，人的自由聚集并不代表着人的解放，这种聚集可能从整体上遮蔽了作为生动、具体之个人的存在价值。正像马克思在《论犹太问题》中所写的，"任何一种解放都是把人的世界和人的关系还给人自己"①。

无怪乎阿多诺在1933年写道："克拉考尔是我们当中第一个从全新的视角来对启蒙理性进行反思的人"。②《大众装饰》当中的一些段落，读来确实就像《启蒙辩证法》（Dialektik der Aufklaerung）的雏形。霍克海默和阿多诺在这部作品中，也从两个与神话相关的层面，探讨了启蒙辩证法——即神话早已像是一种启蒙，而启蒙则不可避免地跌入了神话。③ 他们想要证明，在内在自然与外在自然的压迫下，启蒙堕落到了其源始的神话之中，甚至在其历史发展的每一个阶段，都不可避免地再度重现了神话的模式——"每一个想要突破自然力束缚的尝试，所带来的结果无过于更深地跌入自然力的魔域，这就是欧洲整个文明化的进程"④。克拉考尔早在他们之前，就已经意识到了启蒙任务之未完成，以及资本主义抽象理性所蕴含的风险。从这一点来看，克拉考尔确实可以称得上是一位启蒙现代性批判的先行者。但是，从另一个方面来说，克拉考尔并没有像霍克海默和阿多诺那样对启蒙的理性潜力，以及实现理性的历史可能性失去信心。他认为，理性可以挣脱其工具化、抽象化的束缚，最终彻底贯彻启蒙的革命性进程。在他看来，"资本主义不是理性化过了头，而是尚未足够理性化"⑤。意即理性的自反性力量尚未得以充分的解放与发挥。因此，启蒙过程中所出现的曲折与灾难，是通往理性解放道路上不可避免的迂回，理性最终还是有能力摆脱迂回，达到成功的。他之所以会有这么一种乐观的预

---

① 《马克思恩格斯全集》第1卷，人民出版社1956年版，第443页。
② Theodor Adorno, Brief an Kracauer vom 12. 1. 1933，参见 Siegfried Kracauer, *Kracauer-Nachlass*, Marbach am Neckar: Deutsches Literaturarchiv, S. 45。
③ Horkheimer/Adorno, *Dialektik der Aufklaerung*, Frankfurt a. M: Suhrkamp Verlag 1969, S. 5.
④ Ebd..
⑤ Siegfried Kracauer, Das Ornament der Masse, in: *Das Ornament der Masse. Essays*, Frankfurt a. M.: Suhrkamp Verlag, 1977, S. 57.

想，是因为他相信，工具理性与神话将会被真正的理性所打败，而最终归于消失。在这一点上，克拉考尔与马克思站在了一起，即社会的发展，是一个从过去向未来不断前进的过程，人类必将实现从必然王国向自由王国的飞跃。

三　文化唯物主义——马克思主义的解读新途径

如果说，在1925年之前，克拉考尔还一直对"意义充盈"的共同体时代充满眷恋，以怀乡的哀愁书写了对魏玛意义之匮乏的否定，甚至踏入文化弥赛亚主义的救赎之路；那么，在1925年之后，他在马克思主义思想的影响之下，抛弃了诺贝尔宗教哲学圈子所构筑的虚假的弥赛亚主义避难营，重建了历史唯物主义的哲学观念，并对魏玛时代资本主义理性所造就的现代性困境进行了深入解析。在他看来，整个历史是一个充满动量的"去神话化"过程。在此过程中，资本主义理性，一方面通过艰苦卓绝的斗争，将人类从自然总体性的控制中解放出来；而另一方面，它又因对抽象性的崇拜，导致人类在经济合理化的浪潮中，成为被工具理性统治与异化的产物。这种抽象理性的狂热与神话或者宗教的信仰狂热一样，都抛弃了人的主体性与具体性，将人变成盲视、无意义的空洞客体，从而带来"再度神话化"的风险。只有通过对抽象性的彻底批判，才能焕发出理性本身的解放性力量，带领人类重获真理性的意义。

当然，克拉考对马克思主义的接受，不仅仅在于一套唯物主义历史哲学观念，以及资本主义理性批判理论的生成，还在于他以文化唯物主义的批判模式，重新阐发了对马克思主义的解读。具体而言，他反对将马克思主义视为新型唯心主义或者庸俗唯物主义，而希望通过一种基于社会具体现实的大众文化的"表面现象"分析，释放出马克思主义具有当下性的真理性内涵。

首先，从反对将马克思主义唯心化解读的角度来看。克拉考尔非常重视马克思的早期作品，尤其是《1844年经济学哲学手稿》出版前后的《论犹太人问题》《神圣家族》与《德意志意识形态》。在写给布洛赫的信中，克拉考尔指出，要关注法国启蒙主义对青年马克思的影响：

> 马克思的思想来源于18世纪法国启蒙主义，这条启蒙路径承接洛克理论而来，又可以向前推导到爱尔维修以及霍尔巴赫。①

这一观点，无疑勾画出了克拉考尔对马克思《神圣家族》的阅读痕迹。正是在这部著作中，克拉考尔形成了对前启蒙的形而上学，以及德国唯心主义的"哲学谱系"，尤其是青年黑格尔派主观唯心主义的批判立场。这是他逐渐远离文化弥赛亚主义观念，并同诺贝尔宗教哲学圈子决裂的重要原因。当然，《神圣家族》中对法国唯物主义传统，尤其是人本唯物主义思想的梳理，以及对历史唯物主义和辩证唯物主义的具体阐述，对克拉考尔在《大众装饰》中所展示的唯物主义历史观念，产生了深刻的影响。其后不久，克拉考尔读到了卢卡奇的《历史与阶级意识》（*Geschichte und Klassenbewusstsein*）。虽然在青年时代，克拉考尔非常喜爱卢卡奇的《小说理论》，并对其所描绘的"意义充盈"的总体化时代怀抱乡愁。但是，克拉考尔认为，卢卡奇在这部作品中，将马克思唯物辩证法的内容，归结于德国同一性的"唯心主义体系"，尤其是将其归之于黑格尔是错误的。对此，克拉考尔说道：

> 马克思主义最重要的原则，也就是他的"人"这个概念……只有在马克思与爱尔维修之间，打通黑格尔这座大山的隔绝，我们才能真正理解。②

由此可见，克拉考尔非常反对卢卡奇运用带有黑格尔色彩的历史概念与辩证法概念对马克思所进行的重新阐发。在他看来，这种理论重构将不

---

① Siegfried Kracauer, Brief an Blcoh vom 29.6.1926, 转引自 Inka Mülder Bach: *Siegfried Kracauer-Grenzgänger zwischen Theorie und Literatur. Seine frühen Schriften* 1913–1933, Stuttgart u. a.: Metzler 1985, S. 58.
② Ebd..

可避免地跌入抽象化的迷途，而这正是马克思的历史唯物主义与辩证法所深刻反对的。从这一点来看，克拉考尔在真正意义上理解了马克思的唯物辩证法思想。当然，克拉考尔想要做的，并非将马克思主义简单化为一种庸俗的机械唯物主义，而是要维护其"真正的人本主义"（realen Humanismus）①。在克拉考尔看来，马克思关于"人"的概念，是其早期理论的关键范畴。他之所以要在《神圣家族》中，从法国唯物主义传统，尤其是人本唯物主义传统中找寻理论资源，就是要用具体现实的"人本主义"来对抗德国唯心主义传统中的抽象理性。

其次，从反对将马克思主义机械唯物化解读的角度来看。面对受到苏联官方意识形态扭曲的庸俗马克思主义，克拉考尔认为：

> 必须要对那在苏联官方哲学的实践中，变得不再具备当下性哲学特点的马克思主义进行新的解读，以此来解放出其真理性的内涵。②

那么，这一新的解读途径是什么呢？克拉考尔强调，必须要从真正的具体与现实的角度来解读马克思主义理论，意即要关注社会化的人类生存所直接经验到的现实。就像克拉考尔在此前给布洛赫的信件中，反复提及的法国启蒙主义，尤其是爱尔维修唯物主义经验论对马克思早期思想所产生的影响。这就意味着，克拉考尔所认为的唯物主义不单单强调物质基础对社会关系的塑造作用，同样也强调经验性的现象世界对真理获取的意义。也就是说，克拉考尔并没有放弃那条从"自然力"以及各种神话中解放出来的，由现象世界通往真理的救赎之路。正是因为如此，克拉考尔才会如此关注魏玛现代化进程中涌现出来的，诸多并不起眼、转瞬即逝的大众文化"表面现象"。对他来说，这些对物质世界真实、具体、切近的世

---

① Inka Mülder Bach, Siegfried Kracauer-Grenzgänger zwischen Theorie und Literatur. Seine frühen Schriften 1913 – 1933. Stuttgart u. a.：Metzler 1985，S. 58.

② Siegfried Kracauer, Brief an Bloch vom 27. 5. 1926，转引自 Inka Mülder Bach：*Siegfried Kracauer-Grenzgänger zwischen Theorie und Literatur. Seine frühen Schriften* 1913 – 1933，Stuttgart u. a.：Metzler 1985，S. 58.

俗化表达，一方面以其符合资本主义经济合理性原则的呈现，忠实反映了时代的总体状况；而另一方面则以其不带意识形态污染的无关紧要与空洞无物，隐藏着破译这一时代密码的重要讯息。这些边缘文化现象就是原本严整的社会关系产生裂痕与鸿沟的地方，也是真理沉没的地方。因此，克拉考尔坚持认为，对资本主义理性所引发的现代性危机的考察，不应当在那些已经成为化石的往昔时代的高雅艺术中找寻，而应当投入现实，俯身对那些不起眼的大众文化现象进行实践性的探究。关于这一点，克拉考尔研究专家卡斯滕·维特（Karsten Witte）曾提道：

> 克拉考尔积极投身现实、参与改变的立场，多多少少应和了青年马克思的那句倡导实践的名言——批判的武器不能代替武器的批判。[1]

在此意义上，克拉考尔创造性地运用马克思主义理论，充满革命性地推动了对毫不起眼的具体生活领域的探究，完全沉潜到了那些"更为低下"的文化领域，将其理论之根牢牢扎于日常生活之上。正像他在对马丁·布伯与罗森茨威格的批判中所言，"当下获取真理的唯一道路只存在于世俗之中"。这样一种文化唯物主义立场，使得克拉考尔成了那一时代极富影响力的文化哲学家与现代性批判理论家，也使得魏玛现代性的文化景观在思想史意义上得以重新呈现。

---

[1] Karsten Witte, Light Sorrow. Siegfried Kracauer as Literary Critic, in: *New German Critique* 54 (Fall 1991): p. 82.

重返康德

——德国社民党的伦理社会主义实践

伴随着苏联的现实社会主义在实践中走向失败,国际社会主义运动陷入低潮。而此时,原来被斥为马克思主义正统思想之叛逆的民主社会主义思潮,则以一种全新的面貌进入了我们的视野。如何理解民主社会主义,不仅是一个理论问题,更是一个对我们当下的中国特色社会主义建设具有重大意义的实践问题。

按照一般的观点,民主社会主义发端于19世纪中后期的欧洲社会主义运动。当时,资本主义的发展进入了一个稳定时期,马克思、恩格斯的科学社会主义思想照耀着整个欧洲。面对资本主义不可克服的经济危机以及一触即发的阶级矛盾,欧洲的社会民主党人,服膺于马克思主义的指导思想,坚信工人运动与社会主义运动的历史必然性。以第二国际中最有影响力的德国社会民主党为例,正如梅林(Franz Erdmann Mehring)所描述的那样,他们在《共产党宣言》的带领下踏上了一条"不断取得胜利的道路"。可以说,此时的民主社会主义,在理论上浸润于马克思主义的唯物史观与阶级斗争理论;在实践上,则不断开展工人运动以争取更大的发展空间。但是,随着资本主义在欧洲的进一步成熟与变化,尤其是在欧洲民主国家相继建立的历史背景下,民主博弈与议会斗争的方式开始在许多国家得以实现。故而,民主社会主义思潮产生了许多新的变化,从不同的方向、层面对以阶级斗争、暴力革命为特点的传统社会主义运动形成了挑战,进而出现了所谓的"修正主义""改良主义"转向。到了两次世界大战期间，欧洲的民主社会主义政党拥有了更多的机会在本国执政或者参政，促使改良主义的道路得以在理论与实践上进一步拓展。

在很长一段时间内，我们沿袭了斯大林时期的正统教义，认为欧洲的民主社会主义思潮，虽然曾经受到马克思主义的影响，但是在马克思、恩格斯相继过世之后，就背叛了革命，走上了自由主义的不归路。但是，这种习惯成自然、未加理性考辨的观点，其实值得我们反思。我们应该看到，民主社会主义从诞生到发生转向，始终无法逾越一个客观的历史发展框架。这就是，作为其对立面与超越对象的欧洲资本主义的发展。可以说，正是资本主义在政治、经济、文化、社会等方面的变迁，影响并塑造了民主社会主义的面貌。在两次世界大战期间，第二国际的解体宣告了民主社会主义脱离"母体"的改良与修正，但是，它在根本上并没有超越马克思主义的经典论述。因为，他们所组织的工人运动虽然不再以暴力革命作为实现社会主义目标的唯一手段，但是他们并没有放弃对资本主义进行批判的阶级斗争。从这一点来看，他们仍旧属于世界社会主义运动的阵营。

不过，这样一种改良主义的发展路向，在第二次世界大战结束之后，终于来到了历史的卡夫丁峡谷。1951年，欧洲各国的民主社会主义党人在德国法兰克福聚集，成立了社会党国际，并且通过了《民主社会主义的目标和任务》（又称《法兰克福声明》）。简要而言，它在意识形态上主张多元主义、在政治上宣扬多党制、在经济上主张民主化、在文化上倡导多样性、在国际关系上宣扬和平主义。各国社会党都以此作为依据、不断结合本国实践进行补充和完善。应该说，这一纲领的提出，鲜明地展示了民主社会主义在指导思想上的重大转变，这就是从科学社会主义向伦理社会主义的转变。在德国，这一转变是在1959年完成的。我们知道，德意志民族始终以思想的深邃与思辨见长。在社会主义运动史上，德国的社会民主党也一再凭借自身的理论优势，影响并指导着欧洲其他国家的民主社会主义运动。但是，在"二战"结束之后，德国社民党却被迫受制于美国政府所扶植的基民盟——基社盟，无以组阁执政。不过，这种显见的政治压制却在某种程度上，激发并促进了德国社民党的理论创新。1959年，德国社民党在歌德斯堡举行了党代表大会，并且通过了全新的《基本原则纲领》，也就是著名的《歌德斯堡纲领》。这份纲领的最大亮点，就是引入伦理社会主义的理论资源，对社会主义的本质特征做了全新的诠释。

伦理社会主义最初的理论生长点是19世纪70年代新康德主义者们所提出的"回到康德去"的主张。新康德主义马堡学派的创始人H.科亨（Hermann Cohen）在1904年提出，社会主义的本质是一种以人为目的的道德进步，康德的伦理学应当作为社会主义的道德指南与价值源泉。伯恩斯坦的修正主义理论，其修正之处，正是主张以伦理冲动与伦理要求来解释社会主义运动。在他看来，马克思所说的阶级利益、剥削关系其实就包含着道德判断，因而社会主义理论与康德的道德学说是紧密联系的。这一思潮不仅通过大学讲坛在知识分子中广为传播，也通过一系列的工人运动影响了德国社会民主党的高层与知识界。他们为此创办了《康德研究》杂志，就康德认识论、道德学说以及是否要在社会主义中引入伦理原则展开了激烈的争论。不过，就当时的时代氛围而言，为"社会主义乌托邦之梦"奠立物质与实践基础的科学社会主义思想，以及在此指导下进行的轰轰烈烈的工人运动，乃是历史舞台上的主角，故而这样一股伦理社会主义思潮未能在德国社民党的正式文件以及领导讲话中获得合法地位。"二战"结束之后，伦理社会主义借由德国社会民主党人的理论创新重新恢复了生机。究其原因，在于第三帝国期间，法西斯主义从根本上对人性、道德和人的尊严的践踏，使得战后重建的德国，在伦理意义上重新燃起了强烈的热情。为了从理性、公民意识等层面对德国人民进行道德教育、呼唤德意志民族的道德伦理、争取最广泛的民众支持，社会民主党人在其建党的原则纲领中，加入了浓厚的伦理社会主义思想资源。这就是1959年11月德国社会民主党歌德斯堡特别党代会上正式通过的《歌德斯堡纲领》。这是德国社民党在战后的第一份党纲。其中写道，"自由、平等、博爱和人性这些人类权利中包含了工人阶级的权利和阶级要求……德国社会民主党的一致性建立在共同的道德价值和相同的政治目标基础上……社会主义是一项持久性的任务……要努力追求一个体现这种基本价值精神的生活制度……"这就意味着德国社会民主党不再将自身局限于工人阶级，而是将其扩展到了德国全体人民乃至普遍的人类利益之上。在这一纲领的指导下，德国社民党着眼于普遍的道德原则、道德规范，通过各种有效、合法的手段，对资本主义进行批判和改良，最终致力于"自由、公正、团结互助"这一民主社会主义基本价值的实现。

由此，我们可以看到，历经一百多年的曲折，伦理社会主义终于融入了德国社会民主党的施政纲领，成为一项正式的思想理论路线，指导其具体实践的展开。1966年，德国社民党摆脱了在野党地位，参加了大联合政府。1969年，德国社民党和自民党联合组阁执政，威利·勃朗特出任联邦总理。他的继任者赫尔穆特·施密特也同样遵从了《歌德斯堡纲领》的政治理念，同他一道创造了德国战后1966—1982年持续十六年的光辉岁月，开展了大规模的社会福利国家的创新实践。在经济上，他们推行凯恩斯主义的需求政策，加大政府的宏观调控能力，在经济增长、货币稳定、充分就业的基础上，进行合理的收入再分配，不断扩大社会福利，减少贫困；在政治上，他们推进政治民主化、法制化的进程、支持工会运动，改善工作条件、维持劳资双方利益的平衡，努力消除社会不公、保障人民的基本社会政治权利，维护社会秩序的稳定；在文化上，他们不断开放公共文化设施、实行文化免税、文化民主，倡导文化领域的解放与消费，提升和满足人民的自由、权利和尊严。1984年起，德国社会民主党着手制订新的党纲，但是基础仍旧是《歌德斯堡纲领》，并且进一步指出："人的尊严是我们行动的出发点和目的。"

通过这一系列的历史梳理，我们可以看出，伦理社会主义转向后的德国社会民主党人对社会主义的理解，已经超越了对资本主义社会所进行的经济、物质层面的省察与批判，而更多地将人的思想自由、道德责任看作社会主义的最终目的。这样一种转变，与"二战"结束之后，德国的民主重建、世界的和平发展遥相呼应。当然，除了理论创新的意义之外，这一转向更在具体实践中取得了丰硕的成果。其代表，就是德国社民党人所推行的覆盖面广泛的社会福利国家建设。这一辉煌的历史成就不仅令当今的欧洲人倍感留恋，也似乎成了身处改革发展之复杂语境的中国的遥远参照。人们认为，这一社会福利制度的巨大利好，能够给狂傲的资本主义套上一个笼头，不失为经济建设、社会建设、文化建设和谐并进的良好模式。只是，我们并没有意识到，以德国社民党为代表的欧洲民主社会主义在战后的历史性高歌猛进，其实有着具体的现实基础。除了上面提及的历史趋势之外，战后科学技术的飞速发展，社会财富的极大丰富，是它进行社会再分配的重要基础；此外，公民与民主教育的普及、持续而深入的工人阶级斗争，也是它不断趋于完善的重要条件。一旦社会历史条件发生进一步变化，这样一个黄金时代也将面临终结。故而，在20世纪八九十年代之后，尤其是在资本、经济全球化的浪潮席卷而来之际，这一民主社会主义的发展势头，受到了巨大冲击。当前，资本主义世界中占据主流的是所谓的新自由主义改革，资本的重新自由流动、资本的私有化、市场化正不断威胁着社会福利国家的底线。民主社会主义党人在战后所建立的一系列清晰、普遍、明确的价值方向似乎失去了掌舵的可能。如何有效地应对并担负全球范围内的经济危机、债务风险、生态危机？如何应对资本的跨国流动对民族国家福利建设、宏观调控的冲击？如何持续推进对民众的自由、民主、尊严的保障？这些复杂的问题和困难，使得以德国社民党为代表的欧洲民主社会主义陷入了僵局。为了获得选民的支持和执政机会，许多民主社会主义政党在根本的福利政策上步步后退，只是策略性地调整与制定选战宣言，谋求走上利益最大化的第三条道路。但是，失去了其理论独特性、核心竞争力与伦理道德向心力的民主社会主义，似乎还没有探出一条可靠的新路。

总而言之，纵观民主社会主义这一个半世纪以来的跌宕起伏，起起落落，我们会发现，它从根本上揭示了社会主义与资本主义在不同的历史阶段，面对不同的时代议题所体现出的相互竞争、彼此制约的关系。我们在看到资本主义制度仍旧具备发展能力与调试能力的同时，不能忘记民主社会主义对资本主义的制度性改良所产生的深刻影响。今天的中国，面临着一场前所未有的社会主义机制和体制的创新，面临着来自世界政治领域的巨大挑战，批判性地借鉴民主社会主义的建设经验，对于我们这样一个站在文明转型关口的民族而言，显得十分重要。对民主社会主义的发展进行必要的历史梳理，对其进行价值伦理层面的深入探索，将有助于我们把社会主义的价值理想从僵化、固化的文件词汇中解放出来，使其成为我们与古今中西文明展开深层次对话的理论资源。

文明的火山口：风险社会的反思[*]

乌尔里希·贝克（Ulrich Beck）：德国著名社会学家、慕尼黑大学教授，长期从事社会发展和全球化问题的研究，并提出许多独到的见解和概念。贝克提出了"全球主义""解民族国家化""世界社会"等观点，也与吉登斯（Gidens）、拉什（Lash）共同提出了"第二现代"理论，更以"风险社会"概念在国际社会科学界获得注目。

我们知道，随着经济全球化的加速推进和信息化程度的快速提高，世界正在进入一个不同于传统现代化社会的风险社会，社会突发性危机的不确定性、不可预见性和迅速扩散性都日益增强。无论是海啸、SARS、AIDS，还是禽流感、疯牛症、金融风暴，都已经超越人类知识可以预期和控制的范围。文明所创造的社会新面貌，在表面上看来是一个秩序井然，充满理性的世界，"现代风险"却像一颗颗隐藏在各个工厂、实验室、发电厂、天然气储存罐中的定时炸弹，随时都可能引爆。而生态破坏、贫困、全面战争和极权政治又迫使人们必须动用更多的"想象"才能认识到自己所处的危险情境。事实上，企图去理解现代风险的成因、结果和可采取的预防措施，已经变得越来越困难；而同样地，如何去判断风险的可接受程度，也就变得越来越复杂。可以说风险社会是伴随着现代化和全球化的发展所带来的一个新问题。

《风险社会》作为20世纪末对社会分析最有影响力的欧洲著作之一，

---

[*] 原载于《文汇报》2006年第4期。

自 1986 年首次出版后,最初的五年就售出六万册,而 1992 年的英文版又经过了连续四次的重印。它所引起的社会关注度之大,充分表明了它对社会带来的影响和震撼是巨大的。

在《风险社会》中,贝克认为风险是工业社会中产生的一个崭新的逻辑,他所定义的风险概念是"作为一种处理由现代化自身诱发而引起的危害和不安全的系统方式"。风险,恰恰是工业社会中现代化的意料不到的后果和产物。风险分配之中的"飞去来器效应"(the boomerang effect),又使人们无法逃避风险分配的命运,而这一切最终将会冲击社会的政治、经济和文化的发展。可以说,人们的征服力量和技术手段,极有可能同脱缰的野马一般毁掉我们业已创造的一切。所以,贝克提出了当代人正生活在文明的火山上的深刻忧虑。而他的风险社会理论同他对现代性(modernity)的认识是密切联系的。与安东尼·吉登斯(Anthony Gidens)和斯科特·拉什(Scott Lash)一样,贝克厌倦于"现代性"与"后现代性"的持久争论,而渴望打破这些无果之争强加在思想上的束缚。于是在 1997 年,他们围绕着诸如"反思性现代化""消解传统观念"和"关注生态问题"这些全球时代的触目难题,合作撰写了《反思性现代化:现代社会秩序中的政治、传统与美学》(*Reflexive Modernization: Politics, Tradition and Aesthetics in the Modern Social Order*),集中探索了"反思性现代化"的理论。

贝克认为,现代性是同工业社会一起扩张的,而反思现代性则和风险社会一起扩张。那么,什么叫"反思性现代化"(Reflexive Modernization)呢?按照贝克的说法,就是当现代化的进程从工业社会步入风险社会,即从"现代性"延伸到"后现代"的时刻,有一种自主的、不受欢迎的、看不见的自我反思、自我反抗和自我冲突的情形发生。他从两个角度给予说明:第一个方面,是从财富分配的逻辑和风险分配的逻辑对比,来讨论反思性现代化的连续性和非连续性的混杂。指出作为工业化之条件的自然资源开发,已经危及了进一步的工业化本身;而作为人类自信心空前提高之标志的人类对于主宰自己的种种不确定因素的技术控制,本身已经成为更大的不确定因素的根源;第二个方面,是从工业社会之中蕴含的现代性和反思现代性（modernity and counter-modernity）的内在矛盾着手的。因此，贝克首先在书的第一部分中，以环境污染和灾害问题为基点描绘了风险社会的基本轮廓。其后，又用了四个章节的内容强调了现代社会的个体化发展，他说："正像在19世纪现代化消解了封建社会的结构并且产生了工业社会，今日之现代化正在消解工业社会并且正在产生另一种现代性。"① 反思性现代化掀起了个体化的浪潮，它消解了工业社会的传统变量：阶级文化和共识，性别和家庭角色。而同时，个体化又直接嵌入私人领域，使原有的在私人空间维度的关系结构破碎，从而影响了个体的生活方式。个人的生活阅历，使得原有的各种社会关系变的松散和不稳定，个人失去了传统的来自家庭、邻里、朋友、伙伴的支持。从而人们面临的各种社会风险的可能性也在增大，危机和不安全感时时侵袭着个人。

正如他所说，《风险社会》一书的主题是："我们正在见证的不是现代性的终结而是现代性的开端——这是一种超越了古典工业设计的现代性。"② 按照吉登斯的观点，现代性理论强调历史发展的确定性、必然性、理性化和可知性，而后现代理论则坚持现实的不确定性、偶发性、非理性和不可知性。他通过"反思性"将两者杂糅在一起，既承认现代社会有某些确定的特征，以与传统相区别，体现其"断裂"，又以"反思性"削弱这种确定性和可知性，在不断反思中自我延伸。③ 而贝克的"反思性现代化"则开启了一种另辟新境的理论视角，即在当代社会的这种高关联、高依赖以及极度脆弱和不稳定性中，迎着风险社会走去，对于现代化的过程不断提出批判、反省，希望通过"反思性现代化"和"风险社会的自我反思"再造政治，使个人重返社会，更新社会基础，唤醒欧洲人因怀疑主义和虚无主义长久浸淫而沉睡的自我更新的能力，建构一种有价值的世界。为了理解我们当今生活于其中的风险社会，确实需要一种新的参考框架，

---

① ［德］乌尔里希·贝克（Ulrich Beck）：《风险社会》，何博闻译，译林出版社2003年版，第10页。

② 同上。

③ 安然：《在断裂与连续之间——评吉登斯的现代性思想》，载北京大学世界现代化进程研究中心主编《现代化研究》第一辑，商务印书馆2002年版，第306—310页。

贝克认为我们现在有一种我们在若干年前不曾有过的"地球政治",他在点出"高科技"与"高风险"之间的关联性之后,透过宏观、敏锐的观察,提出"全球化、全球性、全球主义""解民族国家化""世界社会"等观点,主张世人应该在一个开放的、允许充分弹性的新思维模式下,全方位地认识风险的各种可能来源与可能后果,并加以管理。当我们认识到多元性、个体主义和怀疑主义已被载入我们的文化之中,我们就应当能够形成一种新的社会凝聚力、一种新的世界主义的基础,在此基础上,自由的有创造力的不确定性取代了差异的有等级的确定性,从而形成共担风险的全球道德的政治。

于此,我们可以看出,贝克显然对现代化和现代性问题,做出了更为深刻的理解和解释,他的观点从特定的角度把握了现代社会的本质:现代化的发展必须转变为以"反思"为主要内涵。如果我们可以从韦伯、马克思身上看到一个从传统到现代的转换过程;那么我们从贝克身上看到的就是一个从现代化到反思性现代化的转换过程。

"风险社会"是当代世界各国所面临的社会现象之一,在经济全球化时代具有普遍性,甚至成为跨国现象。而中国社会正处于转型时期,其特征表现为结构转型与体制转轨的同步启动,即在实现以工业化、城市化为标志的现代化的同时,还要完成从以计划经济为特征的总体性社会向以市场经济为特征的多元化社会的转变。在这一巨大变迁过程中,中国社会也正在进入一个风险社会甚至高风险社会。那么,本书所阐述的问题,对我们在当代如何避免、预防和消除自然的和人为的社会风险具有借鉴意义;为我们更好地理解当前的社会并制订相应的制度和政策提供了独特的观察视角;对我国学者关于预防社会风险的研究,关于坚持科学发展观促进社会经济可持续发展的研究,关于建设社会主义和谐社会的研究,颇具参考价值。

对"马克思主义复兴"的新解读[*]

2008年世界金融危机的爆发,使得"马克思主义复兴"成了一个理论热潮,也使得长期以来流行于世的"马克思主义过时论"不攻自破。那么,如何来理解"马克思主义复兴",尤其是如何在新的历史与时代背景下理解马克思对资本主义的批判呢?德国社会民主党的重要理论家托马斯·迈尔(Thomas Meyer)教授在这篇文章中给了我们一个非常清晰的解读。在他看来,"马克思主义复兴"并非一个笼统意义上的复兴,也并非教条化的马克思主义的复兴,而是马克思理论中政治经济学批判主旨的复兴。在这场金融资本主义危机中,作为意识形态的市场信念与实践遭遇了破产。因此,必须重启对市场规律与私有制的"社会驯化",促进资本主义的根本性变革,一方面,将必要的计划与经济民主相结合;另一方面,通过保障社会利益优先地位的政治结构,对生产资料私有制与市场进行必要的限制和约束,以此来替代市场无政府主义的原则,并克服人与人之间以及生产过程中的异化现象。他认为,在马克思的理论中存在着强烈的社会道德与伦理规范,马克思心目中的真正符合人道尊严的"个人"与新自由主义的"经济人"之间存在根本差异。当然,托马斯·迈尔的这些观点主要基于其社会民主主义的立场,其对于马克思主义、资本主义和"马克思主义复兴"的解读也有诸多可商榷之处,但重要的是,通过对其理论所

---

[*] 本篇为译文,是德国社会民主党重要理论家托马斯·迈尔(Thomas Meyer)2016年访问中国,其后返回德国所作。原题为"Marx neu Lesen ? Eine europäische Sicht",原载于《理论视野》2017年第9期。

进行的分析与反思，通过展现"他者目光"中的马克思主义，能够为我们更好地理解马克思主义提供有益的参考。

一 马克思主义过时了么？

卡尔·马克思的作品似乎久已被人遗忘，这不仅发生在西方的政治世界，同样也发生在东方的政治世界中。当然，二者的原因并不相同。在西方，这是由于，尽管危机与挫折接连不断，但资本主义的发展和福利成就、大众消费的不断增长，以及社会国家（Sozialstaat）的不断扩张，使得马克思主义对市场和私有制的分析与批判似乎被成功忽视了。而在东方，最主要的原因在于，几十年来，马克思主义传统使得中央集权制度（Zentralismus）在政治经济和社会组织的各个层面都获得了合法性。因而基于马克思主义传统很难匆忙为市场与私有制不断提升的地位做出合理辩护。因此，西方的许多人认为，马克思主义及其结论已被历史进程驳倒，而东方传统的马克思主义理论也很难应对新的时代挑战。在此背景下，马克思主义陷入了这样或者那样的困境。

不过，自近十年以来，这样一种状况在东西方几乎同时发生了明显变化。当然，其原因仍旧各不相同。不过，对于究竟何为"马克思主义"，或者"马克思主义"应当为何这一问题始终模糊不清，至今尤甚。但是，显而易见的是，在西方最重大的改变是，资本主义的最新危机引发了某种程度的马克思主义复兴（Marxrenaissance）。而在东方最为重要的改变是，人们希望借助马克思主义新的繁荣与作用，来加强党的领导人所责成的党员在方向和纪律上的定位，尤其是重树道德理想与无私奉献的精神。

当然，这并不是要去提倡一种笼统意义上的"马克思"或"马克思主义"的复归。为什么呢？其一，我们对"马克思"和"马克思主义"的理解方式千差万别，并且充满矛盾。整个20世纪的历史已经证明了这一点；其二，马克思的源初理论（ursprünglichen Lehre）是一个横跨不同主题与知识领域（Erkenntnisbereichen）的庞大体系。因而我们不可能笼统地去谈"马克思主义复兴"，而应当要去讨论——在这150年后的今天，马克思理论当中的哪些部分值得重新去思考。自马克思生前至今，在所有的政治论争中，所谓"纯正的马克思主义"始终没有出现过。这是由于，不论是在工人运动组织还是在政治知识分子的行动中，他们都仰赖各自的"规范解释"（kanonischer Interpretationen）。这些"规范解释"为他们的行动提供了指导，并设定了相应的边界，却缺乏真正的普遍性；另一方面，就马克思作品自身而言，在其形成的四十多年间，它不仅涵盖了极为丰富的主题，而且在基本理论著述与现实政治立场之间也产生了较大差异，甚至充满了张力与歧异。因此，面对当今时代的一系列问题，我们不能期待通过对马克思作品的直接解读，就能得出一个迅捷且唯一的答案，更不能指望可以从中获取任何直接对症的药方。

二 历史回顾——马克思主义的几种解读路径

出于如上原因，对马克思主义的几种最主要的解读方式，及其所带来的问题进行一番短暂的回顾，应当是有必要的。首先需要明确的观点是，很长一段时间以来，马克思的作品及其内在的理念总是被人误读。在那些政治阐释者们看来，马克思的理论就是一条通往工人运动组织或者左翼知识分子阵营的"特殊"路径。无疑，这些"马克思主义"的特殊变体（speziellen Varianten）总是受到其时代的特殊阐释模式（Deutungsmustern），以及不同政治情境下服务于各自阐释范式（Deutungs-Paradigma）的个人利益与观点的影响。同样的，每一种理论遗产的当代继承都不可避免地受限于时代的基本状况。因此，当代的阐释者必须尽最大的可能，以自身的方式去理解和验证这一理论遗产。若有必要，还必须以合适的方式返归理论所处的时代，对其进行重新反思与批判。

在第一次世界大战之前，（西）欧洲社会民主党的马克思主义，就已在相当大的程度上，受到恩格斯以自然科学方式来理解的世界观和达尔文进化论的影响。这条理论路线中的人类历史，远比在马克思在自己的作品中，更为强烈地表现为一种与自然相类似的进化过程。在这个进化过程的主线上，人类的行为并没有发挥多大的作用；即便是在短暂的历史插曲中，人类的行为也只能发挥有限的作用。如此一来，功能论马克思主义就成了主导性的观念——即认为马克思主义是一种合法（legitimierende）、合动机（motivierende）的世界观（Weltanschauung）。当然，为此所付出的代价是，实践思维（Praxisdenkens）的大大削弱。所以，我们会看到，目的指向（zielgerichtete）的积极行动所必备的分析、概念以及具体纲领（马克思在自己的论述中对此有初步的考虑和暗示，但并没有对此给出完备的理论），在这种类型的"马克思主义"工人运动中总是不够完善。因而，这一传统路径中始终交织着一种极富特色的二元性（Dualismus）——即信仰的"理论"（党纲的总则部分）与现实的实践（党纲的行动部分）之间的二元对立。

列宁对马克思主义的解读——并非马克思主义自身——让国际工人运动的分裂成了定局，并且创立了一种具有约束力的世界观：马克思列宁主义。这一世界观成了整个20世纪共产党的合法性理论（Legitimationstheorie）。列宁在马克思主义中找寻的是，能够在以农业占主导地位的国家中指导革命的行动指南。在这样的国家中，工人阶级只是一支非常弱小的社会少数力量，而广大的农业人口几乎没有受过任何教育。鉴于这种情况，他强化了马克思理论中的一些要素——更加强调历史规律、历史发展阶段论以及马克思理论自身的科学性意义。这种解读方式为革命先锋队赋予了"科学"的合法性，即革命先锋队以群众的名义担任政治上的向导。

与这种马克思主义的最主要形态相区别的，就是所谓的"西方马克思主义"。此种马克思主义（从卢卡奇到法兰克福学派）与前者最重要的区别在于，它与工人运动及其政党没有任何直接的联系。西方马克思主义者是一批对资本主义持批判与反对立场的知识分子。他们对马克思主义所进行的阐释，最重要的是去探究：为何在西方世界中没有发生大的革命、为何工人阶级没有形成马克思主义意义上的阶级意识、为何工人运动的两位反目成仇的兄弟——社会民主党人与共产党人——的政治策略都没能以各自的方式，正确对待"真正"的马克思主义理论？因此，他们将理论重心放在了社会文化领域。这一领域对现代工人阶级的意识以及社会的社会阐释模式（gesellschaftlichen Deutungsmuster der Gesellschaft）产生了重要影响。

尽管传统的社会民主党与传统的共产党在一些基础问题上处于政治的对立面,但是在对马克思主义的理解上基本是一致的——他们都将"马克思主义"视为一种全面的世界观。它不仅对宏大的政治和社会经济目标,而且对人类历史与个体生活的"意义"这一存在论问题都具有强烈影响。在19世纪这样一个信仰自然科学之全能的时代中,很多人认为,这种作为世界观的马克思主义具有普遍性的作用。它不仅是对社会的分析、对世界的解释,同时也是普泛的政治纲领、个人生活意义的模式以及一种责任伦理。因此,他们开始投身工人运动,并且选择信仰马克思主义而非信仰宗教。当然,"西方马克思主义"可能也为个体提供了一种类似的总体性生活意义(integrale Lebensbedeutung)。不过,它却从未成为一种与公共政治斗争中的大群体休戚相关的、具有约束性的意识形态。

这种作为世界观的马克思主义的价值和有效性诉求,从根本上取决于,自然科学能够令人信服地提出一种普遍的意义建构要求。这种要求作为一种认识"约定"同时能够适用于社会科学,尤其是历史。在这一基础上,对人类整体意义的历史性科学认识似乎是可能的。这种意义不仅包含了每一个政党的人道使命,同时也包含了加入政党的每一个体的生活意义。这一理论源头不仅生发了忘我的团结意志,同时也生发了个体生活的社会伦理。不过,整个20世纪所遭受的前所未有的文明断裂与人类灾难,使得被自然科学所激发的世界观意义上的马克思主义的进步乐观主义丧失了根基,同时也就使其丧失了令人信服的非强制力量。

这就使得我们不得不面对这一问题,究竟马克思理论中的哪些认识、哪些问题以及哪些启发,在今天依旧能对经济、国家、社会的危机与发展进行富有成效的解析?

(一) 金融危机与"马克思主义复兴"

马克思主义在西方世界的此次复兴,主要受2008年世界金融危机的激发而产生。这一"复兴"希望能够绕过以上所提及的三种主要的马克思主义传统路径,直接回到马克思理论的政治经济学主旨之上。从分析的层面来看，马克思对资本主义经济的批判——在今天看来仍旧、甚至愈加——切中肯綮。当然，在资本主义的总体历史中，不同的理论总会促发一种原则性资本主义批判（prinzipielle Kapitalismuskritik）。就其自身而言，资本主义不是那种瞬时席卷全球的巨额投资。不过，它也不是一头害羞的小鹿，任何一阵来自经济、政治、媒体领域的话语微风，甚或一场副刊专栏或者保守主义报纸的"杂文革命"就能把它吓倒。恰恰相反：自18世纪晚期以来，它就陷入了激烈的批判。可以说，在其发展的每一个阶段，都会遭受来自理论与实践层面的巨大反对——不过，人们总会忘记的是——正是因为如此，它才能在每一次危机之后得以幸存，甚至愈发强健。它在批判之中获取了滋养，提升了本领。批判越是激烈，最后对它产生的疗效就越是有效。对许多人，尤其是对马克思主义批判理论者而言，世界性的经济危机本应成为资本主义最终的结局。但是，它却借助反周期的国家干预的凯恩斯主义解药，不断得以恢复甚至以胜利者的姿态步出危机。在冷战的几十年间，它最终战胜了最初所惧怕的对手——共产主义及其所认定的不会引发危机的计划经济——不仅是在实践层面上，而且也是在理论层面上。除此之外，资本主义至今两个半世纪的运转还向我们显示出，它不仅身处危机之中，它自己就是危机本身。不过，尽管面临着从未退潮的批判，亦总是被各式各样的质疑与不信任所包围，资本主义似乎仍旧活得不错。当然，就像前面所提及的，对资本主义这样一个当代神话进行细节性批判（Detailkritik）的思想理论流派多种多样。但直至今日，能够在全世界范围之内，无可匹敌地代表对资本主义的根本性批判（Fundamentalkritik）的唯有这个名字：卡尔·马克思。

同此前的众多危机相比，资本主义此番所遭受的危机更为严峻，同时也更为险恶。因而，它很可能引发前所未有的对抗。换言之，它所引发的将不仅是在市民报纸编辑，而且是在经济、媒体、政治等各领域都意义深远的原则性资本主义批判（prinzipiellen Kapitalismuskritik）的再度繁荣。除此之外，在计划经济模式遭受巨大失败之后不到二十年，它在概念上再度点燃了马克思主义复兴（Marxismus-Renaissance）的烈焰。这一理论资源被视为能从完全不同的面向超越资本主义的最后希望。恰在此时，特里·伊格尔顿（Terry Eagleton）（他并非一个思想上的宗派主义者，而是一个著名的英国社会学家）看到了一个最新的政治理论史审判时刻的来临。在这里，他将前150年间所有反对马克思理论的批判观点一一罗列，并逐条对其进行粉碎批驳。通过这种方式，伊格尔顿将马克思及其资本主义批判，作为至今仍被低估的对我们时代的诊断，纳入其思想主导权中。这是否具有说服力？

无疑，在这场新近的金融资本主义危机中，作为意识形态的市场信念及其实践遭遇了根本性的破产。在此之后，只有对它进行一种全新的基础性的批判（grundsätzliche Kritik）才能阐明，究竟如何才能继续向前，以及是否可以继续向前。这是一种批判性检验意义上的批判。对此，马克思理论究竟能够做出何种贡献？在过去的三十多年间，人们总在不断尝试将马克思以及马克思主义，重新带回到社会科学、媒体领域以及政治讨论中。其目的是为了开启对我们的社会状况以及资本主义未来的探索。但迄今为止，所有这些尝试（除了某些半公开的小团体以及宗派主义者之外）都是失败的。这是由于，社会与科学的主流群体都共享了这一前提：即通过一个全面福利国家的建构、通过一个越来越能深度掌控的经济政治调节系统的设置、通过两极分化的阶级对立的克服，资本主义体系的特性发生了根本性的改变。因此，他们认为，马克思对资本主义的批判、对历史的分析，以及对未来替代性方案的所有蓝图勾画，在标志着当下经济、社会和政治现实的那些东西面前，都已经不可避免地过时了。

（二）社会民主主义的折中方案为何会走向失败？

不过，上述所提及的这一前提已经开始崩裂。最迟到2008年，巨大的经济衰退已经表明：掌控现代资本主义的整个金融市场体系已经突破了其约束与控制。这种约束和控制正是其政治和社会嵌入的庞大主体部分。同其他所有与之相竞争的理论相比，马克思的资本主义批判最大的特点在于：它的极端激进以及对于历史之替代性方案的预测。其激进性体现在它的结论上——它认为资本主义的经济与社会矛盾，及其所引发的一系列越来越严重的危机，只有通过对其进行彻底的颠覆才能得以解决。今天，这样一个问题在激进马克思主义者的社会科学讨论中被重新提了出来。国际知名的德国学者沃尔夫冈·施特雷克（Wolfgang Streeck）在其著名的作品中，以坚定不移的马克思主义风格指明了当下资本主义与民主的危机。他认为当今以金融市场资本主义为代表的资本主义模式已经走到了尽头。在世界经济危机后将资本主义驯化成骄傲的民主制下无害宠物的这一努力，似乎已告失败，无力回天。

到底发生了什么？社会民主主义的折中方案为何会走到如此危险的境地？这主要受到三重因素的共同影响：与"现实的社会主义"之间可控的制度冲突的终结；作为真实权力和辩护借口的市场全球化；作为阻挡无限市场洪流的社会堤坝之社会政治力量的衰退。其首要的原因在于：在民主资本主义与"现实的社会主义"为争夺历史合法性的殊死竞争退潮之后，"历史的胜利者"认真履行社会民主主义折中方案的意愿消退了。这种折中正是半个多世纪以来资本主义民主的根基。当然，西方世界（除了美国以外）对这一折中方案的采纳植根于——开始是自觉的，后来是默认的——社会大多数人对民主的价值与效用的信任：社会福利国家、收入的增长以及与私有财产及市场经济相和解的保障。我们可以将其称为"马克思主义的悖论"。无论是推动民主的人，还是反对民主的人，都惧怕马克思所预言的颠覆资本主义的革命发生。这种恐惧促使资本主义民主制下的绝大部分政治、经济精英们最终接受了社会民主主义的共识。

无论如何，在辩证性的翻转中，这种态势导致了作为马克思主义理论典范的激进资本主义批判的再度回归。它以巨大的道德爆发性力量为工人运动（也包含工人运动的民主一翼）及其发展道路，提供了两个历史论断：资本主义与劳动的社会利益这二者不可调和。因此，对其进行原则性的颠覆与取代就成了一种历史性的、不可避免的趋势。不论其理论的重点与细节随着时间发生怎样的变化，直至今日，马克思主义的基调依旧十分鲜明地区别于其他一切形形色色的资本主义批判。

三 如何理解"马克思主义复兴"?

当世界经济危机促发了社会民主主义折中方案的终结,从根本上替代资本主义社会秩序的威胁具有了某种现实性。工人运动的两翼——民主社会主义与共产主义——也都拥有了实现各自(实际上正相反)希望的可能。在民主资本主义(demokratischen Kapitalismus)(这一民主政治与资本主义经济的充满矛盾的组合)的出生证上,社会公民在欧洲被摆在了首位。在其中,市场与生产资料的所有权受到了原则上的保证。不过,这附带一个前提条件:那就是它们也必须同时服务于大众的福利,并且只能被视为社会嵌入和补充的形式。

这虽然不是马克思资本主义批判的最激进表达,却是其激进性在欧洲的最重要成果。在此意义上,马克思的遗产与社会民主的现代理解产生了融合。那种流行的教条化(Dogmatisierung)主张是不可取的。我们不能忘记的是,马克思本人就曾认为,通过对市场规律和私有制的社会驯化和政治驯化,资本主义的某种社会转型是完全可能的。他并不是一个绝对的制度原教旨主义者,即认为社会经济制度(sozialökonomische Systeme)只能存在于一种纯粹的单维度形式中:100%的市场或者100%的计划,100%的私有制或者100%的社会所有制。1868年,他在一个重要文本中展开了一项极为重要的辨析。着眼于争取八小时工作日制的斗争,他提出,"限制工作日是一个先决条件,没有这个条件,一切进一步谋求改善工人状况和工人解放的尝试,都将遭到失败。"[①] 其关键之处在于,通过改造资本主义政治经济学规律可以转变为工人阶级的政治经济学论断(politischen Ökonomie der Arbeiterklasse)。其原则已不再是不受限制的资本增殖(schrankenlose Kapitalverwertung),而是"社会洞见与社会预见"(soziale Ein-und Vorsicht)。就此,马克思勾画出了一种改造策略的原则,将生产资料私有制与市场都嵌入保障社会与社会利益优先地

[①] 《马克思恩格斯全集》(MEW版)第16卷,S. 10-11。

位的政治对立结构（Gegenstrukturen）中。

通过社会改革和民主改革以推进资本主义变革的时代，难道现在已经结束了么？资本主义是否由于其所承受的长期过量的批判，而获得了一种对批判的免疫？尽管各种负面经验占据了压倒性的优势，尽管在世界金融危机后恶评如潮，尽管其社会嵌入（sozialen Einbettung）与宏观经济调控的作用明显减弱，对新自由主义的歌功颂德仍诡异地不绝于耳。这就迫使我们必须要呼吁一种新的激进反思。不过，我们当下的世界需要一种更为激进的方案——即重新转向对马克思和马克思主义的革命性解读——以解救危机四伏的资本主义吗？马克思的哪些理论可以让我们从当下的危机中解脱出来？重新回到马克思的资本主义批判能够为我们提供一个宏大的替代性方案么？对此，我们恐怕只能先将其视为一种启发式的指南（heuristischer Leitfaden），用以指导对危机的分析，以及对政治、文化、社会关系中的资本逻辑的考察。当然，不论是对资本主义的危机分析，还是对社会关系的"唯物主义"解读，都只能在限定条件下才能继续发挥其启蒙效用（von aufklärender Wirkung）——那就是，继续保持其开放的阐释假定（offene Deutungshypothesen），并且去除世界观马克思主义（weltanschaulichen Marxismus）中固有的教条化主张。

可惜现在的情况是，我们当前最感兴趣的东西，却是马克思作品中提及最少的：究竟资本主义的社会—经济（sozial-ökonomische）以及社会（die gesellschaftlich）的替代性方案是什么样的？恩格斯给了他那个时代的社会民主党人一个非常灵活的普泛性解答。他说，他自己和马克思总是拒绝为此给出一个具体的、划定了唯一机构与程序的、确定无疑的答案。马克思主义所提供的并非是"未来小饭馆中的食谱"。毋宁说，这是一项历史任务，一项需要人们独自意识到，而后在具体的历史情境中不断迎接挑战，最终共同完成的任务。这就是关于"未来社会"的政治理论和蓝图，之所以会成为马克思理论中最为薄弱、至少是最不够完善的理论要素的一个原因。我们的这位伟大的资本主义毁灭者在其著作中，就政治的核心主题——国家、阶级、革命、改良——所给出的只是一些现实分析中的事件碎片。他并没有想用这些碎片拼接出一个完整的图景。尽管如此，他还是为资本主义——这个"已解的历史之谜"（gelösten Rätsel der Geschichte）——的伟大历史替代方案提供了相当明确的原则。当然，在原则的框架内，具体的答案是动态而非僵化的。如果具体情境中的行动者们想要借助马克思的力量，那么，他们必须将如下原则铭记于心——其一，先于市场效用逻辑的"社会洞见与社会预见"（soziale Ein-und Vorsicht）的优先权原则（这在上文已经有所提及）；其二，借助一种社会占主导地位的"社会与自然之间的理性物质变换"（一种无危机、有计划的经济），并结合人与人之间以及生产过程中异化现象的克服，来代替市场无政府主义的原则。

马克思的这部分遗产仍旧是极富现实意义的。从根本上来说，这是一项持久的任务。它所处理的是一个极为艰难且总是需要修正的程序——对"人类之谜"（Menschheitsrätsels）的社会经济原则进行最低限度的渐进式调整：一方面，将尽可能必要的计划与尽可能多的经济民主相结合；另一方面，为驯服为政治的市场与受社会限制的生产资料私有制，赋予一种为社会服务的角色。当然，这个问题的答案并不在"圣典"之中，而在一种遵循上述原则、对经验开放且自我批判的实践之中。在《共产党宣言》里，马克思和恩格斯为这一实践划定了框架——将民主视为"基于绝大多数人利益的社会多数的统治"的历史形式。

如果采用决定论的方式来解读马克思的历史哲学，常常会遮蔽这一事实，那就是他的理论同时也包含着一种普遍的伦理规范。作为个人道德，其重心是一种对团结的深度理解（starken Verständnis）。即只要被压迫者为了解放与平等展开斗争，那么，这一斗争在多大程度上获得了成功，人们就在多大程度上彼此作为类存在（Gattungswesen）而存在。人类只有（也必须）在把自己视为类存在，彼此平等并且为其他人负责的时候，才能以自由且符合人道尊严的方式共同生活。这一点与新自由主义的"经济人"假设截然相反。马克思在早期作品中就已经对社会道德（gesellschaftliche Moral）进行了表述。其中至关重要的一点是，将人从一切受奴役、受压迫的社会关系中解放出来。重新揭示与激活马克思的这一假设，无疑将在全球范围内引发意味深长且具当代性的挑战。这一假设并不依赖于对马克思主义的世界观式的理解（weltanschaulichen Verständnis des Marxismus），也并不依赖于其他任何一种世界观。

最重要的是：通过对马克思的上述理论要素（排除教条主义）所进行的创造性、反思性的综合，能够为我们更好地理解当今的问题，以及在找寻更好的应对答案之时，提供有益的参考。

大众时代的交往话语

——媒体的价值讨论不可放弃

根据德国赛德尔基金会与中央党校的合作协议，笔者在2012年9月踏上了前往慕尼黑的访学旅程。围绕着"媒体伦理"这一研究课题，笔者在慕尼黑、柏林、科隆以及莱茵河畔的路德维希港进行了多次学术访问。其中包括德意志新闻学校、柏林斯普林格传媒集团、科隆新闻学校、慕尼黑大学新闻与传媒学院、拜仁广播集团、慕尼黑哲学学院、恩斯特·布洛赫研究中心等。通过与德国媒体专家、学者以及相关从业人员的交流互动，笔者对德国大众媒体的发展现状、德国新闻学校的培养制度以及德国媒体的文化政策有了更加深入的了解。在对慕尼黑哲学院传媒与媒体教育学院院长 Ruediger Funiok 教授的访问过程中，我们就媒体伦理问题进行了深入交流。

一 德国媒体发展中的新问题

言论自由与新闻自由，基于德国《基本法》的明文规定，以及"二战"后德国媒体人的不断实践，已经在全社会形成了普遍共识。新闻媒介作为民主社会的第四权力，在对公民社会的型塑以及政府的有效监督上发挥了重要作用。不论是德国公私双轨制的广电体系、还是追求分散多元、信息均衡的私营报刊业或者是落实到各联邦州的媒体立法权无不充分体现了德国大众传媒独立于政党利益与政府权力之外的品格，为德国"二战"

后公民意识的培养壮大，为德国迈入现代民主社会做出了重大的贡献。

但是，目前德国的大众传媒面临着许多新的问题。

其一，高度的集约化与垄断导致媒体自由与客观公正遭受严重挑战。以施普林格集团、斯图加特报业集团、西德意志汇报集团以及杜蒙·邵贝尔出版集团为首的十大出版集团垄断了德国报业将近一半的市场份额。以鲍尔（Bauer）、斯普林格（Springer）、博大（Burda）、古纳雅尔（Gruner + Jahr）为首的四大出版集团则占据了德国期刊市场60%的份额。此外，德国的私营广电则主要垄断在贝塔斯曼集团与斯普林格集团手中。这样一种愈演愈烈的媒体垄断显然对媒体的客观、公正、自由等基本原则产生了巨大冲击，打破并改变了德国媒体良好的市场与公益之间的平衡。这也使得我们必须对传播与政治、传播与经济、传播与公民权之间的关系加以重新审视。

其二，德国公法广播电视业所面临的经费紧张问题，对其公共性地位产生了威胁。自2013年1月起，GEZ[①]所推行的强制性广播视听收费，在德国社会引发了诸多不满，其中，来自中小企业的反对声最大。许多民众对其独立于政治与经济之外的公立角色产生了质疑，认为其背后隐藏着复杂的权力与利益的交织，甚至可能涉及联邦十六州广播委员会利益均沾的黑幕。此外，民众也对近年来公法广电的节目质量与市场竞争力产生了质疑。这种质疑，有可能使得公法广电的独立性与公共服务功能，及其所奠定的德国广电体系的双轨制基础遭受动摇。

其三，新媒体尤其是移动互联网终端以及社会化媒体的异军突起，大大改变了德国大众媒体的传播格局。由此所带来的信息全球一体化加速，使得民族国家的基础遭受动摇，建立在传统民族国家架构内的信息自由平等无疑也陷入困境。这一点，尤其体现在市场中所出现的享有专门化信息服务的富人与接受同质化信息轰炸的穷人这一新的等级差别。此外，新的传播方式带来了许多新的伦理问题，对德国1973年制定并实施的《媒体

---

① 其全称为德国公法广电收费中心（Gebuehreneinzugszentrale der oeffentlich-rechtlichen Rundfunkanstalten）。

伦理规范》（Pressekondex）产生了一定冲击①。在应对恐怖主义的媒体报道、电子化信息渠道的核实、公民记者概念的界定、网络谣言的散播等诸多问题上，传统的媒体伦理难以进行有效规范，亟须制定新的互联网媒体伦理守则，并加大新兴媒体伦理教育的力度，培养公民的新时代媒体素养。

以上所涉及的问题，从根本上指向了在全球化与技术发展的大背景中，新闻自由原则与媒体伦理之间几乎不可克服的矛盾与冲突。新闻自由赋予媒体从业人员乃至每一个公民自由报道与言说的权力，德国也以新闻记者身份的不受限制为荣。但是，对于报道方式、程序、内容及其社会影响，如何进行有效的制约与监督就成了一个难题。为了不影响新闻的独立、客观与公正，德国取消了国家对新闻媒体的集中管理，并倾向于媒体业界的自我规范。但是当前德国呈现出了典型的传媒集团集中化的趋势，理想的自由市场竞争被垄断所替代（这种垄断已经从传统的横向企业融合，发展到了纵向的行业间联合，出现了许多跨媒体领域的巨型传媒集团）。这些巨型媒体集团与商业以及政治权力之间形成了一个利益链条。他们凭借技术上的优势，获取了巨大的权力：政治权力、经济权力、文化权力，并不断将其触角延伸到原本独立而有效的社会公共领域，由此制造出他们想要生产的事实，传播他们想要生产的价值，甚至凭借其影响力介入国家的政治程序，进而影响到每一个公民。这对新闻自由这一德国媒体的基础与核心原则产生了重大冲击。因此，重新考虑伦理问题，尤其是正视媒体伦理问题②，是当下德国媒体发展中的迫切问题，同时也是世界媒体发展中的普遍性问题。

---

① 阿登纳时代的德国有较强的国家媒体管控，但是，随着"明镜事件"的结束，联邦宪法法院中止了全国性的媒体管理，德国媒体与出版业者倾向于媒体业内的自我管理，因而于1973年制订并形成了这一奠基于自由合意基础上的新闻伦理规范。

② 当然，这里的媒体伦理所指的，不仅仅是媒体机构与从业人员应该怎样报道、如何克服有偿新闻、虚假报道、遵循最小伤害原则、保护消息提供者隐私、维持个人隐私与新闻自由之间的平衡等传统的媒体伦理原则，而更重要的是在媒体机构与政治、经济领域的博弈中，去保证媒体自由以及新闻的客观公正。当然这是媒体伦理几个层面当中的重要一环，也是现下世界媒体界最为关注的一个环节。关于媒体伦理的几个具体分层将在后文中详叙。

二　伦理规范的普遍性与共同责任

　　当代伦理学面临着两个困境。其一，克服价值相对化的趋势，重新奠定价值导向。在步入后现代社会以来，文化的多样性不断更新着我们的理论视域，使得伦理相对论成了风行理论界的一面旗帜。在这样的时代中，真理与绝对在德里达（Jacques Derrida）和福柯（Michel Foucault）的解构中已几近消亡，普遍的伦理原则更加不会引起人们的共鸣。此时，再去强调各种形而上学的绝对理论似乎成了落伍的代名词。具体到媒体伦理领域，客观、公正、自由、真实……这些响亮的口号早已被利润与权力腐蚀地只剩下一张张空壳。人类彼时能够从宗教中寻找的行动准则已经被各种现代理论祛魅，此时则只能寄望从伦理学寻找出路以规范行为。这就决定了我们必须走出价值相对化的真空，建构一个具备价值导向的当代伦理学；其二，克服传统伦理学的限制，开拓伦理学的崭新疆域。伦理学在希腊哲学传统中，体现为一个研究人类行为的准则系统。但是，从亚里士多德以来的传统伦理学，并没有考虑到人类行为能力的性质可能发生改变的问题。现代科技彻底改变了人类行为能力的性质，其所具有的集体性与累积性，使得行为的主体不再仅限于有意志决定的个人，行为的结果也由于科技附带效应的长远影响，超越了人类的目标设定或可预见的范围。新的科技不仅带来了许多新的伦理问题，更使得传统伦理学无法处理的新领域逐渐浮出水面，以媒体伦理为代表的新兴应用伦理学科便是在此语境下应运而生的。由于科技的发展是全球性的，它所涉及的乃是全体人类存在的问题，而不是特定文化体系或个别社群的问题。因此，媒体伦理在原则上就必须超越相对主义的伦理学，而要求一种普遍主义的伦理学建构。

　　以上所提到的两点，其关键之处在于，必须要保证当代伦理学的普遍规范性力量。如果它只是一种不具备义务性的软规范，无法确立起其规范效力，那么我们就无法从中找到任何对于现实的指导作用。因此，在开拓崭新伦理规范领域与克服价值相对主义的基础上建立起一种普遍有效的伦理规范，不仅对于媒体领域，而且对于整个世界、整个社会，都具有十分重大的意义。

（一）伦理规范的普遍性论证

如前所言，我们首先要在理论层面上思考伦理规范是否具有普遍约束力（或者说是否具有义务性）这个根本问题。只有厘清这一问题，才能为伦理规范的指导行动提供基础。在现代分析哲学与存在主义哲学所构成的现代语境中，科学知识作为客观性的基础已经成了不证自明的公理。与此相对，伦理学及其道德规范似乎只能被称为主观与非理性的产物，其效用只能体现在私人领域中。因此，想要进行伦理规范的普遍约束力之论证，就必须找出其先验与普遍性的本质。这一点在阿佩尔的对话伦理学中有清晰的论证。他承认客观事实与主观价值之间存在着区别。但是，在他看来，那些"客观描述性的、因果或统计说明性的科学"总是以"在（先验的）主体间性方面的方法论的意义沟通"为前提[1]。即所谓价值中立客观的科学之最终目的也是为了传达信息，传达信息就意味着要进行意义沟通并最终达成说服。真正有效的意义沟通只能在讨论共同体（Agumentationsgemeinschaft）中才能达成。因为，如果科学知识不事先假定一个具有交流能力并达成共识的共同体，其讨论的有效性就无法得以检验。[2] 推而广之，在阿佩尔的理论中，这一以达成共识为目的的讨论共同体不仅是科学领域的必要条件，也是所有人类活动的必要条件。因为"一切语言表达、一切有意义的人类行动和表情，就其能见诸言语而言，都可被看作是潜在的讨论"，即独白式的思考，或是"灵魂与自己的对话"[3]，如此一来，讨论共同体而非个体意识就成了人类一切认知的基础。它表明，任何客观知识，都不是纯粹客观的，而是以主体间性为基础的。主体间性对主体性的替代，正是当代哲学语用学转向的基本立场。在此意义上，伦理规范的关键问题就不再是是否具备客观性，而跃到了是否能够得到讨论共同体的一致

---

[1] KarlApel, *Das Apriori der Kommunikationsgemeinschaft und die Grundlage der Ethik*, in Apel, Transformation der Philosophie, Frankfurt am Main, Suhrkamp, 1976, p. 396.

[2] Ibid., p. 399.

[3] Ibid., p. 400.

同意上来。只有得到一致同意,才能被称为具备普遍有效性。[1] 这一点正是阿佩尔对话伦理学的基本原则(Grundprinzip der Diskursethik)。当然,一致同意的达成需要主体间的有效沟通。即哈贝马斯在《交往理性》中所制订的沟通有效性的四项原则(Geltungsanspruch)——可理解性、真诚性、真实性、正当性——这四个准则也就奠定了媒体伦理的基础。在哈贝马斯看来,这些原则是以社会科学的各种经验为依据而得到的总结,其真假有待后续讨论的验证。但是,阿佩尔却认为这些条件是讨论共同体成员通过"严格反思"(strikte Reflexion)获取的,因而具有绝对有效性。对其约束力质疑的人,在争辩之时,也只能预设这些条件,不然就会陷入"言语行为的自相矛盾"(performativer Selbstwiderspruch)。因此,这些讨论前提是不可后退的(unhintergehbar),这一点再度证明了伦理原则的普遍有效性。

当然,阿佩尔所指出的伦理普遍有效性是在一个理想讨论共同体中达成的。面对现实生活中的讨论共同体,这一伦理的普遍有效性应该如何应对各种具体的伦理困境呢?我们知道在现实条件下,讨论参与者必须要在有限的时间以及自身利益的驱动下,做出策略性的决定。这一决定先天带有各种利益的纠缠,进而反映出理想讨论共同体与现实讨论共同体之间的紧张关系。为了解决这一问题,阿佩尔指出,人类的现实决策从根本上仍旧基于不可后退的讨论之先验性上。因此,现实共同体的讨论必须正视这二者的矛盾处境,尽可能地创造条件促成理想共同体的历史性实现,只有这样才能促成这二者辩证性矛盾的解决。因此,即便是在现实讨论中形成的某种策略性决定,并非完全被利益所主宰,而是必须以理想共同体的基本规范为其指导方向和价值目的,并且从根本上有利于基本规范的实现。落实到媒体伦理的实践操作中,新闻媒介的传播必须尽力做到客观中立,以实现其理想伦理规范的现实达成。

通过如上论述,我们知道,任何的人类行动都是以主体间的交往对话

---

[1] KarlApel, *Das Apriori der Kommunikationsgemeinschaft und die Grundlage der Ethik*, in Apel, Transformation der Philosophie, Frankfurt am Main, Suhrkamp, 1976, p. 411.

为基础。主体间讨论对话的不可后退性决定了伦理规范的普遍有效性必须基于有效沟通的四大原则,并最终形成一致同意用以指导行动。现实讨论共同体必须以理想讨论共同体的历史性实现为前提,进而做出策略性的行动,以促进理想伦理规范的落实。因此,阿佩尔的对话伦理学是对康德绝对伦理学的发展,它扬弃了传统伦理学的相对主义路向,开拓了新兴伦理所要求的讨论空间,进而形成了一种具有义务性的普遍主义伦理学建构,这为以媒体伦理学为代表的诸种当代实用伦理学指明了方向。

(二)共同责任伦理的承担者?

如前所述,伦理在基本规范上是一种普遍具有义务性、具备价值导向的伦理建构。那么,这一伦理规范如何运用在具体的实践领域呢?诚如马克斯·韦伯在《以政治作为志业》中所言,权力必须承负其责任。权力越大,其所承负的责任也就越大。个人在进行行动时,必须要对其行为所带来的后果有所预见,并承担责任。由此可见,责任是伦理原则落实在实践中的关键要素,同时也是其最根本的要素所在。

因此,在具体的媒体伦理领域中,我们可以尝试着从如下几个问题对"责任"进行一番探讨:

谁是责任的承担者?

应该对什么承担责任?

为何要承担责任?

对谁承担责任?

为什么一定要承担责任?

无疑,谁是责任的承担者这一问题引发的媒体伦理论争最为激烈。人们总是要问,在信息生产、传播的过程中,究竟谁应该对其承担责任?是单个的媒体从业人员?是媒体监管机构?还是整个的媒介体系结构?

如前所述,阿佩尔在其对话伦理学中指出,不论是理想共同体还是现实共同体都涉及讨论之不可后退性,即为达成最终一致同意所必须承担的伦理义务。那么,这就使得参与讨论的每一个主体都要对决策行动承担共同责任。在语用学层面上,即所谓每一个行为决策不再是由主体意志所决定,而必须由相关的主体进行平等的讨论并最终达成合意来实现。这样一来，伦理的基本规范与原则也就变成了一种可同意性（Konsensfähigkeit）。因此，阿佩尔的对话伦理学不仅构筑了一个平等参与讨论的共同体，并且构筑了每个参与主体都必须对其决断承担的共同责任。共同责任作为伦理学的基本规范，就意味着所有人作为讨论者都要对生活世界中与道德相关的问题之发现、界定和解决承担共同责任。这一点是阿佩尔对韦伯所提出的责任伦理的承续和发展。

从媒体实践来看，长久以来，人们对于媒体伦理的规范范围，仅仅局限于新闻媒体的从业者，诸如新闻记者以及编辑等。但是他们往往忽略了其他的媒体从业者，比如出版社、传媒公司的管理层，以及现在的一些网络编辑、电子信息编程人员等。此外，人们关注更多的都是一些传统的媒体机构，却往往忽视了其他那些为信息传播提供载体的机构，诸如电信企业、信息运营商等。从目前国际化的电子信息传输发展趋势来看，更多的跨国电信企业、互联网企业也应该被纳入媒体伦理规范的范围中来。一种国际化的共同责任伦理必须成为媒体伦理这一新兴应用伦理学发展的题中之义。

为了释清媒体产品在生产、传播与使用过程中所牵涉到的共同责任问题，即谁（个人或者组织）应该是媒体行为的责任承担者。我们可以从如下三个不同的层面来看。

第一个层面是指媒体从业人员，其中包括记者、编辑、作者、通讯员、通讯社等。他们拥有媒体领域的专业知识，因而代表着媒体领域的专业价值与质量标准，诸如真理、谨慎、准确、公平等。他们必须首先遵从责任伦理的内在规范进行媒体活动，此外还必须借助媒介团体的自律规范来约束其行为。当然，公众的媒体批判与监督是其实现自律性的基础保障。

第二个层面是传媒集团的持有者（在德国主要包括公法广电系统与商业私营广电系统的公司），以及各大信息、电信等信息传输集团。他们的核心责任在于，必须要通过相应的自律性合作来为媒体从业人员的伦理道德行为提供有效的组织与运作的条件。即打破垄断，为不同的利益群体创造出一个富有意义并且公平公正的舆论环境。例如，他们可以通过一系列的培训、批判项目的开展，更好地促进与媒体从业者及使用者的对话；向公众开放更多的实时投诉热线，以增进对媒体机构的监督；制订更加严格的媒体质量标准，以促进对媒体机构的长效监督；还可以在公司集团层面上增设伦理委员会，媒体监督委托机构等。

第三个层面是指媒体的使用者。他们在一定意义上承负着社会的共同责任——即作为一个有充分行为能力的公民，他们必须充分发挥自身的理性批判能力，对媒体产品进行有效监督，从而为建构一个运转良好的公民社会、公共领域贡献力量。这一层面的共同责任极易为人所忽视，大家往往只关注自身作为一个媒体产品消费者的角色，而未曾真正关注自身作为媒体产品监督者的责任。当然，这一理性、独立、审慎而富有责任感的公民媒体素质的养成，必须依靠长期不断的媒体伦理教育才能得以实现。

除了以上提及的三个与媒体发生直接联系的个人与组织之外，还有几个团体也对媒体领域的反思和规范负有相应的责任：其一就是自律性的行业组织。其中的代表就是成立于1956年的德国新闻出版委员会，其下辖投诉委员会，并于1973年制定并实施了《媒体伦理规范》。几十年来，这一规范根据具体的新闻实践，几经修改补充，已然成为德国新闻从业人员的基本伦理规范手册。其二，成立于1997年的媒体伦理网群（Medienetik Netwerk）[1]聚集了德国媒体的理论工作者（大学传媒方向的教师、应用哲学与伦理学工作者、新闻家等），以及媒体领域的实践工作者（包括媒介协会、独立出版社、公法与商业广电从业人员等）。它通过每年一次的大会，针对各种新型的媒体伦理问题进行研讨，并推出年度论文集。这一组织在推进德国媒体伦理的理论和实践发展做了持续有益的探索。但是，这一类自律性质的媒体伦理组织最根本的缺失在于无法行使有效的制裁与惩戒措施。因此，为了加强其功能的发挥，必须依靠广大的公众对其工作的关注，进而形成一个富有批判性的公共领域。此外，相应的法律监管与监督机构亦在媒体伦理规范的落实中发挥着重要作用。这些团体包括联邦宪法法院（执中用权的比例原则）、联邦议会以及各联邦州的媒体管理机构等。如果想从法律层面上对媒体进行有效的监管，则必须要在公众中形成

---

[1] 笔者所采访的Prof. Dr. Rüdiger Funiok，就是这一媒体伦理网群的创办者与负责人。

对这一问题之迫切性的意识，这一意识的形成需要一定的时间，尤其是要在媒体领域中实现公正与有效的平衡绝非易事。在这样一个媒体领域技术伴随经济获得高速发展与变迁的时代中，从国家层面上对媒体信息进行管理的可能性在不断缩小。如前所述，这种责任已经成了每一个媒体活动参与者的共同责任。

（三）媒体伦理实践原则

以上所探讨的是媒体伦理的普遍性问题与共同伦理责任承担者的问题。作为一个新兴的实用伦理学分支，媒体伦理的基本实践原则亦诞生于整个西方文化发展的谱系之中。针对如何达到新闻自由原则与承担社会责任之间的平衡、如何达到信息全面提供与尊重个人隐私之间的平衡、如何达到客观公正与利润获取之间的平衡、如何保证电子信息来源可靠性等诸多问题，必须要落实到一些具体的操作原则上来。这一点，以德国为代表的西方媒体学界已经从历史伦理学的角度为我们总结出了一些基本的伦理原则。当然，这些原则必须结合具体的媒体伦理场景，才能得以有效施行：

其一，亚里士多德的节制与中和的原则。所谓美德就是在两个极端之间所取得的平衡。媒体在进行报道之时，必须对事实进行充分衡量，秉持公正、平衡与均时的原则，最终形成报道与信息传播。

其二，康德的绝对命令。康德道德哲学的基础即道德法则的绝对无条件性。所以在媒体领域，诚实、公正、客观等原则具有无条件的约束力，必须成为每一个媒体人都必须遵守的原则。上文所提及的阿佩尔的对话伦理学以及哈贝马斯的沟通有效性原则，在某种程度上是对康德严格伦理学的继承与超越。

其三，以穆勒为代表的功利主义。其理论核心是最大多数人的幸福获取。因此，在媒体领域，评判是非的标准，是报道能否为最大多数人谋福利。在这一原则的支持下，一些媒体在程序公正上的缺失在某些特殊的情况下可以得到谅解。

其四，罗尔斯《正义论》中的无知之幕原则。罗尔斯的理论代表了一种传统道德哲学的回归。诚如前文所言，在功利主义与价值中立思潮的泛滥中，对于正义的追求，对于价值本位的坚守为我们提示出了伦理规范的方向。就媒体领域而言，在报道之时，必须要摒弃各种主观与人为的屏障，将事实置于无差别的幕布之下，才能获取真实性。唯有公平才能带来正义。这一伦理原则反拨了那种只追求大多数人利益而伤害少部分人利益的趋势。媒体之中，人人平等，这样一种基本的自由平等制度，不仅保证了个体的正义，更加有利于社会正义的实现。

其五，以犹太教与基督教之爱人思想为基础的宗教伦理。爱邻人如同爱自己，这样一种无条件的爱之伦理，提示了人类超越于工具利益性之外的可能性，肯定了人类自觉自发的人性之善。基于这一理想的爱人伦理，媒体在面对各种涉及隐私、伤害、暴力、不公等伦理困境之时，能够处理地更加稳妥与得当。

总而言之，德国的宪法保证了媒介不受政府的压力，但是其所无法避免的是，日益集约化的垄断媒体集团对于媒体伦理的威胁。公众合理的新闻利益与媒体组织的经济利益之间的冲突无可避免。但是，坚守伦理之普遍规范性、坚守道德准则的取向性、作为人类总体活动的一分子，承担起属于自己的共同责任，是人类这一生物存在的意义表现。如果没有这样的价值讨论及其由此所带来的伦理坚守，人类的媒体活动乃至人类所有的生存活动都将丧失其意义。因此，媒体的价值讨论不可放弃。唯有坚持媒体伦理的普遍价值导向，才能建构出一个富有健康活力的媒体生态，进而保证现代公民社会的良性运转。

三 结语

比照德国，中国的媒体伦理研究尚处于开始阶段。目前尚无完备的媒体伦理法律规定，以及相当规模的媒体行业自律组织，媒体从业人员自身的专业技能与伦理道德意识还比较薄弱，整个社会的批判性监督公众的队伍也尚未完全形成。在改革开放四十年的经济发展大潮中，中国的媒体格局发生了巨大的变化。各种新闻媒体的市场化转型，形成了中国媒体"事业制和市场化并存"的特殊矛盾，真正的公共媒体尚未出现。在激烈的市场竞争中，为了追求利润的最大化，各种超越媒体伦理边界的行为不断涌现，媒体从原来僵硬的宣传教育，转移到了耸人听闻的轰动效应与追逐收视率的眼球经济，再到各种无视人性关怀、抛弃伦理道德的不实报道、有偿新闻的风行。此外，在社会转型时期，不同利益集团的分化也对媒体伦理的基本规范形成了挑战。各种不同利益群体从传媒集团对社会的渗透入手，借助社会矛盾的揭露与批判实现自身的利益诉求，从而对整个社会的稳定与认同造成了巨大冲击。中国当前以微博为代表的网络媒体平台，已经成了中国社会转型与发展的一股重要助推力量。网民通过媒体平台得以参与到社会的公共管理中，并且通过一系列的网络监督、反腐、揭露、批判等活动，有力推进了中国的政治管理方式的改革，并在一定程度上实现了民众与政府之间的有效沟通。但是，这些分散性的信息披露及其所推进的问题解决，终究无法对关键、长久性的政治议题起到推动作用。整个中国社会还缺乏一个相对健康的媒体公共环境以及真正的讨论空间。一些根本性的公共讨论无法得到展开，信息来源的确定性无法得到证实，尤其是在与世界传媒集团一体化接轨的当下，各种复杂的利益与权力的纠缠，使得这一媒体公共环境的获取显得更加困难。公众对未受权力、经济利益污染的信息需求与各传媒集团对于政治、经济利益的需求之间的冲突无可避免。在这样一个缺乏真正意义上的公共舆论的条件下，对公民的媒体伦理教育也就无法得以实现。因此，我们必须要立足国情，通过培育和发展公共媒体平台，塑造富有建设性与批判性的公民社会，使得媒体与社会之间形成良性互动，并以此推进媒体伦理自身的发展。当然，在这样的新形势下，革命时期的粗鄙道德审判已经不再适用，我们所需要的，是对媒体伦理进行理论规范层面的思考，并通过持续有效的媒体伦理教育、媒体伦理实践，来达成与此相关的现代媒体伦理的基本共识。如上所述，以德国为代表的西方媒体，虽则也面临着新时代的媒体伦理问题，但是他们仍旧能通过规范与实践领域的不断探索，形成了较为完备的媒体伦理体系。这对我们来说是一个重要的启示。虽然我们所面临的情况更为复杂，但只要我们仍旧愿意去追寻，就一定能够寻找到以媒体伦理带动社会伦理发展的有效途径。

参考文献

经典著作

《马克思恩格斯全集》第1版,第1卷、第3卷、第42卷、第43卷、第44卷,人民出版社。

《马克思恩格斯选集》第1—3卷,人民出版社1995年版。

[德]马克思:《1844年经济学—哲学手稿》,人民出版社1979年版。

《列宁选集》第2卷,人民出版社1995年版。

国学者著作

曹卫东编选:《霍克海默集》,上海远东出版社1997年版。

董学文、荣伟编:《现代美学新维度——西方马克思主义美学论文精选》,北京大学出版社1990年版。

范明生:《西方美学通史·十七十八世纪美学》,上海文艺出版社1999年版。

傅有德:《犹太哲学史》,中国人民大学出版社2008年版。

高中甫、宁瑛:《20世纪德国文学史》,青岛出版社1998年版。

谷裕:《现代市民史诗——十九世纪德语小说研究》,上海书店出版社2007版。

韩震:《西方历史哲学导论》,山东人民出版社1992年版。

黄瑞祺:《社会理论与社会世界》,北京大学出版社2005年版。

欧力同、张伟：《法兰克福学派研究》，重庆出版社1990年版。

汪晖、陈燕谷主编：《文化与公共性》，生活·读书·新知三联书店1998年版。

王亚平：《基督教的神秘主义》，东方出版社2001年版。

徐崇温：《法兰克福学派述评》，生活·读书·新知三联书店1980年版。

徐崇温：《西方马克思主义》，天津人民出版社1982年版。

许明：《马克思主义美学思想史——马克思主义美学思想的起源与成熟》，中央编译出版社1999年版。

余匡复：《德国文学史》，上海外语教育出版社1991年版。

俞吾金、陈学明：《国外马克思主义哲学流派》，复旦大学出版社1990年版。

张一兵：《文本的深度耕犁——西方马克思主义经典文本解读》，中国人民大学出版社2003年版。

朱光潜：《西方美学史》，人民文学出版社1979年版。

朱立元主编：《法兰克福学派美学思想论稿》，复旦大学出版社1997年版。

译著

［德］阿多尔诺：《否定的辩证法》，张峰译，重庆出版社1993年版。

［德］阿多诺：《美学理论》，王柯平译，四川人民出版社1998年版。

［德］艾克曼：《歌德谈话录》，朱光潜译，人民文学出版社1978年版。

［以色列］阿巴·埃班：《犹太史》，阎瑞松译，中国社会科学出版社1986年版。

［德］莱奥·巴莱特埃·格哈德：《德国启蒙运动时期的文化》，王昭仁、曹其宁译，商务印书馆1990年版。

［苏联］巴赫金：《小说理论》，钱中文主编，河北教育出版社1998年版。

［法］让·贝西埃等主编《诗学史》，史忠义译，百花文艺出版社2002年版。

［美］丹尼尔·贝尔：《意识形态的终结》，张国清译，江苏人民出版社2001年版。

［美］尼尔·波茨曼：《娱乐至死》，章艳译，广西师范大学出版社2004年版。

［英］鲍桑葵：《美学史》，张今译，商务印书馆1985年版。

［英］以赛亚·伯林：《反潮流：观念史论文集》，冯克利译，译林出版社2002年版。

［英］约翰·伯瑞：《进步的观念》，范祥涛译，上海三联书店2005年版。

［美］K. E. 吉尔伯特、［联邦德国］H. 库恩：《美学史》，夏乾丰译，上海译文出版社1989版。

［奥］弗洛伊德：《精神分析引论》，高觉敷译，商务印书馆1996年版。

［德］约阿希姆·费斯特：《帝国崩溃：希特勒与第三帝国的末日》，陈晓春译，上海三联书店2005年版。

［美］克劳斯·费舍尔：《纳粹德国：一部新的历史》，佘江涛译，译林出版社2012年版。

［英］戴维·弗里斯比：《现代性的碎片》，卢晖临等译，商务印书馆2003年版。

［英］费瑟斯通：《消费文化和后现代主义》，刘精明译，译林出版社2000年版。

［美］彼得·盖伊：《魏玛文化，一则短暂而璀璨的文化传奇》，刘森尧译，安徽教育出版社2005年版。

［美］丹尼尔·戈德哈根：《希特勒的志愿行刑者——德国的普通民众和大屠杀》，贾宗谊译，新华出版社1998年版。

［德］奥特弗利德·赫费：《作为现代化之代价的道德》，邓安庆、朱更生译，上海译文出版社2005年版。

［德］哈贝马斯：《公共领域的结构转型》，曹卫东等译，学林出版社1999年版。

［德］哈贝马斯：《现代性的哲学话语》，曹卫东等译，译林出版社2004年版。

［德］海德格尔：《存在与时间》，陈嘉映等译，生活·读书·新知三联书店1988年版。

［德］黑格尔：《精神现象学》，贺麟、王玖兴译，商务印书馆1983年版。

［德］胡塞尔：《欧洲科学危机和超验现象学》，张庆熊译，上海译文出版社1988年版。

［德］胡塞尔：《现象学的观念》，倪梁康译，上海译文出版社1987年版。

［德］霍克海默、阿多诺：《启蒙辩证法》，渠敬东、曹卫东译，上海世纪出版集团2006年版。

［德］霍克海默：《批判理论》，李小兵等译，重庆出版社1989年版。

［美］M. H. 艾布拉姆斯：《欧美文学术语词典》，朱金鹏、朱荔译，北京大学出版社1990年版。

［德］伽达默尔：《真理与方法——哲学诠释学的基本特征》，洪汉鼎译．上海译文出版社2004年版。

［美］汉斯·J. 摩根索：《国家间政治——寻求权力与和平的斗争》，徐昕等译，中国人民公安大学出版社1990年版。

［美］马丁·杰：《阿多诺》，瞿铁鹏，张赛美译，中国社会科学出版社1992年版。

［美］马丁·杰伊：《法兰克福学派史》，单世联译，广东人民出版社1998年版。

［德］卡尔·迪特利希·埃尔德曼：《德意志史：世界大战时期（1914—1950)》，高年生等译，商务印书馆1986年版。

［德］卡西勒：《启蒙哲学》，顾伟铭、杨光仲等译，山东人民出版社1988版。

[德] 康德：《历史理性批判文集》，何兆武译，商务印书馆 1990 年版。

[德] 齐格弗里德·克拉考尔：《电影的本性——物质现实的复原》，邵牧君译，中国电影出版社 1981 年版。

[美] 马泰·卡林内斯库：《现代性的五副面孔》，顾爱彬、李瑞华译，商务印书馆 2003 年版。

[英] 科普斯登：《西洋哲学史》，陈洁明、关子尹译，台北：黎明文化事业公司 1993 年版。

[德] 卡尔·洛维特：《从黑格尔到尼采》，李秋零译，生活·读书·新知三联书店 2006 年版。

[法] 里昂耐尔·理查尔：《魏玛共和国时期的德国，1919—1933》，李末译，山东画报出版社 2005 年版。

[匈] 卢卡奇：《历史与阶级意识》，杜章智，任立，燕宏远译，商务印书馆 2004 年版。

[匈] 卢卡奇：《卢卡奇早期文选》，张亮、吴勇立译，南京大学出版社，2004 年。

[英] 迈克尔·H. 莱斯诺夫：《二十世纪的政治哲学家》，冯克利译，商务印书馆 2001 年版。

[德] 卡尔·曼海姆：《保守主义》，李朝晖、牟建君译，译林出版社 2002 年版。

[德] 弗·梅林：《德国社会民主党史》，第三卷，青载繁译，生活·读书·新知三联书店 1973 年版。

[加] 马歇尔·麦克卢汉：《机器新娘——工业人的民俗》，何道宽译，中国人民大学出版社 2004 年版。

[加] 埃里克·麦克卢汉：《麦克卢汉精粹》，何道宽译，南京大学出版社 2000 年版。

[英] J. M. 里奇：《纳粹德国文学史》，孟军译，文汇出版社 2006 年版。

[英] 布莱恩·麦基：《思想家——当代哲学的创造者们》，周穗明、

翁寒松译，生活·读书·新知三联书店1987年版。

[英]戴维·麦克莱伦：《马克思以后的马克思主义》，李智译，中国人民大学出版社2004年版。

[美] A. O. 洛夫乔伊：《观念史论文集》，吴相译，江苏教育出版社2005年版。

[法]萨特：《反犹太主义者的画像》，载考夫曼编著《存在主义》，陈鼓应等译，商务印书馆1994年版。

[美]罗伯特·M. 塞尔茨：《犹太的思想》，赵立行、冯玮译．上海三联书店1994年版。

[美]罗兰·斯特龙伯格：《西方现代思想史》，刘北成、赵国新译，中央编译出版社2005年版。

[美]梅·所罗门编：《马克思主义与艺术》，杜章智等译，文化艺术出版社1989年版。

[美]爱德华·W. 萨义德：《知识分子论》，单德兴译，生活·读书·新知三联书店2002年版。

[美]詹姆斯·施密特编：《启蒙运动与现代性》，徐向东、卢华萍译，上海人民出版社2005年版。

[加]查尔斯·泰勒：《自我的根源：现代认同的形成》，韩震等译，译林出版社2001年版。

[德]弗朗茨·维亚克尔，《近代私法史——以德意志的发展为观察重点》，陈爱娥、黄建辉译，上海三联书店2006年版。

[德]马克斯·韦伯：《新教伦理与资本主义精神》，于晓等译，生活·读书·新知三联书店1987年版。

[德]马克斯·韦伯：《学术与政治》，钱永祥等译，广西师范大学出版社2004年版。

[美]威廉·夏伊勒：《第三帝国的兴亡》（上），董乐山等译，世界知识出版社2005年版。

[德]恩斯特·约翰，耶尔格·容克尔：《德意志近百年文化史》，史卓毅译，陕西人民出版社1986年版。

［德］伊格尔斯:《德国的历史观——从赫尔德到当代历史思想的民族传统》,彭刚、顾杭译,译林出版社2006年版。

［瑞士］弗朗西斯·约斯特:《比较文学导论》,廖鸿钧等译,湖南文艺出版社1998年版。

外文书目:

Adorno, Theodor: *Cultural Theory and Popular Cultural Theory*: *A Reader*, ed. by John Storey, Prentice Hall, 1998.

Adorno, Theodor: The Curious Realist: On Siefried Kracauer, *Notes To Literature*, Columbia University Press, 1991.

Apel, Karl-Otto: *Das Apriori der Kommunikationsgemeinschaft und die Grundlage der Ethik*, in Apel, Transformation der Philosophie, Frankfurt am Main, Suhrkamp, 1976.

Augstein, Rudolf (ed.): *Historikerstreit, die dokumentaion der kontroverse um die Einzigartigkeit der nationalsozialistischen Judenvernichtung*, München/Zürich: Piper, 1987.

Bach I.: *Siegfried Kracauer-Grenzgänger zwischen Theorie und Literatur. Seine frühen Schriften 1913 – 1933*, Stuttgart u. a.: Metzler, 1985.

Barney, Richard A.: *Plots of enlightenment: education and the novel in eighteenth-century England*, Stanford, Calif.: Stanford University Press, 1999.

Bauman, Zygmunt: *Modernity and Ambivalence*, Cambridge: Polity, 1991.

Belke, I.: *Siegfried Kracauer 1889 – 1966*, Marbach am Neckar: Deutsche Schillergesellschaft, 1988.

Benn G.: *Prosa und Autobiographie.* Frankfurt a. M. 1984.

Benn, G.: *Gedichte.* Frankfurt a. M. 1982.

Bloch, E.: *Spuren, Gesamtausgabe I*, Frankfurt am Main: Suhrkamp, 1969.

Bloch, E.: *The Principle of Hope*, Cambridge Mass: MIT press, 1986.

Bloch, E.: *The Spirit of Utopia*, Stanford: Stanford University Press, 2000.

Breuer, Stefan: *On Max Horkheimer: new perspectives*, Massachusetts Institute of Technology, 1993.

Burke Edmund: *Reflections on the Revolution in France*, ed. by J. C. D. Clark. Stanford, Calif. : Stanford University Press, 2001.

Coser, Lewis A. : *Marxist Thought in the First Quarter of the 20th Century*, The American Journal of Sociology, The University of Chicago Press, 1972.

Flannery Edward H. : *The Anguish of the Jews—Twenty-Three Centuries of Antisemitism*, Paulist Press, 2004.

Gaedertz, Karl Theodor: Emanuel Geibel: *Sänger der Liebe, Herold des Reiches. Ein deutsches Dichterleben.* Leipzig: Wigand 1897.

Gentz Friedrich : *The French and American Revolutions Compared* (1797), trans. by John Quincy Adams, Chicago: H. Regnery, 1955.

Gentz Friedrich : *über den Ursprung und Charakter des Krieges gegen die Französische Revolution*, Berlin: Frölich, 1801.

Habermas: *Der Philosophische Diskurs der Moderne*, Frankfurt am Main, 1985.

Habermas: *Nachmetaphysisches Denken*, Frankfurt am Main, 1992.

Habermas: *Strukturwandel der Oeffentichkeit*, Frankfurt am Main, 1990.

Heath, Stephen: *Lesson from Brecht*, Screen15, No. 2, 1974.

Horkheimer, Max: *Between Philosophy and Social Science, Selected Early Writings.* Cambridge: MIT Press, 1993.

Horkheimer/Adorno: *Dialektik der Aufklärung*, Frankfurt a. M: Suhrkamp Verlag. 1969.

Kolakowski, Leszek: *Main Currents of Marxism, Its Growth, and Dissolution*, Volume II, Clarendon Press, 1978.

Kornder, Hans-Jürge: *Konterrevolution und Faschismus : zur Analyse von Nationalsozialismus, Faschismus und Totalitarismus im Werk von Karl Korsch*, Frankfurt/M. : Peter Lang, 1987.

Kracauer S. : *Das Ornament der Masse. Essays*, Frankfurt a. M. : Suhrkamp Verlag. 1977.

Kracauer, S. : *Die Angestellten, Aus dem neuesten Deutschland*, Frankfurt am Main: Suhrkamp Verlag, 1971.

Kracauer, S.: *Kracauer-Nachlass*, Marbach am Neckar: Deutsches Literaturarchiv. 1989.

Kracauer, S.: *Theory of Film. The Redemption of Physical Reality*. New York: Oxford University Press, 1960.

Lederer, Emil: *Die Privatangestellten in der modernen Wirtschaftsentwicklung*, Tuebingen, 1912.

Lederer, Emil: *Kapitalismus, Klassenstruktur und Probleme der Demokratie in Deutschland* 1910 – 1940, Göttingen: Vandenhoeck & Ruprecht, 1979.

Lindner, Rolf: *Die Entdeckung der Stadtkultur. Soziologie aus der Erfahrung der Reportage*, Frankfurt a. Main: Suhrkamp Verlag, 1990.

Lucacs, Georg: *The Theory of the Novel*: Cambridge: M. I. T. Press, 1971.

Moretti, Franco: *The Way of the World, The Bildungsroman in European Culture*. New Edition. New York: Verso, 2000.

Redfield, Marc: *Phantom formations: aesthetic ideology and the Bildungsroman*, N. Y.: Cornell University Press, 1996.

Rosenzweig, Franz: *The Star of Redemption*, University of Notre Dame Press, 1985.

Schoelzel, Arno: Volk ohne Raum. in: Kurt Pätzold, Manfred Weiβbecker (Hrsg.): *Schlagwörter und Schlachtrufe, Aus zwei Jahrhunderten deutscher Geschichte*. Leipzig 2002.

Scholem, Gershom: *On Jews and Judaism in Crisis*, trans. Werner Dannhauser, New York: Schocken, 1976.

Sontheimer, Kurt: *Antidemokratisches Denken in der Weimarer Republik-Die politischen Ideen des deutschen Nationalismus zwischen* 1918 *und* 1933. Nymphenburger verlagshandlung, 1968.

Weber, Marx: *Economy and Society. An Outline of Interpretive Sociology*. Berkeley: University of California Press, 1978.

Woldt, Richard: *Die Lebenswelt des Industriearbeiters*, Leipzig: Quelle &

Meyer, 1926.

Zechlin, Egmont: *Die deutsche Politik und die Juden im Ersten Weltkrieg*, Göttingen, 1969.

外文论文:

Adorno, T., 1933, Brief an Kracauer vom 12. 1. 1933, In: *Siegfried Kracauer*, *Kracauer-Nachlass*, Marbach am Neckar: Deutsches Literaturarchiv.

Altmann, A., 1956, Theology in Twentieth-Century German Jewry, In: *Leo Baeck Institut Year Book* (1956) 1 (1).

Gropius, Walter: Die Entwicklung moderner Industriebaukunst, In: *Jahrbuch des deutschen Werkbundes*, 1913.

Hansen, Miriam: Decentric Perspectives: Kracauer's Early Writings on Film and Mass Culture, In: *New German Critique*, No54, Autumn, 1991.

Helms, H. G. : Vom proletkult zum Bio-Interview, In: Hübner und E-. schtz (Hrsg.), *Literatur als Praxis Aktualität und Tradition operativen Schreiben*, Opladen: Westdeutscher Verlag 1976.

Kocka, Juergen: White Collar and Industrial Society in Imperial Germany, In: George Iggers, ed., *the Social History of Polotics. Critical Perspectives in West . German Historical Writing Since* 1945, Berg Publishers, Leamington Spa, Dover and Heidelberg 1985.

Kracauer, S. : 1917, Max Scheler. Krieg und Aufbau, In: *Das neue Deutschland* Jg. 5 (1916/17), H16 vom 15. 5. 1917.

Kracauer, S. : Die Wartenden, In: *Das Ornament der Masse. Essays*, Frankfurt a. M. : Suhrkamp Verlag, 1977.

Kracauer, S. : Georg von Lukacs' Romantheorie, 1921, In*Schriften* 5, 1: *Aufsaetze* 1915 – 26, Hrsg. von Karsten Witte. Frankfurt a. M. : Suhrkamp Verlag.

Kracauer, S. : Das Ornament der Masse, In: *Das Ornament der Masse. Essays*, Frankfurt a. M. : Suhrkamp Verlag, 1977.

Lederer, Emil: Die Umschichtung des Proletarias, In: *Angestellte und Arbeiter*, *Afa-Bund*, *Berlin*: *Freier Volksverlag*, 1928.

Mangold, Werner: Angestelltengeschichte und Angestelltensoziologie in Deutschland, England und Frankreich, In: Juergen Kocka, ed. , *Angestellten im europaeischen Vergleich. Die Herausbildung angestellter Mittelschichten seit dem spaeten 19. Jahrhundert*, Vandenhoeck und Ruprecht, Goettingen 1981.

Rentschler, Eric: Mountains and Modernity, Relocating the Bergfilm, In: *New German Critique* 51 (1990) .

Scholem, Gershom: The Messianic Idea in Judaism, In: *The Messianic Idea in Judaism and Other Essays on Jewish Spirituality.* New York: Schocken 1972.

Speier, Hans: Die Angestellten, In: *Magazin der Wirtschaft*, 6, 1930.

Witte, K. : 1991, Light Sorrow. Siegfried Kracauer as Literary Critic, In: *New German Critique* 54 (Fall 1991) .

后 记

2009年秋，我来到德国康斯坦茨大学。为了完成博士论文原始资料的收集、整理和翻译工作，我几乎住在了康斯坦茨大学图书馆。整座大学就坐落在绿意葱茏的吉斯山上，同时又俯瞰博登湖。日出和日落的时候，坐在学校任意一个角落，都能看到博登湖所展现出来的不同光影，令人沉醉。这段寂静的读书时光，仿佛博登湖上的白帆，随着水波涌动，显得既辽远又切近。实际上，在十年的求学生涯中，博士论文更像是一颗种子，它的切入点很小，但是它所扎下的根系却是广阔的。这种广阔性是在于它是在不知不觉间，前后延伸扩展出一个大的话题和研究领域。在结束博士论文写作的七年之后，我重新开始审视这一块延展出来的研究领域。我发现，它所指向的是18世纪以降，德国迈向现代化的一段复杂的思想历史与文化历史。在这其中启蒙、理性、现代性、审美、文明、文化……是一系列关键词，而这些关键词恰恰贯穿了我这些年研究和写作的整个过程。

2004年至2009年，在参与《西方文论专题十讲》《20世纪德国文学思想史》《20世纪马克思主义文艺理论研究》（德国卷）等教材和课题的写作过程中，我对德国保守主义与民族主义的思想史路线，进行了一系列的梳理和研究。在曹卫东教授的指导和同门共同努力下，完成了《尤斯图斯·默泽尔与德国启蒙运动》《弗里德里希·根茨的欧洲政治均势》《纳粹时期文学主流》《希特勒，永不消散的阴云？——德国历史学家之争》等专题的翻译研究工作；2009—2011年之间，我的主要精力放在德国魏玛时期的思想史研究上。借助康斯坦茨大学图书馆以及德国文学档案馆的有利条件，我以克拉考尔在魏玛时期的写作为重点，考察了其文化现代性批判理论与法兰克福学派的社会批判理论以及大众文化批判理论之间的关联。2011年之后，我来到中央党校文史部工作，并参与了《马克思主义文化理论》与《社会主义文化史》的研究生教学。在教学过程中，我对西方马克思主义文化理论与中国改革开放的历史语境之间的互动关系进行了深入思考，逐步对马克思主义理论的中西比较视域产生了兴趣。2012年9月我来到德国慕尼黑大学访学，集中精力进行《哈贝马斯手册》和《20世纪德国政治思想史》这两个专题的翻译和研究工作。2013年以来随着中央党校科研创新工程的启动，我参加了文史部"文化学前沿问题研究"与"社会主义与儒家文明"这两个创新工程项目。在进一步梳理马克思主义文化理论、社会主义思想发展谱系的基础上，我开始有意识地关注马克思主义理论的思想史背景，尤其是德国思想传统的影响。试图从德国现代化演进过程中的道路选择入手，以理论论争的方式，进一步展现德国浪漫派、法兰克福学派、伦理社会主义、有机社会观念等丰富的思想资源，以期为马克思主义文化理论的当代阐发，提供更多的参考视野。

在这样一段研究与探索的过程中，我要衷心感谢曹卫东教授的悉心指导，让我能够在扎实的文学理论研究的基础上，走向更加广阔的思想史研究路径。我也要感谢德国康斯坦茨大学 Berd Stiegler 教授，德国布洛赫研究中心主任 Klaus Kufeld 教授，德国慕尼黑大学 Ruediger Funiok 教授的悉心指导和帮助，让我能够从一手文献入手，考察德国思想文化的历史脉络。这些年来，我还得到了许多师友的热情帮助，特别要感谢朱宝元、黄金城、匡宇、汪尧翀、宋含露、曾忆梦的关心和帮助，不论是在学术还是在生活中，他们都给了我太多的鼓励、信心和勇气。进入中央党校文史部工作，进入到一个温暖的学术共同体，是让我备受鼓舞和感念的一件事。围绕着马克思主义文化学的学科建设与研究生教学，我们一起读书、备课、讨论、研究，尤其是在研读马克思主义经典书目的过程中，我们收获了许多。感谢我教研室的各位同仁：李文堂、陈宇飞、徐平、赵峰、秦露、张宏明和刘飞对我的启迪和关爱，感谢他们对我的无限包容。尤其要感谢秦露老师，感谢她亦师亦友的陪伴，在我每一次遇到困难的时候，她都第一时间伸出了援手,帮助我渡过难关。每每念及于此,我的心中都充满了温暖和感激。2018年,在学术研究之外,我也在许多层面上收获了新的成长契机。我要感谢廖小鸿老师的启迪,还有我的几位老友:叶舟、郭培、王漾和陈章炜的倾听、陪伴和守护。

这本小书的成型,要感谢《学习时报》的编辑曹颖新,书中的多篇文章最初就活跃在她的版面,而我们也因此成了无话不谈的好朋友。此外,我还想感谢《世界哲学》《理论视野》《中德学志》的师友,感谢他们对我的帮助。当然,最应该感谢的是本书的责任编辑,中国社会科学出版社的朱华彬,感谢他为全书的编辑出版所付出的辛勤汗水。

林雅华
2018年9月27日于北京大有庄